啟智教育研究

何 華 國 著

五南圖書出版公司 印行

著者簡歷

何華國

臺　灣　嘉　義　人
民　國　36　年　生

學　歷

臺南師範專科學校國校師資科畢業
臺灣教育學院輔導學系教育學士
美國北科羅拉多大學特殊教育碩士
美國北科羅拉多大學教育學博士

經　歷

曾任：
　　　國民小學級任教師、教務主任
　　　國民中學益智班教師、輔導教師
　　　臺灣教育學院特殊教育系副教授兼特殊教育中心主任
　　　臺南師範學院特殊教育學系教授兼系主任
　　　澳洲昆士蘭大學訪問學者
　　　嘉義大學特殊教育學系教授
　　　南華大學特殊教育學教授

著 作

智能不足國民職業教育
  高雄復文圖書出版社，1982
特殊教育：普通班與資源教師如何輔導特殊兒童（編譯）
  臺北五南圖書出版公司，1982
傷殘職業復健
  高雄復文圖書出版社，1991
啟智教育研究
  臺北五南圖書出版公司，2003
人際溝通
  臺北五南圖書出版公司，2005
特殊兒童親職教育
  臺北五南圖書出版公司，2005
特殊兒童心理與教育
  臺北五南圖書出版公司，2005
特殊幼兒早期療育
  臺北五南圖書出版公司，2006

序

　　在特殊兒童之中，智能不足（或稱智能障礙）者是屬於高出現率之一。在普通班級裡，只要稍加留意，並不難發現他們的存在。這一類特殊兒童雖以智能薄弱和適應行爲欠佳爲他們的共同特徵，但同屬智能不足兒童，彼此之間由於可能成因的不同，仍有明顯的個別差異存在。換句話說，智能不足本身所代表的乃是一種複雜的障礙狀況。不僅如此，智能障礙所可能引發的個人、社會，及職業適應問題，對家庭、學校與社會皆是無法迴避的挑戰。爲面對此一挑戰，美國白宮甚至有總統智能不足委員會之設。

　　面對智能障礙給家庭、學校與社會可能帶來的挑戰與壓力，一般認爲或可從提高家庭、學校和社會對智能不足者的接納程度，以紓解智能障礙可能造成的衝擊與問題。不過對智能不足者適應能力的增進最有幫助的，識者莫不以爲是透過教育的過程以強化彼等獨立生活與承擔社會責任的功能。也惟有協助智能不足者的自立自強，才是真正尊重人權，提高其生活品質，並緩解可能的社會問題之作法。

　　我國自民國五〇年代開始對智能不足者實施有系統的特殊教育以來，即將智能不足者的教育以「啓智教育」稱之。啓智教育的成敗應繫乎師資之良窳。一位適任的啓智教育教師對智能不足者的特質與需求，以及啓智教育的重要概念應有所認識。此乃國內啓智教育師資的培訓課程多將「智能不足研究」、「智能不足兒童」等列爲修習科目的緣由。筆者在師範院校特殊教育系任教以後，多年來皆有幸講授「智能不足研究」、「智能不足兒童」等相關課程。乃利用教授休假研究一年期間，將歷年講稿與相關論著整理出版，並以「啓智教育研究」爲名，盼不失休假研究之意。

1

　　本書共分基礎、特質、個別化教學設計、處遇，及師資五篇，合計十八章。基礎篇主要針對智能不足的定義、類別、成因、預防及有關的基本概念提出討論。特質篇著重智能不足者學習與人格特性的探討。個別化教學設計篇則由筆者提出啓智教育個別化教學的規劃構想。處遇篇係在探討若干啓智教育的論題。至於師資篇則在討論啓智教育教師所需的特質、能力，與生涯發展，希望藉此能有助於啓智教育教師專業職志的培養。啓智教育這一領域值得探討的論題甚多。筆者不揣譾陋，爰就興趣所在，勉力提出拋磚之作，實乃出乎引玉之誠。野人獻曝，疏失難免，尚祈啓智教育同道不吝指正是幸。

何華國　謹誌

民國八十五年元月五日

於臺灣諸羅城寓所

目　次

序

~~~~~~ *Part One* 基礎篇 ~~~~~~

1

~~~~~ *Part Two* 特質篇 ~~~~~

~~~~~*Part Three* 個別化教學設計篇~~~~~

~~~~~~ *Part Four* 處遇篇 ~~~~~~

〜〜〜 *Part Five* 師資篇 〜〜〜

Part One ———— •

基礎篇

智能不足之定義與類別

　　在人類中，智能不足者的出現，可能與人類的歷史同樣久遠，然而，由於其狀況的複雜，一般描述此一狀況所用的名詞也相當分歧。例如在美國的用語就包括智能遲滯（mental retardation）、發展障礙（developmental disabilities）、智能低下（mental subnormality）、智能缺陷（mental deficiency）、智能缺損（mental defective），與智能障礙（mentally handicapped）等；在英國則採用低能（feeblemindedness）一詞；在蘇俄、法國，及北歐諸國則慣稱智能不足為 oligophrenia（Gearheart and Litton, 1979）；近鄰的日本，在一九四一年以前都使用「低能兒」一詞，而在一九四一年以後，則改稱「精神薄弱兒」（張紹焱，民 63）。韓國亦以「精神薄弱」相稱。中國大陸、新加坡、香港則多以「弱智」稱之。在我國對此一狀況的稱呼，過去有低能、傻瓜、呆子、白癡、下愚等，目前學術界及一般社會人士則改稱「智能不足」，也有以「智能障礙」命名者。

　　晚近世界各國莫不以對特殊教育的重視，作為福利國家的重要表徵之一。智能不足者的教育為特殊教育中的一個重要領域。惟此項教育的規劃，首應考慮的厥為「什麼樣的人才屬智能不足」，「同樣是智能不足者

其教育重點是否會有不同」,「有多少人需要接受此種特殊教育」;這三個問題即直接與智能不足之定義、分類和出現率有關,故本章即先就智能不足之定義、分類與出現率加以探討。

壹·智能不足之定義

　　儘管智能不足者普遍受到人類學、教育、醫學、心理,與社會學家等的關注,但到目前為止,吾人尚無法找到一個大家共同接受的智能不足之定義,揆諸其因不外與下列因素有關(Gearheart and Litton, 1979):

　　1. 定義一般皆為某一社會文化標準的反映,而此項標準則常變動不居。

　　2. 各個不同的研究領域常各自創造適於己用的名詞與定義。因此,適於某一領域的定義,不見得對其他領域就恰當可用。

　　3. 智能不足的成因與狀況皆極為複雜,且在此一領域也存在許多相互對立的理論。

　　4. 人們對智能的高下皆十分重視,因此任何一個描述智力低下的定義,都帶有消極的意味。而使某些人在定義時,有不直接論及智力的情形。

　　就吾人已知的許多智能不足的定義來看,一般對智能不足所下的定義,實不離乎生物、社會,或心理測量的觀點。在本節將就這三方面對智能不足的定義觀點先作敘述,最後並就最近廣受重視的美國智能不足學會(American Association on Mental Retardation,簡稱AAMR)的定義,進一步加以討論。

一、生物學的定義

　　醫護人員通常是最早發現智能不足現象的人士,這也難怪早期對智能

不足所下的定義，大多充滿生物學的色彩。在西元一九〇〇年時智能不足的概念，要比現在狹隘得多。W. W. Ireland 就曾指出：「白癡是發生於出生前或兒童心智發展前，因神經中樞營養不足或疾病，所引起的智能不足或極度愚蠢的現象。低能一詞一般係指智能不足程度難以確定的情況」（引自 MacMillan, 1977, p. 33）。八年之後，A. F. Tredgold 同樣強調智能不足的機體因素（organic origins），不過他又加上社會適應作為決定智能不足與否的標準。他對智能不足的定義是：「出生或早年因腦部的發展不全，所造成的智力缺陷，會使當事人無法盡其身為社會成員的責任」（Tredgold, 1908, p. 2）。從智能不足這些早期的定義看來，似皆把智能不足的原因歸諸生理上的問題，從而導致社會適應上的困難。因此其對智能不足的界定，也就特別強調生物學上的標準（biological criteria）。

二、社會的定義

由於智能不足是一種實際的社會問題，因此有人遂從比較實際的標準來考慮定義的問題。例如個人能否獨立照顧自己的生活；是否能有效地適應社會環境等。採取此一觀點者，早期有 L. Kanner，最近則有 J. Mercer。

L. Kanner 曾在一九四九年將智能不足分成絕對性（absolute）、相對性（relative）與表面性（apparent）三種。他認為相對性的智能不足是根據環境相對的要求來界定的。例如一些智力較差者在鄉村總比在城市的適應要容易得多。因為城市對個人在生活適應上的要求遠比鄉村為複雜。因此只要能充分適應其所處的環境，就不該被視為智能不足。即使是智能不足者，只要社會對他在智力上的要求，在其所能應付的範圍，他仍可有相當多成功的機會。

Mercer（1973）則採社會制度的觀點（social system perspective）來界定智能不足。她認為智能不足係在所存在的社會中獲致的社會地位（social status）。而個人是否會被如此界定，皆視其表現能否符合社會的期待（social expectations）而定。因此有些在學校被視為智能不足的兒童，在家

中或鄰里，別人可能對其就有不同的看法。因爲在學校中，教師對學生的
期待之參考架構（frame of reference）與學生的父母或鄰里並不完全一致。

除了 Kanner 與 Mercer 外，Doll（1941）對智能不足者的鑑定，也包含
社會適應的觀點，此可由其對智能不足者的六個衡量標準看出：(1)社會適
應力不足，(2)智能低下，(3)發展的遲滯，(4)得自成熟階段，(5)由於體質的
原因，(6)根本無法治癒。

三、心理測量的定義

儘管根據社會的觀點，智能不足並不是絕對的，而與個體所處的環境
具有相對的關係。然而，由於智力測驗的發展，智能的量化成爲可能，逐
有以智商的高低來界定是否爲智能不足者。如 L. M. Terman 與 D. Wechsler
就曾以其各自編訂的智力測驗對大量的樣本施測，而對智商予以等級分
類，兩者皆以智商 70 作爲智能不足與否的分界點（見表 1–1）。Clausen
（1967）對單獨使用智商以界定智能不足之提倡，更是不遺餘力。誠
然，純粹以智商來界定是否爲智能不足的確有許多好處，例如它簡單客
觀，容易溝通，且可有效地預測在學校中的成就，對於研究工作的進行甚
爲有利。不過採用智商爲界定智能不足的唯一標準，而忽略智能不足與環
境的相對性，便可能將許多生活適應良好的人，也視爲智能不足者。因此
這一觀點所受到的批評，實比所得到的支持爲多（MacMillan, 1977）。

上述三種定義觀點，似各從不同的角度來界定智能不足，此乃各時代
對成因、症候、病理、社會適應，與智商的重要性，皆各有其不同的著重
點所致。但一個能受到普遍接受的定義，對上述三方面的觀點莫不一併加
以考慮。最近美國智能不足學會的定義，頗能符合此一趨勢。

四、美國智能不足學會的定義

美國智能不足學會對智能不足定義的努力，應溯自一九二一年其前身
美 國 智 能 不 足 者 研 究 學 會（American Association for the Study of the

表 1-1　根據史比與魏氏測驗所作的智商分配

Terman的分類	智商範圍	Wechsler的分類
極優秀（1.33%）	160–169 150–159 140–149	極優秀（2.2%）
優　秀（11.3%）	130–139 120–129	優　秀（6.7%）
中　上（18.1%）	110–119	中　上（16.1%）
中　等（46.5%）	100–109 90– 99	中　等（50.0%）
中　下（14.5%）	80– 89	中　下（16.1%）
臨界智能缺陷（7.6%）	70– 79 60– 69	臨界智能不足（6.7%）
智能不足（0.63%）	50– 59 40– 49 30– 39	智能不足（2.2%）

（修正自Robinson and Robinson, 1976, p. 28）

Feebleminded）與全國心理衛生委員會（National Committee for Mental Hygiene）所共同訂定的智能不足的定義。其後在一九三三、一九四一與一九五七年又相繼作了若干修訂。一九五九年由 Rick Heber 所領導的一個委員會，又發展出美國智能不足學會的第五次定義。此一定義在一九六一年又作了少許的修正。第六次的定義，則是由 Herbert Grossman 所領導的委員會於一九七三年所修訂，並於一九七七年再一次加以確認。此後，在一九八三與一九九二年也分別做了修訂的工作。在這幾次的定義中，尤以一九六一、一九七三、一九八三，與一九九二年的定義最引人注目，亦較具特色。故在此僅就這四次的定義提出討論。

㈠一九六一年的定義

一九六一年的定義指出：「智能不足係指源於發展時期，一般智力功能低於常態，且附帶有適應行為缺損的現象」（Heber, 1961, p. 3）。此一

定義對智能不足的界定採取了心理測量與社會適應的觀點，並限定其發生的年齡上限，且只有符合這三方面的標準者，才可視爲智能不足。茲分別說明於下：

1.一般智力功能低於常態

此係指在個別智力測驗中得分位於羣體平均數一個標準差以下者而言。

2.源於發展時期

此一標準係將十六歲設定爲發展時期的上限。

3.適應行爲的缺損

適應行爲的標準視個人生活環境的發展與轉變而定，因此它似乎是相當難以捉摸的。對於這一點一九六一年 AAMR 又提出進一步的說明。在學前階段，適應行爲的評量應著眼於成熟（maturation）的速率，包括和友朋的交往互動關係，與坐、爬、站、走的技能。對於在學的兒童，學習（learning）就成了主要的效標；而在成人階段，社會適應（social adjustment）則爲評量的標準，它包括個人的獨立生活、成功的就業，與遵從社會所立的標準等。

根據此一定義，可知智能不足的診斷是以當時所表現的功能水準而定，而不作未來地位之預斷。它不像 E. E. Doll 視智能不足爲不可治癒，而認爲在某一個時間被鑑定爲智能不足者，在另一個時候可能就不符合智能不足的條件。換句話說，智能不足不見得就是永久無法改變的狀態。另一方面，它也不將智能不足和可能會有智力缺損之兒童期失常行爲，如自閉症、腦傷、或學習障礙等，作明顯的區分。在過去，常有人想瞭解到底智力缺陷係屬原級性（primary）或次級性（secondary）的，如僅著眼於目前的功能水準，則此項分辨就沒有必要了。

一九六一年的定義儘管有上述幾個特點，但它也並非無懈可擊，最明顯的即是以智商（84 或 85）低於平均數一個標準差爲智能不足的分界點，曾引起廣泛的議論（Clausen, 1972）。因爲如採此一標準，加上適應

行為評量的不易，就可能僅以智商作為判定智能不足與否的唯一標準，那可能列為智能不足的比率，或許就高達 16% 了。由於一九六一年的定義仍有其缺陷，故一九七三年的定義遂作了相當的修正。

(二)一九七三年的定義

一九七三年的定義指出：「智能不足係指在發展時期，即已產生之一般智力功能明顯低於常態者之現象，而且它常伴隨有適應行為方面的缺陷。」（Grossman, 1977, p. 11）

這一次的定義與一九六一年者有相當大的差異（詳見表 1–2）。它所謂一般智力功能「明顯低於常態」指的是智商在平均數以下兩個而非一個標準差。如以常用的個別智力測驗比西與魏氏量表而言，則智商應在 68 和 70 以下，才有可能被鑑定為智能不足。此外，它亦將發展時期的上限，從十六歲提高到十八歲。並認為適應行為是就個人年齡與文化團體（cultural group）對其獨立生活與擔當社會責任的期待。而適應行為的期待在不同的年齡階段是有其差異的。它並將在各個不同的年齡階段，應加評量的適應行為的種類詳加列舉（Grossman 1977, p. 13）：

1. 嬰兒期是著重於

(1)感覺動作技能的發展。

(2)溝通技能。

(3)自理技能（self–help skills）。

(4)社會化的發展（與他人互動的能力）。

2. 兒童與少年期則在

(5)應用基本的學術技能（academic skills）於日常生活之中。

(6)適當推理與判斷能力之運用。

(7)社會技能（團體活動與人際關係之參與）。

3. 青年與成人生活是在

(8)職業與社會責任及表現。

和一九六一年 AAMR 的定義一樣，一九七三年的定義也要求智能不足

表 1-2　Heber、Grossman，與 Luckasson 等之 AAMR 智能不足定義之比較

詞　　彙	Heber (1959, 1961)	Grossman (1973)	Grossman (1983)	Luckasson et al. (1992)
一般定義	源於發展時期，一般智力功能低於常態，且附帶適應行爲的缺損。	在發展時期即已產生之一般智力功能明顯低於常態者之現象，且常伴隨有適應行爲方面的缺陷。	在發展時期即已產生之一般智力功能明顯低於常態之現象，而且它常導致或附帶適應行爲方面的缺損。	目前的功能有實質上的限制。其特徵爲智力功能顯著低於平均的水準，同時伴隨下列兩種或兩種以上可資應用的適應技能領域之相關限制：溝通、自我照顧、居家生活、社交技能、社區資源使用、自我指導、健康與安全、功能性學科能力、休閒，與工作。智能不足發生於十八歲以前。
低於常態	平均數之下一個以上的標準差。	明顯低於常態：平均數之下二個以上的標準差。	明顯低於常態：界定爲在標準化的智力評量IQ 70 或以下；視所用之智力測驗的信度而定，可以提高至IQ 75 或更多。	與 Grossman (1983)相似。
評量方法	一般智力功能的評量以一或多種標準化的測驗爲之。	如 Heber 的方法。	智力功能的部分如 Heber 的方法。適應行爲採臨床評估與標準化量表而評量。	由一系列明示必要特徵之步驟所決定。

表 1–2　Heber、Grossman，與 Luckasson等之 AAMR 智能不足定義之比較(續一)

詞　彙	Heber (1959, 1961)	Grossman (1973)	Grossman (1983)	Luckasson et al. (1992)
發展時期	大約十六歲。	至十八歲的上限。	介於受孕與十八歲生日之間的時期。	與Grossman (1983)相似。
適應行為	適應行為的缺損：指個人適應其環境中自然與社會需求的效率。可能反映於： 1.成熟。 2.學習。 3.社會適應。	界定為個人對其年齡與文化團體所期待之個人獨立與社會責任的標準，所表現的效率或符合的程度。可能反映於下列領域中： 嬰幼兒期在於： 1.感覺動作技能的發展。 2.溝通技能。 3.自理技能。 4.社會化的發展。 兒童與少年期則在： 5.應用基本的學術技能於日常生活之中。 6.適當推理與判斷能力之運用。 7.社會技能。 青年與成人生活是在： 8.職業與社會責任及表現。	界定為個人對其年齡與文化團體所期待之成熟、學習、個人獨立，或社會責任之標準方面，所表現的效率，在符合程度上有明顯的限制。	從適應行為被視為一整體的概念轉化成十項具體的不同適應技能領域——如在定義中所呈現者。

表 1–2　Heber、Grossman，與 Luckasson等之 AAMR 智能不足定義之比較(續二)

詞　　彙	Heber (1959, 1961)	Grossman (1973)	Grossman (1983)	Luckasson et al. (1992)
障礙程度	臨界智能不足 智商68–84 輕度智能不足 智商52–67 中度智能不足 智商36–51 重度智能不足 智商20–35 極重度智能不足 智商20以下	— 輕度智能不足 智商52–67 中度智能不足 智商36–51 重度智能不足 智商20–35 極重度智能不足 智商20以下	— 輕度智能不足 智商50–55至 約70 中度智能不足 智商35–40至 50–55 重度智能不足 智商20–25至 35–40 極重度智能不足 智商 20 或 25 以下 無法判定者	不用傳統的等 級。主張按所需 支持的程度而分 成四種等級： • 間歇的 • 有限的 • 廣泛的 • 全面的 這些等級被應用 於各適應技能領 域。

（ 採自Beirne–Smith, Patton, and Ittenbach, 1994, pp. 70–71 ）

的界定應符合三個要件：(1)智商 70 以下，(2)適應行為的缺陷，(3)發生於十八歲之前。因此如被鑑定者年齡在十八歲以下，則單純的智力低下，並不足以界定為智能不足者，必須同時伴隨有適應行為方面的缺陷，才能算是真正的智能不足，這種採用智力功能與適應行為雙重標準的情形，可從圖 1–1 看出。

綜觀一九七三年 AAMR 的定義，它至少表現下列六項特色（ Robinson and Robinson, 1976 ）：

1. 以適合於某一年齡之發展工作（ developmental tasks ）的水準，來判斷是否為智能不足者。

2. 它強調描述現在的行為，而非潛在的可能性。

3. 此一定義與評量（ measurement ）的運用相互配合。

4. 避免明確區分智能不足與其他兒童期的失常行為，如兒童精神分裂

智　力　功　能

		遲　　　滯	不　遲　滯
適應行為	遲　　　滯	智 能 不 足	非智能不足
	不　遲　滯	非智能不足	非智能不足

圖 1-1　AAMR 對智能不足定義採智力功能與適應行為雙重標準之情形

（修正自 MacMillan, 1977, p. 39）

症或腦傷等。

　　5.它充分表現了統計與病理學的模式（Pathological model）。

　　6.它採用了傳統性的智能不足智商分界點——平均數兩個標準差以下。

㈢一九八三年的定義

　　一九八三年的定義將一九七三年的定義作了些微的修訂（見表 1-2），而成為：「智能不足係指在發展時期，即已產生之一般智力功能明顯低於常態之現象，而且它常導致或附帶適應行為方面的缺損」（Grossman, 1983）。一九八三年的這一個定義大致與一九七三年的定義相若，不過對智能與適應行為的關係又給予新的詮釋。前者並未指出兩者有必然的關係。而後者則明確指出智能的低下會引起或附帶適應行為的缺損，對兩者存在的關係予以肯定。一九七三年的定義對適應行為的不良係用缺陷（deficits）加以描述，而一九八三年的定義則改用缺損（impairments）。另外，一九七三年與一九八三年的定義對一般智力功能雖同樣指出需「明顯低於常態」，但在應用方面，一九七三年的定義嚴守智商低於平均數以下兩個標準差這一規準，一九八三年的定義則考慮到測驗標準誤

（standard error of measurement）存在的現實，而容許將智能不足智商分界點提高到 75，以配合一般學校在安置智能不足學生的實際狀況（kneedler, Hallahan and Kauffman, 1984）。除此之外，一九八三年與一九七三年兩個定義的精神與內涵大致是相同的。

㈣一九九二年的定義

　　一九九二年美國智能不足學會基於當時對智能不足觀點的改變，對智能不足又採用了新的定義與分類系統（見表 1-2）。根據此次的定義，智能不足係指（Luckasson, Coulter, Polloway, Reiss, Schalock, Snell, Spitalnik, and Stark, 1992, p. 5）：

　　　　目前的功能有實質上的限制。其特徵為智力功能顯著低於平均的水準，同時伴隨下列兩種或兩種以上可資應用的適應技能領域之相關限制：溝通、自我照顧、居家生活、社交技能、社區資源使用、自我指導、健康與安全、功能性學科能力、休閒，與工作。智能不足發生於十八歲以前。

此一定義在使用時有下列四項基本假設（Luckasson et al., 1992, p. 5）：

1. 有效的評量必須考慮文化與語言、溝通及行為因素的差異性。

2. 適應技能所存在的限制，係出現於和個體年齡相仿同儕所生活的典型社區環境中，並可作為個體個別化支持需求之指標。

3. 特定適應技能的限制，常與其他適應技能的長處或個人的其他能力同時存在。

4. 給予一段時期的適當輔助支持後，智能不足者的生活功能通常會有所改善。

　　一九九二年的定義發佈之後，經歷時間的考驗，似引發不少實際應用信、效度的質疑。因此，二○○二年美國智能不足學會遂對一九九二年的定義又做了修訂。這次的定義指出（American Association on Mental Retardation,

2002）：

　　　　智能不足是在智力功能和表現在概念、社會、與實際的適應技
能之適應行為方面具有明顯限制的一種障礙。這種障礙發生於十八
歲以前。

美國智能不足學會對前述定義的應用，也提出下列五項基本假設：

　　1.目前功能的限制須在個人的年齡同儕與文化典型的社區環境中加以
考量。

　　2.有效的評量考量文化和語言的不同，以及在溝通、感覺、動作、與
行為因素的差異。

　　3.限制與長處常並存於個體之中。

　　4.描述限制的重要目的是在發展所需的支持系統。

　　5.經由持續一段時間適當個別化的支持，智能不足者的生活功能通常
會有所改善。

　　依據美國智能不足學會二○○二年對智能不足所修正的定義，吾人可
以發現一個人要被鑑定為智能障礙，必須是智能不足發生於十八歲之前，
智商低於平均數兩個標準差以下，並且在概念、社會、與實際的適應技能
之適應行為方面具有明顯的限制（即在概念、社會、與實際的適應技能領
域中有一個領域或三個領域的總分，低於其各自平均數兩個標準差以
下）。本次的定義較為突出之處，是將適應行為歸約為概念、社會、與實
際的適應技能三個領域。然而，二○○二年與一九九二年的定義似皆在強
調去找出智能障礙者在身心各方面的優勢與短處，從而配合適當個別化支
持系統的提供，以改善彼等的生活功能。

　　我國對智能障礙的定義，根據「身心障礙及資賦優異學生鑑定標準」
的規定，係指個人之智能發展較同年齡者明顯遲緩，且在學習及生活適應
能力表現上有嚴重困難者；其鑑定標準如下：

1. 心智功能明顯低下或個別智力測驗結果未達平均數負二個標準差。

2. 學生在自我照顧、動作、溝通、社會情緒或學科學習等表現上較同年齡者有顯著困難情形（教育部，民 91）。

而按衛生署（民 91）所制訂之「身心障礙等級」中對智能障礙之定義則為：「成長過程中，心智的發展停滯或不完全發展，導致認知、能力和社會適應有關之智能技巧的障礙稱為智能障礙。」國內上述兩個定義，同樣肯定「智力」與「適應」能力是界定智能不足的兩個重要標準，其旨趣似與前述美國智能不足學會一九七三年與一九八三年的定義較為近似。

貳・智能不足之分類

智能不足的分類無論從事研究、溝通或對智能不足者行為的瞭解上，皆有其必要。早期的分類皆相當籠統，此與過去在這方面知識的限制不無關係。如 Strauss 與 Lehtinen（1947）使用外因性（腦傷）與內因性（非腦傷）兩類。Kanner（1949）則分為絕對性、相對性，與表面性（apparent）三種智能不足。Lewis（1933）即分成病理型與低文化型智能不足。分類系統的建立，蓋因不同的目的，而採用不同的標準。因此智能不足的分類系統，有可能不斷會受到修正。智能不足的分類系統極多，Gelof（1963）指出在英語中即不下二十三種。惟目前運用比較普遍者，有依受教育的可能性（或學習潛能）、智能的高低、行為適應的情形、醫學病源，以及智能不足者所需支持的程度等五種分類系統，茲分別說明於下。

一、依教育可能性的分類

教育界對智能不足的分類，主要是基於方便教學的理由。Gearheart（1972）曾根據許多這方面的分類，認為下列的分法較為普遍：

1. 接近正常　智商 76 至 85。

2. 可教育性智能不足　智商 50 至 75。

3. 可訓練性智能不足　智商 30 至 49。

4. 養護性智能不足　智商 30 以下。

這一種分類方法的後三類，與我國過去行之有年的「特殊兒童鑑定及就學輔導標準」，根據智能不足兒童受教育之可能性的分類相同（教育部社會教育司，民 70）。「特殊兒童鑑定及就學輔導標準」在此項分類上的規定爲（教育部社會教育司，民 70，350 頁）：

1. 可教育性智能不足兒童　其智齡發展極限爲十至十一歲，對讀、寫、算等基本學科之學習較感困難，但若施予適當之補助敎學，尚能學習日常事務。

2. 可訓練性智能不足兒童　其智齡發展極限爲六至七歲，學習能力有限，在監督下只能學習簡單之生活習慣與技能。

3. 養護性智能不足兒童　其智齡發展極限爲三歲以下，幾無學習能力，其一切衣食住行終生皆需依賴他人之養護。

二、依智能程度的分類

如美國智能不足學會，就曾將智能不足依其程度作如表 1-3 之區分。

此處以輕度、中度、重度、極重度之分類方式，雖無法與前述依受教育可能性的分類作截然的比對，但一般而言，輕度與可教育性，中度與可

表 1-3　美國智能不足學會智能不足程度之分類

程　　　　度	標準差之範圍	智　　　　　商	
		比　西　量　表	魏　氏　量　表
輕度智能不足	−3.00至−2.01	67−52	69−55
中度智能不足	−4.00至−3.01	51−36	54−40
重度智能不足	−5.00至−4.01	35−20	39−25
極重度智能不足	−5.00以下	19以下	24以下

（修正自 Grossman, 1977, p. 19）

訓練性，重度以下與養護性智能不足約略相仿。

另外，民國七十六年公布之「特殊教育法施行細則」中，曾將智能不足分成下列三類（教育部，民76）：

1.輕度智能不足　個別智力測驗之結果在平均數負三個標準差以上未達平均數負二個標準差。

2.中度智能不足　個別智力測驗之結果在平均數負四個標準差以上未達平均數負三個標準差。

3.重度智能不足　個別智力測驗之結果未達平均數負四個標準差。

至於衛生署（民91）的「身心障礙等級」，則將智能障礙分成以下四級：

1.極重度　智商未達智力測驗的平均值以下五個標準差，或成年後心理年齡未滿三歲，無自我照顧能力，亦無自謀生活能力，須依賴他人長期養護的極重度智能不足者。

2.重度　智商介於智力測驗的平均值以下四個標準差至五個標準差（含）之間，或成年後心理年齡在三歲以上至未滿六歲之間，無法獨立自我照顧，亦無自謀生活能力，須依賴他人長期養護的重度智能不足者。

3.中度　智商介於智力測驗的平均值以下三個標準差至四個標準差（含）之間，或成年後心理年齡介於六歲至未滿九歲之間，於他人監護指導下僅可部分自理簡單生活，於他人庇護下可從事非技術性的工作，但無獨立自謀生活能力的中度智能不足者。

4.輕度　智商介於智力測驗的平均值以下二個標準差至三個標準差（含）之間，或成年後心理年齡介於九歲至未滿十二歲之間，在特殊教育下可部分獨立自理生活，及從事半技術性或簡單技術性工作的輕度智能不足者。

三、依適應行為的分類

根據適應行為而對智能不足者的分類，蓋依個人獨立自主的情形與行

為和社會標準符合的程度而作判斷。Sloan 與 Birch（1955）曾將適應行為按其程度分成四級，且在不同的年齡階段皆有其評量的重點。如在學前是評量成熟與發展，學齡階段則在敎育和訓練，而成人期則在社會與職業的適應（social and vocational adequacy），其內容如表 1-4。Sloan 與 Birch 的分類和 H. Grossman 在一九七七年依適應行為把智能不足分成輕度、中度、重度，和極重度的方式是相通的。惟在 Sloan 與 Birch 之分類表中，視可訓練性智能不足兒童「一般無法從生活自理的技能訓練中受益」，且「無法學習日用的學術技能」，這在許多個案固然如此，但卻不能一概而論。然而，撇開這些謬誤不談，Sloan 與 Birch 能將適應行為的內容作了精

表 1-4　根據適應行為所作的智能不足之分類

	學前階段 （出生至五歲） 成熟與發展	學齡階段 （六至二十一歲） 敎育與訓練	成人階段 （二十一歲以上） 社會與職業的適應
第 一 級	發展普遍遲滯；極少表現感覺動作能力；需要養護。	表現某些動作上的發展；無法從生活自理的訓練中獲益；需要完全的照護。	表現某些動作和語言的發展；完全無法照顧自己；需要完全的照顧與督導。
第 二 級	動作發展不良；語言極少；一般無法從自理生活的訓練獲益；很少或不具溝通技能。	能說或學習溝通；能訓練基本的衛生習慣；無法學習日用的學術技能；能從有系統的習慣訓練獲益（可訓練性）。	在完全督導下能部分自立；在控制的環境下能發展些許有用的自衛技術。
第 三 級	能說或學習溝通；不良的社會知覺；動作發展良好；可從某些自理生活之訓練獲益；以中等程度的督導可加管理。	如予特殊敎育，在二十歲以前約可學到小學四年級程度的日用學術技能（可敎育性）。	在非技術性或半技術性的職業中能自立生活；在輕微的社會或經濟壓力下需要監督與輔導。
第 四 級	能發展社會與溝通技能；在感覺動作領域輕微遲滯；在本階段仍與普通人難以區分。	在二十歲之前能學到小學六年級程度的學術技能；無法學習普通中學的科目；在中學階段尤需特殊敎育（可敎育性）。	如接受適當的敎育與訓練，則在社會與職業上會有良好的適應；在嚴重的社會與經濟壓力下，常要接受監督與輔導。

確的細分，實有助於指出智能不足者在適應行為上不同的障礙程度。

四、依醫學病源的分類

從醫學的觀點看來，智能不足常被認為是疾病或生理上的缺陷所造成的。最近心理因素也被列為應加考慮的因素之一。美國智能不足學會曾根據智能不足的「病因」，而將之分成下述十大類（Grossman, 1977, pp. 38-46）：

1. 感染及中毒。如先天性梅毒、麻疹、藥物中毒、Rh 血型等。

2. 外傷或物理因素。如車禍、愛克斯光的照射、缺氧等。

3. 新陳代謝或營養不良。如苯酮尿症（phenylketonuria, PKU），甲狀腺素分泌不足所引起的痴呆症（cretinism）等。

4. 腦器質疾病（產後）。如結節性腦硬化症（tuberous sclerosis）等。

5. 不明的產前影響。如小頭症（microcephaly）與大頭症（hydrocephalus）等。

6. 染色體異常。如道恩氏症候（Down's syndrome）等。

7. 妊娠失常。如早產（prematurity）等。

8. 精神失常。

9. 環境的影響。

10. 其他的情況。

五、依所需支持程度的分類

在一九九二年美國智能不足學會對於智能不足一反傳統以智商高低的分類方式，建議按智能不足者在儘可能發揮其功能時所需的支持程度（levels of support）而加以類分。若按此一新的分類系統，智能不足可分成下列四種（AAMR Ad Hoc Committee on Terminology and Classification, 1992）：

1. 間歇的（intermittent）

這是一種零星、因需要而定的輔助。智能不足者並非經常需要支持，有可能只是在關鍵時段需要短期的輔助（如失業或面臨緊急病況時）。

2. 有限的(limited)

所需要的支持是經常性且有時間限制的,但並非間歇性的。和所需支持程度較高者相比,它所需的支持人力較少,成本也較低。如短期的就業訓練,或從學校過渡到成人就業階段的輔助支持等。

3. 廣泛的(extensive)

最少在某些環境(如工作上或家中)需要持續性(如每天)的支持,且沒有時間的限制(如長期居家生活的支援)。

4. 全面的(pervasive)

所需要的支持具有恆常、高強度、各種環境的普遍性、且可能終身需要之特性。這種支持通常比廣泛的或有時間限制的輔助需要更多的人力與強制介入。

智能不足者若按所需支持程度加以分類,主要是以提供服務為著眼。因此,某一按智能高低而區分出的重度智能不足者,可能會被描述為需要在自我照顧、居家生活,與工作方面獲得廣泛支持的智能不足者。這種充滿服務取向的智能不足分類方式,固然令人鼓舞,但它是否能完全取代傳統的分類方式,則仍有待進一步的觀察(Hallahan and Kauffman, 1994)。

智能不足重要的分類系統雖有如上面五種。然因智能不足狀況的複雜,任何採用單一標準的分類方法,在實際運用時可能會遭遇到困難。因此各種分類方式的兼採並蓄,確為對智能不足作科際整合研究時所必需。

叁 · 智能不足之出現率

為了對智能不足者的教育與服務設施能做有效的規劃,因此智能不足者出現率的調查與推估是極為必要的。國外在這方面的研究不少,但其調查結果出入卻甚大。如 J. E. Wallin(1958)曾分析一八九四至一九五八年間所做的六十個研究,發現智能不足的出現率從 0.05%至 13%不等(引自

Robinson and Robinson, 1976, p. 35 ）。另外 R. F. Heber（1970）也指出在二
十八個調查研究中的出現率則從 0.16%至 23%，而中數爲 1%（引自 MacMil-
lan, 1977, p. 64 ）。根據我國第二次特殊兒童普查發現，全國共有三萬一

表 1–5　各類智能不足的出現率

程　　　　　度	在總人口的百分比	在智能不足人口中的百分比
可教育性智能不足	2.6	86.7
可訓練性智能不足	0.3	10.0
重度智能不足	0.1	3.3
總　　　計	3.0	100.0

（修正自Gearheart and Litton, 1979, p. 35 ）

千四百四十名六至十四歲學齡階段智能障礙兒童，在全國學齡兒童總人數
（以七十九學年度計）中，佔 0.883%（教育部特殊兒童普查執行小組，民
82）。雖然對出現率的研究歧異如此之大，不過目前普遍被接受的智能
不足者之出現率，約佔總人口的 3%。Gearheart 與 Litton（1979）曾依智能
不足的等級，而推測各類智能不足者所佔的百分比，如表 1–5 所示。
　　至於何以對智能不足出現率的研究，會有上述明顯的分歧現象，主要
歸因於對出現率的推估，實受到許多變數如定義、研究方法、社區情況、
年齡因素、種族背景、地理環境、性別因素、社會政治因素等的影響。茲
分別討論於後：

㈠定義的影響

　　定義對出現率的影響最爲明顯的例子，應屬 AAMR 一九六一及一九七
三年的定義。把智商的分界點定爲平均數一個或二個標準差以下，則智能
不足所佔的百分比，便起了極大的變化。另外僅採單一標準與採雙重或多
重標準的定義，其出現率也會產生差異。

㈡研究方法的影響

　　在智能不足出現率的調查研究中，測驗的種類與性質、樣本的大小與

普遍性，以及所採用的調查技術等的差異，對出現率的推估皆有重要的影響。

(三)社區情況的影響

根據 MacMillan（1977）的看法，智能不足者在城區比鄉區更容易被鑑定出來。一般認爲主要是城區要比鄉區複雜，社會對個人的要求較高所致。且城區的轉介與診斷設施也比較完備，有些接近智能不足者，也比較可能被鑑定爲智能不足。另一方面在同一個社區內，社會經濟情況也與智能不足出現率的差異有關。如 G. Tarjan 等人（1973）即指出，在社經地位較低之貧乏家庭出生與長大的兒童，其被鑑定爲智能不足的可能性爲郊區兒童的十五倍（引自 Payne and Patton, 1981, p. 52）。不過智能不足的程度越嚴重，則文化與社經因素就越發無關緊要。因爲富有家庭也和貧窮家庭一樣，可能會出現重度智能不足的兒童。

(四)年齡因素的影響

年齡與智能不足的出現率似存在某種函數關係。Mercer（1973）指出，出生至四歲智能不足出現的百分比爲 0.7，五至九歲爲 0.54，十至十四歲爲 1.15，十五至十九歲爲 1.61，二十至二十四歲爲 0.90，二十五歲以上則爲 0.13。這種現象似乎顯示在學時期比學前和離校後，更容易出現智能不足的個案。此項差異多來自輕度智能不足者的影響。因爲中重度的智能不足者早在學前即已被鑑定出來，智能不足之標記可能從此終其一生。而輕度智能不足者在學階段，因無法應付學校的課業要求與教師的期待，固然容易被視爲智能不足，但在未入學前及離校後，由於其尚能適應家庭與社區生活，許多人可能就不被鑑定爲智能不足了。各類智能不足者的鑑定與能見度（visibility）從表 1–6 可見其概。

(五)種族背景的影響

有許多研究指出，種族背景與智能不足的出現率也有密切的關係。例如根據 Heber（1968）的估計，不管社會經濟地位如何，智商低於 75 的黑人兒童之百分比，皆要比白人兒童爲高（引自 MacMillan, 1977, pp. 68–

表 1-6　智能不足的鑑定與能見度

智能不足的分類	約佔智能不足人口的百分比	一般被鑑定出來的年齡	首先發現問題的人士	確認爲智能不足之診斷的人士	被視爲智能不足的情形
輕　度	80–85%	六歲以上	教　師 家　長	學校心理學　家 診斷小組	隨年齡而變化；常於入學後被鑑定爲智能不足，但離校後卻不再有此標記。
中　度	10%	一至五歲	父　母 醫　師	醫　師 診斷小組	終其一生大部分的時間皆會被視爲智能不足。
重　度	3–4%	出生至一歲	醫　師	醫　師	終其一生皆被視爲智能不足。

（採自Payne and Patton, 1981, p. 52）

69）。不過這種因種族背景不同而產生智能不足出現率的差異，似乎只限於輕度智能不足者，在較重度的智能不足者方面大致上並沒有差別（MacMillan, 1977）。然而，如欲將種族因素單獨提出討論，也應同時考慮環境、社經地位等與此因素的交互作用，以及測驗工具是否可能免於文化的影響，方屬允當。

㈥地理環境的影響

　　智力與學業成就的高低，常因所居住的地理環境而有差異。例如有人曾以魏氏兒童智力量表的部分項目，對六至十一歲的兒童加以測驗，發現美國南部的白人兒童平均得分要比其他區域者約低六分；而美國南部的黑人兒童，則比其他區域的黑人兒童平均約低四分（J. Roberts, 1972；引自Robinson and Robinson, 1976, p. 41）。

㈦性別因素的影響

　　一般說來，在各不同的年齡階段，男性比女性被鑑定爲智能不足的比率爲高。不過這種性別差異的現象，僅存在於輕度的智能不足者

（Robinson and Robinson, 1976；MacMillan 1977）。對於因性別因素而導致智能不足出現率差異的現象，最常見的解釋有三：(1)男性比女性更容易出現與 X 染色體有關的缺陷，(2)社會對男性的要求與期待標準要高於女性，(3)家庭與社會對性別角色有不同的態度，例如對女孩則注意培養其具有女性的特質，對男孩則發展其男性的氣概。而與男性特質常相提並論者為侵略性；一個具有侵略性的輕度智能不足男孩，實比一個嫻靜規矩的女孩，更可能被鑑定為智能不足者。

㈧社會政治因素的影響

　　智能不足的出現率有時也會受到社會態度、政策，與某些教育措施所左右。Beirne-Smith 等人（1994）發現美國自從執行一九七五年的 94-142 公法（全體殘障兒童教育法案）以後，持續到一九九〇年代，被鑑定為智能不足的學生似乎逐年在遞減。其中輕度智能不足者所受的影響最大。揆諸其因，與多數專業人士對來自不同文化或少數羣體的學生秉持更為保守謹慎的診斷態度有關。而許多過去被鑑定為智能不足的程度較高的學生，有些已被安置於學習障礙班受教也是原因之一。此外，學前早期處遇（early intervention）方案成效的出現，對智能不足出現率的變化，當然也扮演著重要的角色。

參考 文獻

衛生署（民 91）：身心障礙等級。

教育部（民 76）：特殊教育法施行細則。

教育部（民 91）：身心障礙及資賦優異學生鑑定標準。

教育部社會教育司（民 70）：中華民國特殊教育概況。

教育部特殊兒童普查執行小組（民 82）：中華民國第二次特殊兒童普查報
　　告。臺北市：教育部教育研究委員會。

張紹焱（民 63）：小學智能不足兒童的輔導。臺北：正中。

AAMR Ad Hoc Committee on Terminology and Classification. (1992). Mental retarda-
tion: Definition, classification, and systems of support. Washington, DC: Ameri-
can Association on Mental Retardation.

American Association on Mental Retardation (2002). Mental retardation: Definition,
classification, and systems of supports. Washington, DC: The Author.

Beime—Smith, M., Patton, J., & Ittenbach, R. (1994). Mental retardation. New York:
Macmillan College Publishing Company.

Clausen, J. A. (1967). Mental deficiency: Development of a Concept. American Journal
of Mental Deficiency, 71, 727—45.

Clausen, J. A. (1972). Quo Vadis, AAMD? Journal of Special Education, 6, 51—60.

Doll, E. A. (1941). The essentials of an inclusive concept of mental deficiency. American
Journal of Mental Deficiency, 46, 214—19.

Gearheart, B. R. (1972). Education of the exceptional child: History, present practices,
and trends. Scranton, Pa.: International Textbook Co.

Gearheart, B. R., & Litton, F. W. (1979). The trainable retarded: A foundations ap-
proach. St. Louis, Missouri: The C. V. Mosby Company.

Gelof, M. (1963). Comparisons of systems of classifications relating degrees of retardation to measured intelligence. **American Journal of Mental Deficiency, 68,** 297–317.

Grossman, H. J. (Ed.) (1977). **Manual on terminology and classification in mental retardation.** Washington, D. C.: American Association on Mental Deficiency.

Grossman, H. J. (Ed.). (1983). **Classification in mental retardation.** Washington, D. C.: American Association on Mental Deficiency.

Hallahan, D. P., & Kauffman, J. M. (1994). **Exceptional children: Introduction to special education.** Boston: Allyn and Bacon.

Heber, R. F. (1961). A manual on terminology and classification in mental retardation. **American Journal of Mental Deficiency Monograph.**

Kanner, L. (1949). **A miniature textbook of feeblemindedness.** New York: Child Care Publications.

Kneedler, R. D., Hallahan, D. P., & Kauffman, J. M. (1984). **Special education for today.** Englewood Cliffs, New Jersey: Prentice–Hall.

Lewis, E. O. (1933). Types of mental deficiency and their Social Significance. **Journal of Mental Science, 79,** 298–304.

Luckasson, R., Coulter, D. L., Polloway, E. A., Reiss, S., Schalock, R. L., Snell, M. E., Spitalnik, D. M., & Stark, J. A. (1992). **Mental retardation: Definition, classification, and systems of supports.** Washington, D. C.: American Association on Mental Retardation.

MacMillan, D. L. (1977). **Mental retardation in school and society.** Boston: Little, Brown and Company.

Mercer, J. R. (1973). **Labelling the mentally retarded.** Berkeley: University of California Press.

Payne, J. S., & Patton, J. R. (1981). **Mental retardation.** Columbus, Ohio: Charles E. Merrill Publishing Company.

Robinson, N. M., & Robinson, H. B. (1976). **The mentally retarded child.** New York: McGraw–Hill.

Schalock, R. L., Stark, J. A., Snell, M. E., Coulter, D. L., Polloway, E. A., Luckasson, R., Reiss, S., and Spitalnik, D. M. (1994). The changing conception of mental retardation: Implications for the field. **Mental Retardation, 32** (3), 181–193.

Sloan, W., & Birch, J. W. (1955). A rationale for degrees of retardation. **American Journal of Mental Deficiency, 60,** 258–64.

Strauss, A. A., & Lehtinen, M. A. (1947). **Psychopathology and education of the brain –injured child.** New York: Grune & Stratton.

Tredgold, A. F. (1908). **Mental deficiency.** London: Bailliera, Tindall, and Fox.

智能不足的成因與預防

　　瞭解了何謂智能不足，以及智能不足可能出現的類型之後，如能進一步瞭解智能不足的成因，對於智能不足的預防工作，應該會有幫助。不過，造成智能不足的原因之瞭解，並非易事。Stern（1973）認為智能不足者中有一半的個案無法診斷出其原因。MacMillan（1977）也指出至少有75%的智能不足，吾人無法確知其成因。而 Wilson（1974）則估計只有30－40%可鑑識出的發展性缺陷（developmental defects）之個案，可知道其原因。雖然針對某一智能不足個案而言，要確切指出其智能不足的成因為何，或許不容易，但由於近代生物醫學的發展，以及教育、心理、社會等學界對智能不足研究的關注與努力，已使吾人得以瞭解可能導致智能不足的各種因素。這些因素如就其性質加以類分，實不離乎生理與社會心理（social－psychological）因素這兩大範疇。本章將分就智能不足的生理因素、智能不足的社會心理因素，及智能不足的預防這三部分加以討論。

壹‧智能不足的生理因素

　　可能導致智能不足的生理因素，一般而言，也可按其性質再分成遺傳缺陷所決定者，以及中樞神經系統的損傷這兩方面的來源（MacMillan, 1977）。其中傳遺缺陷所決定的，在受孕前或受孕時即已發生。而中樞神經系統的損傷，則可能出現在受孕之後的產前、產中，或產後。因此，以下對智能不足生理因素的探討，亦將分別從遺傳缺陷與中樞神經系統損傷的影響加以敍述。

一、遺傳缺陷的問題

　　人類的身體特質得以代代相傳，憑恃的乃是染色體（chromosomes）中的基因（genes）所傳達的遺傳訊息。正常人的細胞皆有二十三對染色體。其中有二十二對與性別無關，稱為體染色體（autosome）；有一對與性別有關，稱為性染色體（sex chromosome）。性染色體中，Y 染色體純粹在決定性別，沒有其他基因，而 X 染色體除含有性之特質訊息外，另帶有其他遺傳訊息。這也就是為何男性比女性更容易因性染色體而導致智能不足的道理。因為基因有顯性（dominant）與隱性（recessive）之分，在女性的 XX 染色體中，某一基因皆屬隱性並不容易，而男性的 XY 染色體中，因 Y 除決定性別外，無其他基因，則只要X染色體中有某一缺陷基因存在，則可能導致失常。

　　一些由遺傳而來的缺陷，其產生的原因，常見的是突變（mutation）。狹義的突變僅指基因突變，廣義的突變則包括染色體的各種異常在內（武光東與王昇，民75）。有的突變是自然發生的，也有的是經由人工誘致的。基因的突變可能的因素如放射線、病毒、化學藥物等。突變後的基因，也循正常的遺傳法則去發展。染色體的異常，係指不正常的數目或結

構而言。染色體的異常，其發展的方式有三種：

1. 不分離型（nondisjunction）

如生殖細胞（精子或卵子）在減數分裂（meiosis）時，染色體在兩個新形成的細胞間並沒有平均分裂的現象即是。

2. 移位型（translocation）

是指某一染色體的全部或部分錯誤地附著於另一染色體（它的同對夥伴或不同對中的一個）之現象。

3. 嵌合型（mosaicism）

此係在受孕之後發生，當受精卵開始分裂，在染色體的分配上有所失誤的現象。

除突變外，其他如性染色體上基因的缺陷、在細胞分裂時染色體的變異，以及在雙親中隱性特質的配對等，皆有可能造成遺傳的缺陷。以下將對因遺傳缺陷的問題所導致的智能不足，分成染色體異常與基因異常加以舉例說明。

(一)染色體異常

1. 道恩氏症候（Down's syndrome）

道恩氏症候過去常被稱為「蒙古症」（mongolism）。它是在一八六六年由 Langdon Down 從呆小症（cretinism）所區分出來的。故此症以其姓命名。所有具有道恩氏症候表現型（phenotype）者皆有第二十一對染色體三體症（trisomy 21）的現象。圖 2-1 是正常人的染色體組型（karyotype）。而圖 2-2 所顯示的則為不分離的第二十一對染色體三體症。染色體的不分離型咸認是造成此症的主因，而由移位與嵌合型造成者較少。中重度智能不足者中約有 10% 是道恩氏症候者。在所有的智能不足者中，此症的出現率約在 5-6% 之譜（Beirne-Smith et al., 1994）。此症的出現率約為活產數的六百分之一。超過三十五歲的婦女生產道恩氏症候孩子的百分比較高。表 2-1 所顯示的即是母親的年齡與生產道恩氏症候孩子的出現率與再發率的狀況。

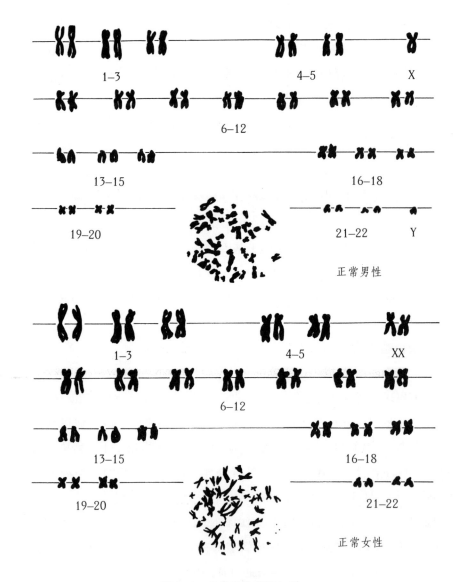

圖 2–1　正常的染色體組型

（採自 Beirne–Smith et al., 1994, p. 151）

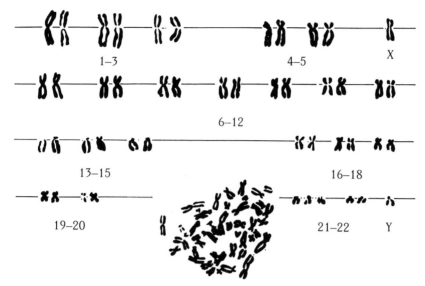

圖 2-2　不分離型的第二十一對染色體三體症

（採自Beirne–Smith et al., 1994, p. 152）

表 2-1　母親的年齡與道恩氏症候的出現及再發率之關係

母親年齡	出現率	再發率
20–30	1：1500	1：500
30–35	1：600	1：250
35–40	1：300	1：200
40–45	1：70	1：100
45＋	1：40	1：20

（採自MacMillan, 1977, p. 120）

　　道恩氏症候者常會出現某些明顯的生理特徵，可能出現的有下列幾方面：

　　(1)長相多很相似。

　　(2)身材矮小。

　　(3)面龐寬扁。

(4)手掌寬短，手指內彎，有斷掌。

(5)鼻子小且鼻樑低。

(6)眼上斜，雙眼皮。

(7)頭顱扁平，耳小而捲。

(8)口小顎短，舌凸出；隨年齡增長，舌面會有溝紋。

(9)牙齒不整齊。

(10)頭髮稀疏細直。

(11)頸寬而短。

(12)皮膚乾燥有斑點，且常有皮膚病。

(13)肌肉張力過弱（ hypotonia ），關節彈性過強。

(14)上呼吸道容易受感染。

(15)常見心肺的缺陷。

(16)白血病（ leukemia ）出現率相當高。

(17)頭小腦小，但並沒有特定的結構上之異常。

(18)性的發展遲緩或不完全。

　　就道恩氏症候者的智力功能的發展來看，一般多認爲屬於中度智能不足的範疇，且智商頂多 70。不過也有人（ Rynders, Spiker, and Horrobin, 1978 ）認爲此症患者的智力功能差異極大，一般所宣稱的此症患者有智商上限的論點似乎並不確實。

　　在人格特質方面，道恩氏症候者常會出現下列的情形：

(1)脾氣好，喜歡與人握手。

(2)與其他智能不足者相較，少有嚴重的情緒困擾。

(3)其人格發展受環境的影響很大；如父母給予壓力，要其與他人競爭，則很容易變得具侵略性與桀傲不馴。

　　對道恩氏症患者的瞭解方面，最近在其壽命的預期（ life expectancy ）上又有新的變化。Patterson（ 1987 ）指出在一九二九年時，此症患者的預期壽命僅有九歲，但到一九八〇年時，其平均預期壽命則增至三十歲以

上，且有 25% 的人活過五十歲。當年歲增長，此症患者出現老年痴呆症（Alzheimer's disease）的可能性亦會增加。事實上，道恩氏症者明顯的是出現老年痴呆症較高的危險羣（Patterson, 1987）。

2. X 染色體脆裂症(fragile–X syndrome)

X 染色體脆裂症是在一九七九年正式被發現的，而成為道恩氏症候之外，另一種與染色體異常有關的主要的智能不足之成因。患者的 X 染色體之末端會有脆裂的現象（王作仁，民 80）。發生率在每一千五百名男性中便可能有一人，而每一千名女性則可能有一人（Clayman, 1989）。此症在產前即可診斷出來，不過大部分的個案還是在嬰幼兒階段，因發展遲緩或出現耳朵特大的現象而被發現（Buyse, 1990）。男患者智能不足的現象從輕度至重度皆有可能，女患者有三分之一會出現智能不足的情形（Rogers and Simensen, 1987；王作仁，民 80）。

X 染色體脆裂症常見的生理特徵包括下列幾種現象（Beirne–Smith et al., 1994）：

(1)下巴突出。

(2)睪丸較大。

(3)面龐瘦長。

(4)耳與手皆長而軟。

(5)前額突出。

(6)頭部特大。

X 染色體脆裂症與自閉症的關係在文獻上經常被提到。此症的男性患者出現自閉症或像自閉症的行為者有 5–46%。而自閉症兒童約有 15% 可能也是 X 染色體脆裂症患者。

由於 X 染色體脆裂症被發現的時間尚短，預料此症的其他特徵應會逐漸被發掘出來，而有助於智能不足成因的探討。

3. 貓啼症(cat crying syndrome)

這類患者第五對染色體的短臂有一段丟失了。王作仁（民 80）指出

此症出生時有 70% 爲女性，但能存活之較大孩子則多爲男性。其特徵爲初生時哭聲微弱若貓啼，但數週後即可改善。其他重要特徵尚包括：小頭、圓臉、眼瞼裂向下、斜視、眼距寬、鼻樑較寬、耳朵低位，通常會有生產遲緩、嚴重智能不足、全身張力低下、斷掌、先天性心臟病等現象。

4. 柯蘭費特氏症（Klinefelter syndrome）

此症爲男性多了一個 X 染色體，而成爲 XXY 的組合。此症患者具有男性的外表，青春後期精細管萎縮，而造成不孕症，也有女性第二性徵。此症常見的其他特徵尚有通常身材較高、肥胖、乳房會脹大、有臨界或輕度智能不足的現象，另外在聽知覺、語言的理解與表達等方面也有困難存在。X 染色體的出現越多（如 XXXY, XXXXY）則缺陷也跟著增多。在男性新生兒的出現率從四百分之一到八百分之一不等（王作仁，民 80；Beirne-Smith et al., 1994 ）。

5. 朴列德－威利症（Prader–Willi syndrome）

此症是起因於第十五對染色體長臂之細微脫失。患者的主要特徵包括輕度至中度智能不足、學習障礙、動作發展遲緩、矮小、四肢尤其是末端細小、性腺機能減退、食慾貪得無厭，不知適可而止，結果乃造成肥胖的現象（王作仁，民 80 ）。

(二)基因異常

1. 苯酮尿症（Phenylketonuria, PKU）

苯酮尿症是由體染色體的隱性基因（autosomal recessive gene）所造成的。因此雙親一定要是皆有這種隱性特質，其子女才會出現 PKU。武光東與王昇（民 75 ）曾指出苯酮尿症導致智能不足的過程：

> 苯酮尿症所缺少的酵素是苯丙胺酸羥化酵素（phenylalanine hydroxylase），因爲不能把苯丙胺酸轉變成酪胺酸，在病人的血和尿裡遂積聚大量的苯丙胺酸。譬如正常人每 100 c.c. 血液內的含量約爲 1 mg，而 PKU 患者的含量可高達 50 mg。當苯丙胺酸的正常代

謝過程受阻後，遂改由異常途徑而形成特殊物質，如苯丙酮酸（phenylpyruvic acid）等。此等物質有礙神經細胞的發育分化，使嬰兒的智力衰退，神經系統受損。（123頁）

PKU在新生兒的出現率從一萬兩千分之一至兩萬分之一不等（Robinson and Robinson, 1976；Beirne–Smith et al., 1994）。此症在白種人中的出現率較高。如愛爾蘭與蘇格蘭東部的出現率甚高，而高出現率的地區也包括德國、加拿大、以色列，與美國。

苯酮尿症常見的特徵，尚有可能出現下列的情形：

(1)眼睛、皮膚顏色較淡。

(2)出現溼疹（eczema）、癲癇發作（seizure）、嘔吐等現象。

(3)頭髮稀少、顏色較淡呈金黃色。

(4)尿有異味。

(5)牙齒琺瑯質發育不良。

(6)活動過多、情緒不穩、行為異常、有攻擊性。

(7)有50%左右是小頭症（microcephaly）。

苯酮尿症的患者如在被發現後，立即限制食物中的苯丙胺酸含量，這樣致病的基因雖在，但致病的作用則可避免發生。PKU如不加治療，大部分都會成為智能不足，且智商多半在50以下。苯酮尿症的孩子越早接受治療則智能發展受到不利的影響也越低。一般PKU的孩子在接受食物治療四十八至七十二小時後，即可能出現明顯的變化：較安靜、能注意、且更能有所反應（MacMillan, 1977）。雖然有人認為苯酮尿症患者經食物治療在五、六歲後，神經系統已發育完全時，即可食用普通食物（武光東與王昇，民75），但也有人發現如食物治療能持續到十歲而不在六歲時即停下來，則在學業成就、智能水準、語言與知覺能力上會有更好的發展（Fishler, Azen, Henderson, Friedman, and Koch, 1987）。由此可見，盡可能長期的限制PKU患者的飲食，似仍有其支持者。問題是在成長與發展階段

所需要的苯丙胺酸時有差異。除非經常作苯丙胺酸之血液檢查，否則很難瞭解怎樣的苯丙胺酸的水準方屬過量。同時過度的限制飲食本身，即可能導致成長遲滯與智能不足。因此，苯酮尿症患者的飲食治療的確是相當費心的。

2. 低血糖血症（hypoglycemia）

此症的成因包括許多隱性基因特質，如肝醣貯積症（glycogen storage disease）、肝醣合成酶缺乏（glycogen synthetase deficiency）、遺傳性果糖不耐症（hereditary fructose intolerance），與半乳糖血症（galactosemia）。患者由於新陳代謝的缺陷，會導致血糖出現異常的低水準，因而阻抑腦功能的發展。

3. 泰－沙氏症（Tay–Sachs disease）

泰－沙氏症屬於一種體染色體的隱性特質。新生的患者一切正常，但幾個月後神經系統就開始退化，並可能出現嚴重發展遲滯、痙攣、既聾且瞎、肌肉控制失效等現象，且在四、五歲前死亡。武光東與王昇（民75）指出此症的病理性質：

> 患者細胞內缺乏一種酵素（hexosaminidase），阻礙神經細胞裡的神經節苷酯（ganglioside）代謝。在正常人的腦內，只有少量此種物質存在，而在 Tay–Sachs 病人的腦中則大量積聚，可以高達常人的七十倍以上。從而妨礙神經機能，各種病態和死亡均由此而起。（p. 118）

二、中樞神經系統的損傷

造成智能不足的生理因素，除前述的遺傳缺陷的問題外，中樞神經系統，特別是腦部的損傷，往往也是形成智能不足的重要原因。甚至吾人可以說，智能不足的生理因素，如非遺傳缺陷，即是腦部損傷。足以導致中樞神經系統損傷的因素，有可能出現在產前、產中，或產後。出現在產前

的因素，多半母體首當其衝，胎兒間接受害。出現在產中與產後的因素，則往往是個體要直接去面對的。以下將對足以造成中樞神經系統損傷，進而導致智能不足的因素，分別加以列舉說明。

㈠營養的問題

營養關係到人體的健康。人類生命早期的營養不良，特別容易使腦部受到傷害，而導致智能不足。Shneour（1974）即指出腦部發育與營養的關係：

> 在生命的最早階段，人腦最容易受到營養不良所傷害，而人存在的整個過程也大部分由那個時候所吸收的養分所決定。在懷孕期中人腦的成長，是整個有機體最早、最快、也最廣泛的發展之一。出生之後，腦部繼續以比身體其他部分更快的速率在成長，以致在孩子四歲大時，其腦部已經達到成人重量的 90%，而身體的其他部分則僅勉強達到 20% 的水準而已。（p. 1）

Shneour（1974）更引述 Winick、Rosso 與 Waterlow（1970）的研究而說到人腦在早期發育的情形：

> 生命的頭兩年中，在腦部的所有部分，重量與蛋白質的含量皆持續在增加；從出生到兩歲之中，腦的重量增加七倍，而蛋白質的含量則增加十二倍；嚴重營養不良兒童的腦部在重量與蛋白質含量，皆比相同年齡者顯著地不如。此一研究也證實早先的研究結果，亦即腦細胞只在生命早期的幾個月中在數量上快速地增加，此後直到約一歲時，增加的速率則慢多了，到一歲時再增加的細胞已很少了。此後所有在重量上的增加包括增加細胞體積、蛋白質與油脂的含量，而非生產新的細胞，因而證實了其他的研究結果。（p. 127）

由此吾人可知，個體在懷孕期及出生後的前面幾年，可說是腦細胞快速發育的階段，需要充分營養的供給，否則腦細胞發育不良，俟後想再補救，就恐非易事。在腦部發育所需的營養素中，以蛋白質的重要性最高，也與腦細胞的生長關係最為密切。

在懷孕期中，胎兒的營養供給雖有賴母體對食物的適當攝取，但如孕婦患有毒血症（toxemia），則可能會限制對胎兒血液的供應，而出現胎盤與器官發育不良，出生重量不足的現象。另外患有諸如糖尿病、貧血、甲狀腺缺陷（thyroid deficiency），或高血壓的孕婦，亦有可能出現對胎兒營養供給不足的情形，而影響其腦部及身體其他部分的發育。至於孩子出生以後，就需要由本身自行攝取所需要的營養，因此均衡營養的提供就十分重要。某些營養素的缺乏，可能造成神經系統的問題，常見的似有下列的情形（MacMillan, 1977）：

1.缺碘會導致呆小病（cretinism）。

2.缺乏蛋白質會影響腦部發育與身體正常的發展。

3.維他命 A 缺乏會造成腦壓（intracranial pressure）升高。

4.缺乏維他命 B_6 會引發癲癇發作（seizures）。

5.缺乏維他命 B_{12} 會導致智能不足、痙攣，與羸弱。

6.缺乏維他命 D 可以引發痙攣（convulsions）。

㈡化學藥物的影響

Wilson（1974）曾估計在已知的發展上的缺陷中，有 2–3% 係由化學藥物（chemicals）所引起的。特別值得注意的化學藥物計有下列幾類：

1. 藥物（drugs）

如麻醉品麥角酸（LSD）、海洛英、嗎啡等，皆可能造成神經系統的損傷。而孕婦的吸菸也會導致新生兒的體重不足。

2. 酒精（alcohol）

孕婦如果酗酒，則生下的孩子常有身心方面皆發展遲滯的情形。大約有 40% 的酗酒孕婦會出現這類不利的結果。這種酒精性胎兒畸形症候羣

（fetal alcohol syndrome）可能出現的特徵，尚包括：腦部發育不全、小頭症、精細動作協調不佳、呼吸系統障礙、心臟畸形、成長缺陷、生化異常，及智能不足等。

3. 其他化學藥物

如鉛、水銀、石綿、氯、鎳、殺蟲劑、含甲苯之強力膠等對空氣、水，或食物等的汚染，也可能造成人體神經系統的損傷、遺傳基因的突變、癌症、心臟血管等問題。例如鉛會造成神經系統的損傷，從而導致智能不足、迷睡、沒精打彩、癲癇發作。水銀也同樣會損傷腦部，而出現癲癇發作、失明、智能不足，甚至致人於死等現象。

(三)疾病傳染

疾病傳染在產前、產中，或產後都可能發生，並延續下去，而傷害到神經系統。常見的傳染疾病有下列幾種：

1. 麻疹（rubella）

孕婦在產前感染麻疹，對胎兒可能產生的後遺症包括：聽覺障礙、智能不足、大頭症、小頭症、腦麻痺、失明、癲癇發作、肢體障礙、黃疸、心臟缺陷等。

2. 梅毒（syphilis）

孕婦感染梅毒在懷孕之初的十八週，尚不致對胎兒造成傷害，惟十八週以後，一旦傷害了，即無法復元。此病對胎兒可能的傷害包括：神經與循環系統的損傷、小產、死產、智能不足、白內障、耳聾、心臟缺陷、牙齒畸形、肝脾腫大、腎病、皮膚發疹、骨骼畸形等。

3. 住血原蟲病（toxoplasmosis）

此一原蟲多存在於生肉與貓糞中。孕婦如感染了住血原蟲病，對胎兒會造成巨大的傷害。其可能出現的症狀有：痙攣、失明、大頭症、小頭症、餵食問題、神經系統的損傷。能從產前的住血原蟲病存活下來的幼兒，也約有 85% 會成為智能不足（Sever, 1970）。住血原蟲病的預防方法，重在將食用的肉煮熟，並避免接觸貓汚染過的環境（如花圃）。

4. 腦膜炎（meningitis）

染患腦膜炎可能出現的症狀包括：智能不足、聽力損失、癲癇發作、神經動作的缺陷等。

㈣物理傷害

會導致中樞神經系統損傷者，有的是來自外傷或物理因素，如放射線（radiation）的照射、車禍致頭部損傷、難產所導致的缺氧、生產過程因器械使用不當造成新生兒頭部的傷害等，皆可能直接導致腦細胞受損，而出現智能不足及其他的障礙。即以放射線爲例，人體越不成熟的細胞，越容易感受放射線的傷害。如放射線對懷孕之初前三個月內的胎兒的傷害最大。放射線的安全容受量是每年在 2–3 雷姆（rem）以下，但在懷孕期則不應超過 0.5 雷姆（MacMillan, 1977）。放射線不只會損害腦部細胞，也可能導致基因突變、引發白血球過多症（leukemia）等，其傷害不可謂不大。

㈤早產

所謂早產（prematurity）係指懷孕期在三十七週以下，或新生兒出生重量在兩千五百公克以下而言。早產的成因與後果可謂形形色色，但對嬰兒有不利的影響是顯而易見的。一般而言，早產的嬰兒的神經系統更容易受到損傷，死亡率較高，也比足月生產的嬰兒有更大的危險性出現嬰兒猝死症（sudden infant death syndrome）。早產的產生一般咸信與低社經地位、孕婦的年齡與嗜好吸菸，以及營養不良等有密切的相關。

㈥血型不合的問題

人類的血型除 ABO 血型外，Rh 血型也是另一個重要的分類系統。ABO 血型會有不合的情形，如孕婦是 O 型，先生是 A 型或 B 型，新生兒即有可能因母子血型不合而引起黃疸。Rh 血型可分爲 Rh^+ 與 Rh^-。Rh 血型的不合所引發的黃疸，常會很嚴重，而其造成的問題也特別引人注目。如果孕婦是 Rh^- 型，而所懷的是 Rh^+ 血型的胎兒，則孕婦可能產生抗體（antibodies），當這些抗體進到胎兒的循環系統，它會釋放出膽紅素

（bilirubin），並摧毀 Rh^+ 血球。當胎兒未發育完全的肝臟無法將膽紅素代謝掉時，膽紅素的水準達到致毒的程度，即會對胎兒的腦部造成損傷。對於 Rh 血型不合的情形及防治的途徑，武光東與王昇（民75）有下列詳細的描述：

> 　　一位 Rh^- 的孕婦，如其血液內有 Rh 抗體，此等抗體很可能透過胎盤，而進入胎兒體內。如果胎兒是 Rh^+，其紅血球就會和來自母方的抗體發生反應，而使胎兒受到嚴重傷害……。母親產生抗體的原因有二：一是先前曾輸過血，所獲得的血爲來自 Rh^+ 者。另一是懷孕生產已經不止一次，在生產時胎兒的血球有進入母體的可能，如進入的血球有 Rh 抗原，母體即產生抗體，對已經生下的胎兒（頭胎）無礙，但對其後孕育 Rh^+ 胎兒時則發生危險。近年來，對於此種溶血病的防治已有很大的進步。首先，所有孕婦要做血型鑑定，如爲 Rh^+，就不必擔心將來有這方面的困擾；如爲 Rh^-，就應檢查其丈夫血型，如丈夫也是 Rh^- 時，他們的子女也不會患溶血病；如丈夫爲 Rh^+ 時，除頭胎不必擔心外，其後各胎都必須密切注意，爲了搶救嬰兒生命，有時必須提前生產或在母體內進行換血。在一九六〇年代早期，英、美兩國醫生分別發現預防 Rh 抗體形成的方法。Rh^- 的母親，如先前沒有接受過 Rh 抗原的經驗（如輸血或已生過 Rh^+ 的孩子），那麼在生下 Rh^+ 孩子後的七十二小時內，可以注射含有 Rh 抗體的血清，這種外來抗體可以把生產時流入母體的胎兒紅血球及時破壞，使後者沒有機會發生抗原作用，這樣母體就好像沒有經驗過 Rh 抗原，下次再懷孕時即可免除溶血病的危機。上述抗體注射必須在每次生產 Rh^+ 胎兒後重複施行。（82–84 頁）

㈦其他腦部成長或發展異常的情況

如小頭症（microcephaly）、大頭症（hydrocephalus）、結節性腦硬化症（tuberous sclerosis）等，皆可能導致患者成爲智能不足。

貳・智能不足的社會心理因素

遺傳與環境對人類智能的發展孰重？這是長久以來一直被爭議的問題。對於大多數的輕度智能不足者而言，學術界也一直存在著本質與教養的爭論（nature−nurture controversy）。在環境與遺傳孰重的爭論上，Bloom（1964）與 Jensen（1969）的見解，可謂代表各異其趣的觀點。

Bloom（1964）對環境因素在智能發展上的重視，常被引用作爲早期教育（early intervention）的理論基礎。Bloom 對於智能發展與環境的關係所持的看法可略述如下：

1.生命最早期的幾年，智能成長快速，但到了八歲以後，即趨於遲緩與穩定。

2.個體在成熟時 50%的智商變異數（variance），可由四歲時智商的差異加以解釋。而八歲時智商的差異，則可解釋成熟時智商變異數的 80%。

3.環境影響力的大小，與某項特質成長之關鍵期是相對的，即成長越快，影響也越大。就智能發展而言，環境介入（environmental intervention）之影響力，以在四歲之前的學前階段爲最大。

4.環境因素的變異情形從好至劣有其連續性；「好」意即「豐富」，而「劣」即表示「貧乏」。

5.環境的質與智力發展有著單純的直線相關（simple linear relationship）；環境越好，個人達到其生物極限也越接近；反之，環境越差，智能發展所受到的阻抑也越大。

6.一個人到了十七歲時，有利與不利的環境很可能造成其智商有二十

分之差異，全視其是在貧乏或豐富的環境下成長而定。如果在這十七年間，有部分時間生活在貧乏或豐富的環境中，則影響會較少，但仍要依他當時在那種環境是多大年歲來判斷。

　　Jensen（1969）並不同意 Bloom 所說的環境的品質與智能發展存在著直線的關係。Jensen 認為環境的作用是一種門檻變數（a threshold variable）。所謂門檻變數，意即正常的智能發展所需的是某種最低限度的環境品質。超出了這一門檻，環境的變異並不會造成智力上太多的差異。而門檻水準以下的環境到底如何呢？Jensen 指的是極端的感覺與動作的限制，以及缺乏人類或感覺的刺激而言，像有些長期被關在閣樓中的兒童即是。Jensen 不認為單純的所謂文化不利（culturally disadvantaged）可以搆得上稱做低於門檻的環境（subthreshold environment）。因而他指出，如將極端貧乏的孤兒院與閣樓孤立環境中的孩子，置於適切的環境中時，這些孩子的智力會快速地成長，且大幅增加的智商，也具有永久性。但如將文化不利的兒童給予充實的環境，則其智商的增加不會太多（少於 10 分），且所增加的智商通常會很快的喪失掉，且在俟後的學校歲月中，這些孩子的智商一般也會降落（MacMillan, 1977）。這些現象也就在說明環境對智能發展的影響，只是 Jensen 所謂的門檻的作用而已。除了環境的門檻變數之觀念外，Jensen 更提出反應範圍（reaction range）的觀念，以強調遺傳對智能發展的重要性。Jensen 認為由於人們基因型構造（genotypic makeup）的差異，同樣貧乏或充實的環境對人也會有不同的影響。換句話說，與同樣環境的互動，能使得某些人比另外一些人，更易受到影響。遺傳所得之智能越低，其反應範圍也越小。而高智商者，其因環境之品質而所受之影響也越大。圖 2-3 即在顯示不同基因型的反應範圍。吾人可以發現不同的基因型，其反應範圍的確有差異存在。

　　綜而言之，環境對智能發展的影響力，Bloom 應該是比 Jensen 更為樂觀。不過，Jensen 雖然強調個人智能發展的反應空間會受到遺傳本質（即基因型）所影響，至少他尚承認門檻環境的作用與必要性。因此，環境因

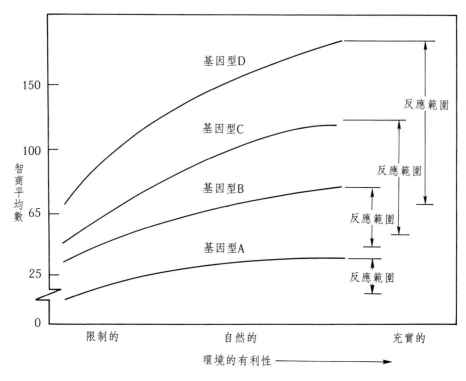

圖 2-3 不同基因型的反應範圍

（修正自 MacMillan, 1977, p. 107）

素對人類智能發展的重要，應是無庸置疑的。

　　環境因素與智能不足的關係，被討論得比較多的要屬輕度智能不足的部分。不利的成長環境常被認爲是輕度智能不足的成因。雖然要明確指出智能不足的原因並非易事，但輕度智能不足者似多來自低社經地位（socioeconomic status）的環境。這也是爲什麼社會階層（social class）常被用作智能不足研究的論題。事實上單純以社會階層來論斷對智能發展的影響，難免有落入階層刻板印象（class stereotyping）的危險。因爲吾人皆知同一社會階層內的人們其特質仍有差異性，而不同階層間也有相似性存在。同時任何與較低社會階層有關的因素，很少在每一個較低社會階層的家庭

皆出現，如果出現的話其情況也不一致。也有人以爲較低社會階層的家長
比中產階層（middle class）者對其子女有較低之期望，然事實上也不盡
然，因出身寒門的傑出人士，也多的是緣自雙親的鼓舞與激勵。此外，下
列兩個與社會階層有關的問題也值得吾人深思（MacMillan, 1977）：(1)文
化家族性（cultural—familial）這類的輕度智能不足何以在較低社會階層中會
有高的出現率？(2)如果環境因素是有關的話，爲什麼大多數來自低社會階
層背景者不是智能不足？由對上述問題的思辨，吾人仍會肯定社會階層在
智能不足研究上的價值，不過要以社會階層來作爲推斷智能不足成因之
用，的確相當不妥。在社會階層仍是有用的概念，只不過失之籠統的情況
下，如何找出與社會階層有關較明確的因素，以瞭解其對智能發展的影
響，對智能不足成因的探究應有助益。

　　與社會階層有關的因素，在智能不足研究中較受注意的多是屬於社
會、心理有關的人文環境狀況。以下將就若干社會心理環境對個體發展可
能的影響，分別加以討論（MacMillan, 1977）。

一、貧窮的環境

　　貧窮的環境常是較低社會經濟地位的同義語。貧窮的環境對一個人發
展的影響，或許不是絕對的。但貧窮的產前環境之於未出生的孩子，則有
可能出現下列的現象（MacMillan, 1977）：

　　1.貧窮的家庭環境不只可能使孕婦在懷孕之前，即因營養不良而使生
殖器官發育不良。而懷孕之後的營養不良、醫療照顧欠佳、因見識不足以
致濫服藥物等皆有可能導致胎兒的早產、先天缺陷，與腦部傷害。

　　2.較低社經階層婦女常見的早婚、太早或太晚懷孕、懷孕次數頻繁等
常與早產、難產、死產、嬰兒出生重量不足、毒血症（toxemia）、貧血、
畸形、智能不足等有關。

　　3.處在充滿壓力與焦慮的環境之孕婦，如再加上具有情緒不成熟的人
格特質，對懷孕又有消極的態度，則常會出現習慣性流產與早產的現象。

4.來自較低社會階層的婦女常見有未婚生子的狀況。而不合法的婚姻也常有缺乏產前照顧、營養不良、住宅簡陋，與孕婦太年輕（常在二十歲以下）等現象。這些問題使得未婚懷孕常有早產、流產、嬰兒死亡等情形發生。

5.在較低社經階層的家庭中，婦女在懷孕時仍從事就業活動似為相當常見的事。懷孕後繼續工作所應注意的是工作的性質與懷孕後再做到多久的問題。只要孕婦不因工作而過度疲勞，對胎兒應不致有不利的影響。

二、語言環境

不同的社會階層的兒童，其成長所處的語言環境有可能出現差異。Bernstein（1960）曾將語言的特性區分為大眾語言符號（public language code）與正式語言符號（formal language code），以說明語言環境的不同，茲分述如下：

1.大眾語言符號

為較低社會階層兒童所常用的語言之特性。包括使用簡短的句子、反覆的口頭禪、不常使用不熟悉的代名詞。這種語言符號對思考能力的發展將會有所限制。

2.正式語言符號

是中產階層兒童所常用的語言。其語言特性是使用更精緻的結構與明確的意義。

另外，Jensen（1968）也指出語言發展環境的不同，是導致社會階層會在智能發展上形成差異的可能因素。Jensen特別提到較低社會階層的語言環境具有下列的特質（引自 MacMillan, 1977, pp. 94–95）：

1.嬰兒早期的發聲少有可能受到酬償。

2.在早年，兒童較少可能有單一的母親與兒童的關係存在。

3.較少語言的互動，及對兒童早期的發聲給予語言遊戲式的回應；因此兒童說話的發展會受到滯礙。

4. 在兒童學習說話的早期，其雙親較少增強近似成人的語言，以修正兒童的發音。

5. 兒童與稍長的同胞（siblings）有較多的語言互動，不過這些同胞兄弟姊妹的言語只是層次稍高而已，並無法有系統地修正年幼者的語言行為。

6. 兒童的聽覺分辨能力，因早期在聽取語言示範（language models）時，所處的都市與較低社會階層環境的嘈雜背景之影響而受到損傷。

7. 由於雙親因分心而缺乏適當的回應，兒童早期的好問動機因而被消弱。

8. 比起中產階層，其說出的語言較不像寫出的文字（如文法、句型、邏輯等）；因而較少正向地遷移到閱讀與正規的寫作上面。

9. 用以發展語音技能的語言示範較為拙劣，而學得的語音技能會遷移到學校中。

由於語言發展與認知能力的密切關係，因而不利的語言環境不只對兒童的語言行為會有直接的影響，同時對兒童在智能上的發展也會有所滯礙。

三、物理環境

和中產階層的家庭比較起來，較低社會階層的家庭相當可能會出現下述的情況：

1. 父親不在家。

2. 居家擁擠。

3. 營養與衛生照顧較差。

4. 家庭人口眾多。

前述的居家擁擠與人口眾多的現象，往往可能導致財力、情感與空間資源的分割，家中成員所能分享的玩具、書報雜誌，以及參觀旅行的機會，也會相對減少，無形中將會限制兒童的學習經驗。不過較低階層家庭

雖缺乏像中產階層者的優遇環境，也並非一無是處。由於較低階層家庭的
兒童年齡差距較小、生活環境擁擠與缺乏私密性，以及玩具不多，往往也
使得他們更有機會學習合作與共處，這或許是他們勝於中產階層孩子的一
項特質吧！

四、心理環境

　　怎樣的心理環境會對智能發展造成不利的影響呢？除了前面曾提及的
不當的語言示範係屬於心理環境的範疇，有可能與智能不足的發生有關
外，其他如下列在較低社會階層的家庭常見的現象，也可能會影響兒童智
能的發展：

　　1.不良的居家環境難以激發兒童的學習興趣。

　　2.經常搬家以致孩子無法有長久的朋友。

　　3.父母為生活而奔忙，無法注意到孩子的需要；對於孩子發問的行
為，可能認為是多管閒事，而橫加壓抑。

　　Zigler（1970）也指出下列表現在較低社會階層的心理環境之若干特
徵：

　　1.當對誠實、快樂、服從，與可靠加以要求時，中產階層的父母所強
調的是內在標準（如誠實、自制，與好奇），而較低社會階層者則注重可
獲得尊敬之品質（如服從、乾淨）。

　　2.較低階層之兒童較可能認為雙親與其他成人具有敵意；這些兒童也
顯示對經驗罪惡感上有較大的心理準備。

　　3.較低社會階層的父母與子女傾向於以外在的侵犯行為來發洩敵意。
雖然大部分的研究皆有此結果，但也有持相反見解者。

　　4.中產階層比較低階層的父母對子女更強調對成就的追求。

　　一個人成長的心理環境如果是安全、強調內在制握（internal locus of
control）與成就動機者，對其發展應該是有利的。反之，則可能會阻抑其
心智與人格正常的發展機會。某一兒童除了遭遇不良的心理環境外，如父

母又是智能不足，則其成為所謂文化家族性智能不足（cultural-familial retardation）的可能性將會大增。Sarason 與 Gladwin（1958）曾舉出智能不足的母親無法滿足其子女需要的情形，諸如：

1. 對本身的需要比孩子的需求更重視。

2. 對子女需求的反應並不一致。有時對孩子的啼哭迅速反應，有時則任由他們哭個不停。

3. 她不太可能鼓勵孩子早一點對其環境有所回應。要是孩子對環境有所反應，會帶給她更多的工作或困擾的話，她甚至會對孩子加以懲罰。

如果兒童所成長的環境除了雙親之中有人是智能不足之外，再加上不只個人的需求得不到滿足，整個環境氣氛又缺乏激勵與回應性的話，則對其心智發展的影響，多半是相當負面的。

五、教育機會

教育的功能一向被認為有助於人類潛能的發揮。教育機會的有無，以及教育活動的品質，應該會影響到人類的認知與社會化的發展。過去有不少研究曾探討不同的教養環境對個體發展的影響。其中比較有名的要屬 Skeels 與 Dye（1939）的研究（引自 MacMillan, 1977）。Skeels 與 Dye 的研究包括了實驗組與控制組。其中實驗組是十三名三歲以下的孤兒，平均智商為 64.3。控制組是十二名孤兒，平均智商是 87。實驗組被安排於智障教養機構與智障女性同住。這些智障的女院生和實驗組的孩子混在一起，他們一塊兒遊戲，也會提供具有啟發性的材料讓實驗組的孩子去操弄。控制組的孩子則留在孤兒院中；在裡頭啟發心智的活動是缺乏的。院中的工作人員只在孩子需要照顧時才會和他們有接觸；而即使那樣的接觸也是減少到最低。經過一段時間後，十三名實驗組的孩子智商的增加皆在 7 分以上（有一人增加 58 分；有八人增加超過 20 分）。可是留在孤兒院的控制組在二十一至四十三個月後，有十一人的智商降低了（有十人所降低的智商介於 18 到 45 分，而有五人的智商跌落了 35 分以上）。到最後，實驗組

的兒童除兩名孩子外，其餘皆被領養。領養者大部分是中下社會階層的夫婦。而所有十二名控制組的兒童則不是仍留在孤兒院，就是被安置在州立的啓智教養機構。

上述 Skeels 與 Dye（1939）的研究經過二十年後，Skeels（1966）與 Skodak（1968）再作追蹤研究，其結果有下列的發現（引自 MacMillan, 1977）：

㈠實驗組的部分

1. 平均曾受約十二年的學校教育。

2. 有三名男性分別做職業輔導員、房地產銷售經理，及空軍士官。

3. 就業的女性有一名是小學教師、兩名護士、一位美容師、一位店員，與一位空中小姐、兩位家庭幫傭。

㈡控制組的部分

1. 平均完成四年的學校教育。

2. 四名仍在教養機構中並未就業，三名做洗碗工、一名爲非技術工、一名在餐廳工作。

3. 有一名男性從教養院進出多次。當他出來時，即與其祖母同住，並代其打雜。另有一名男性爲曾待過的教養機構工作

4. 在控制組中惟一適應比較良好的成員是當報紙的排版員。他曾參與某一博士論文研究計劃所辦的一項密集啓發訓練方案，而在該方案實施不久後，他且獲所居住的機構一位女舍監的青睞。

從前面 Skeels 等人長期的研究看來，儘管在研究方法上或許仍有諸多可議論之處，不過實驗組成員的表現的確比控制組更令人鼓舞。雖然確定的研究結論之提出尚有待斟酌，但是從教育的立場，吾人仍願相信提供教育機會與生活在具有回應性的教養環境，對智能發展應該是有利的。

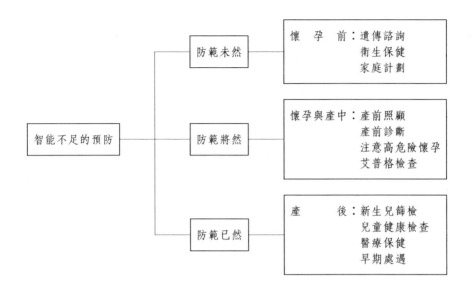

圖 2-4　智能不足的預防架構

叁·智能不足的預防

對智能不足成因的探究，應該有助於智能不足的預防。智能不足的出現，無論是個人、家庭與社會，皆是一種負擔。因此如何有效地防止智能不足的產生，或在智能不足出現後如何降低其負面的影響，應該皆是智能不足預防工作的重要課題。狹義的預防觀念，當然是必須讓智能不足沒有機會出現，但廣義的預防，除了要防範智能不足於未然外，更應做到防範於將然及防範於已然。因此，智能不足的預防工作似應表現如圖 2-4 的三個重點。

圖 2-4 作者所提的智能不足的預防架構，與 Graham 和 Scott（1988）所謂的預防工作可分成初級（primary）、次級（secondary），及第三級

（tertiary）的預防之觀念是相通的。所謂初級的預防即在防範未然，讓智能不足根本不可能出現。這要在懷孕之前即必須未雨綢繆，做好優生保健的工作。次級的預防之重點就在防範將然，早期診斷出可能導致智能不足的原因，而防制造成智能不足的可能性。至於第三級的預防應在防範已然，智能不足如已不可避免，如何幫助智能不足者能將其潛能發揮得淋漓盡致，亦屬智能不足問題的預防之道。以下將按圖 2–4 之架構分別從防範未然、防範將然，與防範已然三個層次，說明智能不足的預防途徑。

一、防範未然

　　欲防範智能不足於未然，特別需要注意到尚未懷孕之前的預防措施。懷孕之前的重要預防工作，大約可分成下列幾方面：

㈠遺傳諮詢

　　由於智能不足的成因中有些是來自染色體或基因的異常，因此在懷孕之前，瞭解夫妻雙方本人及家族是否有遺傳缺陷的狀況是十分重要的。對於遺傳諮詢（genetic counseling）的性質，董英義（民 72）曾提到：

　　　　遺傳諮詢是介紹有關遺傳及先天性異常的知識給一些想知道這方面知識的人，若可能，對那些有潛伏性，及有危險性的人，儘量提供遺傳諮詢服務。如未結婚而血緣關係很近的一對男女，或單方或雙方家族內已知有遺傳基因方面的問題，生育了先天性異常的小孩之家庭……或智能不足的家庭，可能會爲其將生育的子女之智能而尋求指導。也可能有些人因長期暴露於可能造成下一代缺陷的物質下而尋求諮商。（460–461 頁）

㈡衛生保健

　　衛生保健的要務乃在推廣有關營養、疾病傳染、預防注射、健康保健等方面的知識，進而使社會大眾能知能行，確保健康，避免本身或下一代

殘障的發生。屬於防範未然的衛生保健，所重視的乃是透過對營養的注意、適時的健康檢查與預防注射、避免疾病的傳染與藥物的濫用，以達到個人健康根本的目的，從而提供如欲傳宗接代時良好的生育條件。

(三)家庭計劃

由於婦女生育的年齡、生育間隔的時間，與生育的次數皆關係到其本身與下一代的健康。特別是婦女生育年齡過晚，一般咸信和道恩氏症候的出現關係十分密切。因此，如何透過適當的家庭計劃，以培育健全的下一代，的確值得重視。

要防範智能不足於未然，除了應強化前述的遺傳諮詢、衛生保健，與家庭計劃等工作外，如何落實環境保護，減少空氣、飲水，及食物的污染，以提高生活品質，也是現代社會刻不容緩的課題。

二、防範將然

在懷孕的過程及分娩時如能做好必要的醫療照顧，並及早掌握智能不足出現的可能性，也屬智能不足預防工作的重要環節。在懷孕及生產中可以採行的預防措施，主要有下列幾方面：

(一)產前照顧

孕婦的產前照顧最需注意的，首為營養的均衡、胎兒狀況的監控，以及疾病傳染、藥物濫用，與放射線照射的避免等，這些對於孕婦與胎兒的健康與預防先天性缺陷的發生皆十分重要。

(二)產前診斷

早期檢查出胎兒可能的基因或染色體的異常，或其他可能的先天性缺陷，是產前診斷的要務，也常是遺傳諮詢的主要內容。產前診斷常用的方法有超音波檢查法（sonography）、羊膜穿刺術（amniocentesis）、絨毛取樣法（chorionic villus sampling）等。其中超音波檢查可有助於發現水腦（hydrocephalus）、某些中樞神經系統的異常、肢體殘缺等現象。此一方法在確定羊膜穿刺的部位、協助接生，以及從事胎兒治療（fetal therapy）時

也經常配合使用（Beirne-Smith et al., 1994）。

羊膜穿刺術在產前診斷時，也被使用得相當普遍。對於羊膜穿刺術的運用方法，臺灣省婦幼衛生研究所（民83）有下列簡要的敍述：

> 在超音波的導引下，經孕婦腹部、子宮壁、羊膜腔，抽取少量的羊水，這個過程就是羊膜穿刺術。從最後一次月經算起，在懷孕十六週左右是羊水抽取的最好時間，此時羊膜腔約有兩百至三百西西的羊水，在超音波的定位及監視之下，可以很輕易的取得羊水，並且不會刺傷胎兒。在抽取大約二十西西的羊水後，就送到檢驗室做細胞培養及胎兒染色體檢查。一般而言，整個檢查過程需耗時三週左右。

臺灣省婦幼衛生研究所（民83）亦特別建議需要做羊膜穿刺術的孕婦包括：

1. 年齡三十四歲以上。
2. 前次懷孕有過染色體異常嬰兒者。
3. 以前生過明顯的畸形嬰兒。
4. 配偶間有染色體異常。
5. 有三次以上的習慣性流產。
6. 配偶間有嚴重之單一基因疾病之患者或帶因者可作產前診斷者。
7. 以前有過無腦兒、脊柱裂等開放性神經管缺損嬰兒。

至於絨毛取樣法是較新的一種產前診斷方式。它也同樣可作為探知染色體與生化異常之用。檢查時係從胎盤將絨毛組織（chorionic tissue）採樣取出，然後再加分析診斷。絨毛取樣的檢查約在懷孕九週後即可實施。染色體分析的初步結果在取樣後兩天內即可得知，但完整的細胞培養檢查結果，則要到取樣後兩個星期方可出來。絨毛取樣法可以實施的時間比羊膜穿刺術要早，但其造成流產的比率似比羊膜穿刺術略高。羊膜穿刺術的流

產率約為 0.5% 以下，而絨毛取樣法則大約在 1% 以下。

　　經過羊膜穿刺術或絨毛取樣法之產前診斷，如發現胎兒具有遺傳缺陷，根據國內的優生保健法是可以合法地實施人工流產，以避免生出諸如道恩氏症候、泰－沙氏症、X 染色體脆裂症等殘障兒。但由於此一問題牽涉到道德、倫理，及個人價值觀等的考慮，因此往往也備受爭議。

(三)注意高危險懷孕

　　所謂高危險的懷孕（high-risk pregnancies），是指孕婦本身因存在高危險的因子，而可能危及胎兒健全的發育與成長的現象。這些高危險的因子，常見的如：

1. 近親結婚。
2. 孕婦年齡在十六歲以下或超過四十歲。
3. 懷孕之間隔太短。
4. 孕婦曾有流產、死產、早產，與新生兒缺陷之記錄。
5. 孕婦患有糖尿病、高血壓、心臟血管，或腎臟疾病。
6. 孕婦染患德國麻疹、梅毒、結核病、肝炎等傳染病。
7. 孕婦服用禁忌藥物。
8. 孕婦曾接受放射線診治。
9. 營養不良。
10. Rh 血型不合。

　　孕婦如屬高危險的懷孕，就應提高警覺，做好產前照顧，對胎兒的狀況作嚴密的監控。生產時，更應選擇信譽可靠、設備良好的醫院，讓胎兒能順利而健康地出生。萬一胎兒出現某些特殊狀況（如 Rh 血型不合需作子宮內換血或新生兒換血），則需緊急加以應變，以確保胎兒或新生兒的健康。

(四)艾普格檢查

　　艾普格檢查（Apgar test）一般係用於嬰兒出生後一分鐘與五分鐘時檢查新生兒健康狀況的一種評分法。此項檢查分別就心跳速度、呼吸情況、

表 2-2　艾普格檢查評分法

症　　狀	0分	1分	2分
心跳速度	無	少於每分鐘一百次	多於每分鐘一百次
呼吸情況	無	慢且不規則	良好，大聲哭
肌肉張力	無反應	四肢稍屈曲	四肢屈曲良好
鼻孔對橡皮管刺激之反應	無反應	臉部肌肉微收縮	咳嗽或打噴嚏
皮膚顏色	蒼白或藍色	四肢藍色、身體粉紅色	全身呈粉紅色

（修正自董英義，民72，467頁 ）

肌肉張力、鼻孔對橡皮管刺激之反應，及皮膚顏色五個項目加以評分，其
評分方法如表 2-2 。艾普格檢查的總分為十分。得分在八至十分者表示
新生兒是健康且有反應的；得分在五至七分與○至四分者則分別顯示具有
中度與重度健康惡劣狀況，必須加以急救。艾普格檢查是當今舉世通用之
高危險性新生兒的篩選方法。此種檢查的得分和神經系統是否受到損傷具
有密切的相關（ Heward and Orlansky, 1992 ）。

三、防範已然

在分娩之後，有些因生理性因素可能導致智能不足的情況已經存在。
此時的預防工作，即在採取有效的措施來面對已發生或可能將發生的問
題，讓所有可能不利的因素之影響減少到最低，以促進智能最大可能的發
展，並儘可能預防智能不足的出現。因此在產後對智能不足的預防多屬防
範已然之性質。在此一階段預防工作之重點計有下列四方面：

㈠新生兒篩檢

所謂新生兒篩檢，根據行政院衛生署（ 民 82 ）的介紹指出：

　　　新生兒篩檢是「新生兒先天代謝異常疾病篩檢」的簡稱。篩檢
　　的目的是在嬰兒出生後，早期發現患有先天代謝異常疾病的孩子，
　　立即給予治療，使患病的孩子能正常發育，而不致造成終生不治的

身、心障礙。遺傳性疾病有很多種，目前能夠治療的並不多，新生兒篩檢的主要目的，在於檢查出幾種常見而又可在新生兒期間加以治療的先天性代謝異常疾病，孩子就可免於終生智能不足或身體殘障，想想看，這是一件多麼重要的事情！

目前國內對新生兒篩檢，主要檢查下列幾種疾病：

1. 先天性甲狀腺低能症。

2. 苯酮尿症。

3. 高胱胺酸尿症。

4. 半乳糖血症。

5. 葡萄糖－6－磷酸鹽去氫酶缺乏症（俗稱蠶豆症）。

篩檢的方法是在新生兒出生並進食四十八小時後，由腳跟採取少量血液作為檢體，檢驗出是否患有上列五種疾病。

按行政院衛生署（民 82）的介紹，上述五種疾病的性質與治療方法如下：

1. 先天性甲狀腺低能症

先天性甲狀腺低能症大部分是由於甲狀腺生長不正常，包括無甲狀腺、甲狀腺發育不全或異位甲狀腺所導致。亦有部分原因是由於甲狀腺激素合成異常，如下視丘腦下垂體甲狀腺低能、碘缺乏或母親服用甲狀腺藥物所致。

新生兒罹患先天性甲狀腺低能症，會顯得表情癡呆、小鼻、低鼻樑、皮膚及毛髮乾燥、哭聲沙啞、臍疝氣、腹鼓、便秘、呼吸及餵食困難、延續性黃疸及生長發育障礙等。

上述症狀在新生兒期不易發現，往往要到二至三個月以後才慢慢明顯。要早期診斷只能靠篩檢。

先天性甲狀腺低能症的治療，只要給予適量的甲狀腺素補充即可。但治療效果與開始治療的時間有密切關係：在出生三個月內開始治療，約有

80%的嬰兒會有正常的發育和智能；到了六個月後才開始治療，則其效果明顯降低；若到五至六歲時才開始治療，除了智能發生障礙，亦難有正常的身材，會顯得異常矮小。

2.苯酮尿症與高胱胺酸尿症

苯酮尿症和高胱胺酸尿症都屬於新生兒胺基酸代謝異常疾病。此類疾病多因人體中某些酵素缺乏或不足，胺基酸代謝的過程受到影響。胺基酸及其代謝的產物堆積在血液中，會對嬰兒或孩童的腦和中樞神經系統，造成永久性的傷害，引起智能不足。

這些先天性胺基酸代謝異常的疾病，都屬於「體染色體」隱性遺傳疾病，它們的遺傳再發生率高達四分之一。

苯酮尿症和高胱胺酸尿症的治療，主要是從控制新生兒的飲食著手。嬰兒期如能儘早使用特殊配方奶粉，禁食一般牛奶，則有希望正常的發育。至於其他的治療飲食，也需要小兒科醫師和營養師的追蹤調配。

3.半乳糖血症

半乳糖血症是因為人體中缺乏某些酶，以致於無法將半乳糖經由正常途徑轉變為葡萄糖的一種遺傳性碳水化合物代謝異常症。患此症的新生兒，體內積存大量的半乳糖，出生時往往沒有特殊症狀，餵乳數天後，才發生嘔吐、昏睡、體重不增加、肝臟腫大、黃疸等，嚴重者常因感染而死亡。症狀較輕者，會有生長發育障礙、低智能、白內障、肝硬化等情形。

治療半乳糖血症，只要控制飲食，改用豆奶餵食新生兒。禁食含有半乳糖的食品如牛奶及乳製品。如在新生兒期及早發現，治療效果相當良好。

4.葡萄糖–6–磷酸鹽去氫酶缺乏症(G–6–PD 缺乏症)

此症在臺灣地區的發生率非常高，每一百個新生兒當中，就有三個病例。男性又較女性為多。

這種病症是因為紅血球中缺少「葡萄糖–6–磷酸鹽去氫酶」，在新生兒期會造成黃疸，嚴重的會腦性麻痺，進而使新生兒死亡。

　　G-6-PD 缺乏症是預防勝於治療，患者不能接觸萘丸（俗稱臭丸）、紫藥水；不能吃蠶豆及某些藥物。患者一旦接觸或服食上述物品，會引起溶血性貧血，造成危險的併發症。

㈡兒童健康檢查

　　兒童在出生之後，能定期接受健康檢查對智能不足的預防十分重要。檢查的項目應包括生長（體重、身高、頭圍等）、營養程度的判定（血色素、血球等）、聽力與視力檢查、兒童發展測驗（如 Denver Development Screening Test、Gesell's Developmental Screening Test 等）、神經系統檢查、智力測驗等（董英義，民 72）。期能對異常狀況經由早期發現與早期治療，以減低出現智能不足的可能性。按目前我國全民健康保險的規定，兒童在四歲之前，共可獲得四次的預防保健服務（中央健康保險局，民 84）。吾人如能善用此項健保資源，做好兒童健康檢查的工作，相信對殘障，特別是智能不足的早期鑑定與療育，一定大有助益。

㈢醫療保健

　　在兒童早期的成長階段，如何提供適切的營養、適時預防接種、避免疾病傳染、意外傷害，及接觸有害物質，並對罹患的疾病施予必要的治療，皆屬智能不足的預防所不可或缺的重要措施。

㈣早期處遇

　　對於發展障礙或來自環境不利（如貧窮）的兒童，如能提供諸如知覺動作、溝通、生活自理及社會情緒發展等之早期處遇（early intervention）充實性刺激活動，必有助於遏阻不利的社會心理因素對智能發展的影響。這種早期處遇的功能，也就在透過學前特殊教育與復健方案，減少智能不足發生的機率。

參考 文獻

王作仁（民 80）：醫學遺傳學。臺北市：聯經。

中央健康保險局（民 84）：全民健康保險手冊。

行政院衛生署（民 82）：新生兒篩檢。

武光東、王昇（民 75）：人類遺傳學概論。臺北市：臺灣商務印書館。

董英義（民 72）：智能不足之預防。輯於國立臺灣教育學院特殊教育學系主
　　編：智能不足者之教育與復健，437–480 頁。臺灣省政府社會處。

臺灣省婦幼衛生研究所（民 83）：產前遺傳診斷羊膜穿刺羊水分析。

Beirne–Smith, M., Patton, J., & Ittenbach, R. (1994). **Mental retardation.** New York:
　　Macmillan College Publishing Company.

Bernstein, B. (1960). Language and social class. **British Journal of Psychology, 11,**
　　271–76.

Bloom, B. S. (1964). **Stability and change in human charateristics.** New York: Wiley.

Buyse, M. L. (1990). **Birth defects encyclopedia.** Dover, MA: Center for Birth Defects
　　Information Services.

Clayman, C. B. (Ed.). (1989). **The AMA encyclopedia of medicine.** New York: Ran-
　　dom House.

Fishler, K., Azen, C. G., Henderson, R., Friedman, E. G., & Koch, R. (1987).
　　Psychoeducational findings among children treated for phenylketonuria. **American**
　　Journal of Mental Retardation, 92, 65–73.

Graham, M., & Scott, K. G. (1988). The impact of definitions of higher risks on services
　　to infants and toddlers. **Topics in Early Childhood Special Education, 8,** 23–28.

Heward, W. L., & Orlansky, M. D. (1992). **Exceptional children: An introductory** survey of special education. New York: Macmillan Publishing Company.

Jensen, A. R. (1968). Social class, race, and genetics: Implications for education. **American Educational Research Journal, 5,** 1–412.

Jensen, A. R. (1969). How much can we boost IQ and scholastic achievement? **Harvard Educational Review, 39,** 1–123.

MacMillan, D. L. (1977). **Mental retardation in school and society.** Boston: Little, Brown and Company.

Patterson, D. (1987). The causes of Down syndrome. **Scientific American, 52,** 112–118.

Robinson, N. M., & Robinson, H. B. (1976). **The mentally retarded child: A psychological approach.** New York: McGraw–Hill.

Rogers, R. C., & Simensen, R. J. (1987). Fragile X Syndrome: A Common etiology of mental retardation. **American Journal of Mental Deficiency, 91,** 445–449.

Rynders, J. E., Spiker, D., & Horrobin, J. M. (1978). Underestimating the educability of Down's syndrome children: Examination of methodological problems in recent literature. **American Journal of Mental Deficiency, 82,** 440–448.

Sarason, S. B., & Gladwin, T. (1958). Psychological and cultural problems in mental subnormality. In R. L. Masland, S. B. Sarason, & T. Gladwin (Eds.), **Mental subnormality,** pp. 145–400. New York: Basic Books.

Sever, J. L. (1970). Infectious agents and fetal disease. In H. A. Weisman & G. R. Kerr (Eds.), **Fetal growth and development.** New York: McGraw–Hill.

Shneour, E. A. (1974). **The malnourished mind.** Garden City, NY: Anchor Press / Doubleday.

Skeels, H. M., & Dye, H. B. (1939). A study of the effects of differential stimulation on mentally retarded children. **Proceedings of the American Association on Mental Deficiency, 44,** 114–36.

Skeels, H. M. (1966). Adult status of children with contrasting early life experiences: A follow up study. **Monographs of the Society for Research in Child Development, 31,** (3, Series No.105).

Skodak, M. (1968). Adult status of individuals who experienced early intervention. In B. W. Richards (Ed.), **Proceedings of the lst Congress of the Association for the Scientific Study of Mental Deficiency,** pp. 11 – 18. Reigate, England: Michael Jackson.

Stern, C. (1973). **Principles of human genetics.** (3rd ed.) San Francisco: Freeman.

Wilson, J. G. (1974). Teralogic causation in man and its evaluation in nonhuman primates. In B. V. Beidel (Ed.), **Proceedings of the fourth International Conference,** pp. 191–203. Dordrecht, Netherlands: Excerpta Medica.

Winick, M., Rosso, P., & Waterlow, J. (1970). Cellular growth of cerebrum, cerebellum and brain stem in normal and marasmic children. **Experimental Neurology, 26,** 393–400.

Zigler, E. (1970). Social class and the socialization process. **Review of Educational Research, 40** (1), 87–110.

第 3 章

智能不足的認知研究理論

對於智能不足的認知與學習方面的研究，當今有兩個重要的理論取向，一爲發展模式（developmental model），另一爲差異或缺陷模式（difference or defect model）。本章將就這兩方面的研究理論分作介紹，最後並對其可能的啓示再作說明。

壹 · 發展模式

根據發展模式的觀點，智商在 50 左右的智能不足兒童，其認知發展雖延遲或緩慢，但基本上是正常的。此一模式有下列的假定：最少對於輕度智障而言，其認知過程和那些智力更高者是相同的，不過可能會出現以下的情形：

1. 在經歷正規的認知發展階段時顯得較爲遲緩。

2. 智障者能達到的認知發展最高階段，會比智力普通者所能達到的最終認知發展階段爲低（MacMillan, 1977）。

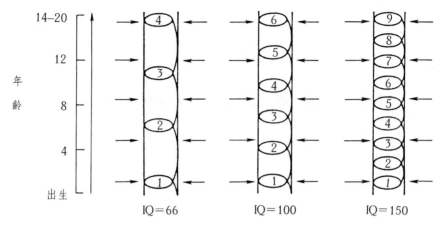

圖 3-1 認知成長的發展模式

（採自 MacMillan, 1977, p. 340）

圖 3-1 為以發展模式的觀點所顯示的三種不同智商者認知成長的情形。最左側的垂直箭頭表示年齡的進程。橫向的箭頭代表環境因素對個人的影響。雙垂直線之間遞升的環圈中之數字，則表示認知發展的連續性階段。

耶魯大學的 Zigler（1969）對於認知成長的發展模式支持甚力。Zigler 認為輕度智障者的認知發展也跟正常人一樣從較低到較高的發展階段順序進行。惟有達成這些發展階段的速率與可能達成的最高發展水準兩者或許會顯現差異。Zigler 對於智障者的認知發展曾以矮個子的身高作比喻。個子矮的人也許比一般人長得慢，長大後也無法達到一般人的身高水準，不過就典型成長的種類與型式而言，矮個子與智障者和正常人並無差別。

從發展模式來看智能不足者的認知發展時，如再參照 Jean Piaget 的認知發展階段的觀點加以說明，Inhelder（1968）即指出各類智能不足兒童可能達到的認知發展最高階段如下：

1.重度與極重度智能不足

感覺動作期。

2.中度智能不足

運思前期。

3.輕度智能不足

具體運思期。

4.臨界智能不足（智商 70-85）

僅能從事較簡易的形式運思。

貳·差異或缺陷模式

　　主張差異或缺陷模式者認為智能不足兒童的認知發展與非智障兒童有截然不同的情形。這種差別的狀況係超乎僅是發展速率與最高發展階段不同之外的。換句話說，力主差異理論者認定智商的不同（如智商 55 與 100）是會導致個體在處理資訊的方式上產生質的差異的。

　　對發展模式持反對態度者，可再進一步區分為差異論者（difference theorists）與缺陷論者（defect theorists）。以差異論者的看法言，彼此之間的智商差異越大，則相互之間在「質」的差異程度也越大。至於缺陷論者則認為認知特質與智商有一種非連續性的關係存在。在某一智商分界點之下的認知過程會與在此一分界點之上者有質的差異存在。不過智商如在此一分界點之上時，則智障與正常人之間就沒有質的差異。而通常用作分界點的是智商 50。一般人也皆認為智商 50 以下者可能與正常人有相當明顯的差異存在。

　　支持差異或缺陷模式的學者比較著名的如 Spitz（1963）的「腦神經中樞傳達遲滯說」（theory of sluggish neural transmission）、Ellis（1963）的「刺激痕缺陷說」（theory of stimulus-trace deficiency）、Luria（1963）的「神經缺陷說」（neurological defect）、Zeaman 與 House（1963）的「注意力缺陷說」（an attentional deficit）等（Scheerenberger, 1987；林美和，民 81）。這些學者

皆認定智能不足者的認知過程是有其缺陷存在，而這些缺陷似與中樞神經系統的羸弱或損傷有關，以致可能導致智障者的認知行為與正常人相較，會出現質的差異。

智障者與正常人的認知發展相比較會出現爭議的，是那些屬於輕度智障者的部分。Ellis（1969）代表那些認為輕度智障者的認知功能有別於正常人的一些人，出面回應 Zigler 對差異論的批評。Ellis 認為 Zigler 以暗示所有的差異論者皆不當地將機體性智障（organic retardation）的情形推論到文化家族性智障（cultural-familial retardation），並暗示差異論者皆假定差異的存在必有生理學上的基礎之批評並不公平。Ellis 堅決主張與常模的差異可以是行為或生理上的，而差異模式在兩種情形可能皆適用。他說智能不足者會出現遲滯的行為，也正因為那種行為使他們被認定與眾不同。未來他們也將會繼續展現與正常人不同的行為，因為直至目前為止，吾人尚未發展出可以將智障者的行為使之充分正常化的技術。既然智障者與非智障者之間在行為上有其差異性存在，Ellis 就極力主張心理學家所要面對的任務，即是去將這些差異作正確的描述。對於 Zigler 認定差異論者皆將智障者看做同質性的羣體之看法，Ellis 也加以否認辯駁。Ellis 認為某一特定的智障者樣本也許在智商方面是相當同質性的，但在成因或社經地位方面則不盡然（MacMillan, 1977）。

叁·智能不足認知研究理論之啓示

智能不足的認知研究目前雖在理論上有發展模式與差異或缺陷模式之別。不過除了有腦波異常的智能不足者之外，多數的研究似支持智能不足者是遵循類似非智障者的認知發展順序這樣的假設；也就是說，非智障與智障兒童會以同樣的順序以經歷相同的認知發展階段，他們的差別只在發展的速率及最終可以達到的功能水準而已。至於具有腦部或中樞神經系統

損傷的智能不足者，其認知發展就不僅是速率與最終可達到的功能水準之問題，更可能在認知行為上出現與正常人有著「質」的差異。

發展模式與差異或缺陷模式之立論似皆有所本，這兩種理論模式的存在，似反映了智能不足者認知發展的確是有別於正常人之處。這兩種理論模式應有其不同的適用對象。吾人如將這兩種理論模式應用於教學與研究中，似具有下列幾方面的啟示：

1. 如果吾人接受發展模式所認定的輕度智障兒童係採用比其年齡還小的正常兒童之相同的認知策略，則啟智教育教師之培育，並不需強調對智能不足兒童特殊教學方法之講習。輕度智能不足兒童的教材與教法取諸用於較低年齡層正常兒童者即可，實不必另起爐灶，而有特殊教材教法之舉。

2. 要是差異模式的觀點是正確的話，我們即應為智能不足兒童研究出獨特的教學方法，以補償或克服彼等的學習缺陷。

3. 在對智能不足兒童從事認知行為研究時，應避免將智商 50 以下及智商 50 以上者合併看待，而應將這兩者視為分隔的羣體。

參考 文獻

林美和（民81）：智能不足研究：學習問題與行為輔導。臺北市：師大書
　　苑。

Ellis, N. R. (1963). The stimulus trace and behavioral inadequacy. In N. R. Ellis (Ed.), **Handbook of mental deficiency.** N. Y.: McGraw–Hill.

Ellis, N. R. (1969). A behavioral research strategy in mental retardation: Defense and critique. **American Journal of Mental Deficiency, 73,** 557–66.

Inhelder, B. (1968). **The diagnosis of reasoning in the mentally retarded.** New York: John Day.

Luria, A. R. (1963). Psychological studies of mental deficiency in the Soviet Union. In N. R. Ellis (Ed.), **Handbook of mental deficiency.** N. Y.: McGraw–Hill.

MacMillan, D. L. (1977). **Mental retardation in school and society.** Boston: Little, Brown and Company.

Scheerenberger, R. C. (1987). **A history of mental retardation: A quarter century of promise.** Baltimore: Paul H. Brookes.

Spitz, H. H. (1963). Field theory in mental deficiency. In N. R. Ellis (Ed.), **Handbook of mental deficiency.** N. Y.: McGraw–Hill.

Zeaman, D., & House, B. J. (1963). The role of attention in retardate discrimination learning. In N. R. Ellis (Ed.), **Handbook of mental deficiency.** N. Y.: McGraw– Hill.

Zigler, E. (1969). Developmental versus difference theories of mental retardation and the problem of motivation. **American Journal of Mental Deficiency, 73,** 536–56.

Part Two

特質篇

第 4 章

智能不足者之學習理論概觀

最近幾年，我們對智能不足者所提供的教育設施，由於正常化原則
（normalization principle）的要求（Wolfensberger, 1972），不但在智能不足者
養護機構的設施，有重大的更革，普通學校的智能不足教育，也普受回歸
主流（mainstreaming）的衝擊（MacMillan, 1977），這些實際教育措施的演
變，固然令人鼓舞，但另一方面，智能不足者學習問題的探討，也同樣引
人注目。「在一九五〇年代晚期，約有三十篇智能不足學習問題的研究報
告。從一九五四到一九七四的二十年間，這一領域的研究文獻，爆然陡
增。Zeaman（1974）估算在這一時期，超過一千五百篇的實驗研究，以智
能不足者的學習特質爲題」（Meyen, 1978, p. 177）。Ross（1976）曾提出
一個學習過程的模式。這一個模式所包括的要素及起迄關係如下圖所示：

期望→選擇性的注意→組織學習材料→記憶→遷移→表現→回饋

筆者將在本章分別簡要介紹，與智能不足者的學習最有直接關係，且
研究結果較爲豐富的期望（expectancy）、注意（attention）、學習材料的組

織（input organization），及記憶（memory）諸領域的研究概況，以供我教育界同仁參考，並在實際的教學情境中加以驗證。

壹・期　望

個體的期望跟他的學習具有密切的關係。許多這方面的研究都根據Rotter（1954）所創的社會學習理論（social learning theory）。這個理論是以下面的公式來表示：

$$行爲潛能＝f（期望＋增强的價值）$$

換句話說，「在任何特殊的心理情境中，行爲發生的潛能，是由行爲將導致特定增强，及增强之價值的情況所決定」（Rotter, 1975, p. 57）。增强（reinforcement）對行爲的發生，固然有其作用，但期望本身也有舉足輕重的地位。

智能不足者由於比常人經驗了更多的失敗，這種屢次的挫折，極易造成自信心的貶損。從而，在他們面對學習或工作情境時，往往對成功有著較低的期待，甚或尚未開始行動，即認爲無法成功，只會失敗。除了對任何行事，常有預期失敗的心理外，對事情的成敗，也認爲非個人因素所可決定，而由於外控（external locus of control）的原因而採過分地尋求周遭環境中他人的協助與輔導的外導性（outer-directedness）策略（Mercer & Snell, 1977）。

基於上述社會學習理論的觀點，則如何設計一個有利的學習情境，讓智能不足者有成功的機會，以重建自信，養成積極的學習態度，是很必要的。

貳‧注　意

有關注意（attention）的理論要以 Zeaman 與 House（1963），及 Fisher 與 Zeaman（1973）的研究，最引人注目。根據他們對智能不足者辨認學習（discrimination learning）的研究結果，發現智能不足者對刺激的特徵，存在著選擇及注意的困難。一旦工作的概念被他們所瞭解，則他們作業速率之增加，與常人可謂不相上下。只不過他們需要花更長的時間，去辨認有關的刺激，以作正確的反應。換句話說智能不足者與常人的差別，不在進步一旦開始後的速率，而在進步開始前，嘗試次數的多寡（Mercer & Snell, 1977）。Zeaman 與 House（1979）的研究也發現智能不足者所能同時注意到的刺激之數目要比非智障者爲少。Brooks 與 McCauley（1984）發現智能不足者也常有注意力分配（attentional allocation）的問題；也就是說，有些智障者可能對某些刺激特質特別有所偏好，而影響了他們對刺激的反應。這些注意困難的原因，目前尚不得而知。不過 Turnure（1970）倒認爲，很可能由於智能不足者慣採外導性解決問題的傾向，一味注意環境中其他線索，而不專注於學習材料的本身所引起的。

如果以上的注意理論，有其價值，則吾人將之應用於教學，似應減少教學情境中不必要的刺激，提高學習材料的顯明度，細分教材的難易序階，並善用適當的增強，或可提高智能不足者學習時的注意力。

叁‧學習材料的組織

根據 Spitz（1963, 1966, 1973）的理論，智能不足者較之常人，在組織學習材料方面，有更多的困難，因爲這項缺陷，也就嚴重地影響到他們

回憶學得材料的能力。他認爲缺乏組織的材料，比組織過的材料，更不易回憶。Spitz 的這項理論顯然根據他的智能不足者腦皮質功能的假設：智能不足者的腦皮質細胞的電子化學活動（electrochemical activity）比較容易陷於膠著，無法有效統整外在的刺激與訊息。

　　針對智能不足者這種無法有效組織學習材料的缺陷，教師似可從下列幾方面去斟酌，以增進學習效果：

　　1.無論是聽覺或視覺訊息，當呈現給智能不足者學習時，應善加組織。

　　2.視覺材料的組織，可應用純粹反覆（repetition redundancy）或組合反覆（couplet redundancy）。純粹反覆如 2、1、3、4、2、1、3、4。組合反覆如 2、2、1、1、3、3、4、4。另外外在線索（external cuing）2 1 3、2 1 3，或 2 1 3、2 1 3，或將反覆材料與外在線索一起使用，也有增強的效果。

　　3.聽覺材料的團集（clustering）呈現與適時停頓。

　　4.提醒他們採用依據物理性質，或功能，或概念的不同而分類組合學習材料。

　　5.除了組合式的呈現教材外，也可在評量學習效果時，要求學生組合式的反應。

肆·記　憶

　　有關智能不足者記憶理論的研究，要以 Ellis 最富盛名。早期 Ellis 係以刺激痕說（stimulus trace）來解釋智能不足者的記憶缺陷（Ellis, 1963）。他認爲智能不足者，由於其本身腦的結構較弱，中樞神經的功能也不完全，因此外界刺激留存在腦皮層的刺激痕跡也較弱，從而造成他們記憶上的困難。如此，則這種先天器質上的缺陷，吾人將難以補救。惟 Ellis 目前已放

棄刺激痕的說法，而認爲智能不足者記憶上的缺陷，主要在他們的短期記憶（short-term memory）方面（約三十秒以內），又說他們短期記憶的困難，在於他們無以善用適當的複習策略（rehearsal strategy）（Ellis, 1970）。這種論點的改變，至少帶給教師一個較爲樂觀的遠景。換句話說，只要我們協助智能不足者，採用合宜的複習策略，雖然遷移與持久的效果或許有限，但多少可以增强他們記憶上的能力。在複習的方法上，常被提到的有下列幾種：

1. 累積式的强記（cumulative rehearsal）。
2. 外在的標名（overt labeling）。
3. 記憶術（mnemonic imagery）的運用。
4. 公開的仿效（overt shadowing），如仿讀之類。
5. 視覺的聯想（visual imagery）。
6. 語文的運思（verbal elaboration）。
7. 文字韻律（rhyme）的使用。

伍·結　語

以上所討論的智能不足者之學習過程中，有關領域的學習理論，及其教學上的含意，多半由各研究者的實驗推論而來。但因我們一般的教學情境，比實驗的情境要來得複雜，儘管各研究或許有較高的內在效度（internal validity），然而它們的外在效度（external validity）如何，則有賴於吾人在實際的教學情境中去探求與驗證。

|參考 文獻|

Brooks, P. H., & McCauley, C. (1984). Cognitive research in mental retardation. **American Journal of Mental Deficiency, 88,** 479–486.

Ellis, N. R. (1963). The stimulus trace and behavioral inadequacy. In N. R. Ellis (Ed.), **Handbook of mental deficiency.** New York: McGraw–Hill.

Ellis, N. R. (1970). Memory processes in retardates and normals. In N. R. Ellis (Ed.), **International review of research in mental retardation** (Vol. 4). New York: Academic Press.

Fisher, M. A., & Zeaman, D. (1973). An attention–retention theory of retardate discrimination learning. In N. R. Ellis (Ed.), **International review of research in mental retardation** (Vol. 6). New York: Academic Press.

MacMillan, D. L. (1977). **Mental retardation in school and society.** Boston: Little, Brown and Company.

Mercer, C. D., & Snell, M. E. (1977). **Learning theory research in mental retardation: Implications for teaching.** Columbus: Charles E. Merrill.

Meyen, E. L. (1978). **Exceptional children and youth: An introduction.** Denver, CO: Love.

Ross, A. O. (1976). **Psychological aspects of learning disabilities and reading disorders.** New York: McGraw–Hill.

Rotter, J. B. (1954). **Social learning and clinical psychology.** Englewood Cliffs, NJ: Prentice–Hall.

Rotter, J. B. (1975). Some problems and misconceptions related to the construct of internal versus external control of reinforcement. **Journal of Consulting and Clinical**

Psychology, **43,** 56–67.

Spitz, H. H. (1963). Field theory in mental deficiency. In N. R. Ellis (Ed.), **Handbook of mental deficiency.** New York: McGraw–Hill.

Spitz, H. H. (1966). The role of input organization in the learning and memory of mental retardates. In N. R. Ellis (Ed.), **International review of research in mental retardation** (Vol. 2). New York: Academic Press.

Spitz, H. H. (1973). Consolidating facts into the schematized learning and memory system of educable retardates. In N. R. Ellis (Ed.), **International review of research in mental retardation** (Vol. 6). New York: Academic Press.

Turnure, J. E. (1970). Distractibility in the mentally retarded: Negative evidence for an orienting inadequacy. **Exceptional children, 37,** 181–86.

Wolfensberger, W. (1972). **The principle of normalization in human services.** Toronto, Canada: National Institute on Mental Retardation.

Zeaman, D. (1974). Experimental psychology of mental retardation: Some states of the art. **Invited address to meeting of the Annual Convention of the American Psychological Association.**

Zeaman, D., & House, B. J. (1963). The role of attention in retardate discrimination learning. In N. R. Ellis (Ed.), **Handbook of mental deficiency.** New York: McGraw –Hill.

Zeaman, D., & House, B. J. (1979). A review of attention theory. In N. R. Ellis (Ed.), **Handbook of mental deficiency: Psychological theory and research** (2nd ed.,). Hillsdale, NJ: Erlbaum.

智能不足者之記憶研究
及其在教學上的啓示

壹・前　言

　　在學校教育中，智能不足者與普通兒童最明顯的差異，可能是在學習成效的表現。而學習成果的評量，無論是認知的、技能的，或情意的，有一大部分都有賴於兒童對學習刺激能作有效的保存（retention），以在必要時作適當的反應。刺激訊息的保存，也就是所謂的記憶。緣於智能不足者學習上的明顯缺陷，以及記憶在學習中所扮演的重要角色，故記憶之研究，向爲智能不足教育界的人士所重視。

　　記憶本身的確是複雜的神經系統傳輸歷程。吾人如能就記憶有關的因素加以解析，必能有助於對記憶之瞭解與研究。Mercer 與 Snell（1977）曾指出五個重要的變項（variables）與記憶有密切的關係，現分別簡述如下：

一、記憶的作業

記憶的作業包括：

1.呈現的方式

聽覺的，觸覺的，體覺的，嗅覺的，味覺的，或是多重感覺的。

2.資料本身的意義

是序列抑或配對聯結（paired associate）式的學習。

3.記憶作業的型式

係有意的（intentional）或是偶發的（incidental）訊息。

二、輸入的過程

輸入的過程（input process）包括：

1.呈現的速率。

2.輸入時環境中的分心因素

3.學習者的注意力。

三、學習者個別的因素

學習者個別的因素包括：

1.實際年齡。

2.智力。

3.環境與經驗的背景。

4.生理上的障礙，如聽覺、視覺或動作上的缺陷等。

四、回憶的過程

回憶的過程包括：

1.輸入與回憶間所經歷的時間。

2.在輸入與反應間的干擾因素。

五、回憶的反應

回憶的反應包括：

1.呈現的方式

係語文的或動作的。

2.反應時間的長短

簡單的或複雜冗長的反應。

以上所列舉的與記憶有關的重要因素，雖非盡舉，已屬列要，實堪作爲吾人從事這方面研究探討時的參考。惟本章對智能不足者之記憶研究，及其在教學上的啓示之論述，並不想對上面的各個因素一一加以分析，而準備就幾個較引人注目，且研究結果較爲豐富的領域提出討論。

貳·記憶的模式

對於智能不足者記憶模式（models of memory）之研究，要以 N. R. Ellis 最享盛名，雖然除 Ellis 之模式外，仍有其他記憶模式之提出，但它們對智能不足研究整體上的影響力，則較爲薄弱（Detterman, 1979），故在此筆者擬以 Ellis 模式之探討爲主，兼論其他相關的發展。

Ellis 的記憶模式並非是一成不變的。他早期曾提出刺激痕說（stimulus trace theory）（Ellis, 1963）來描述智能不足者的記憶缺陷，但由於實驗上的許多消極性的結論（Detterman, 1979），以及 Atkinson 與 Shiffrin（1968）複習缺陷說（rehearsal deficiency theory）之提出，他遂放棄刺激痕說，而改採多重過程的記憶模式（multiprocess memory model）（Ellis, 1970）。現將這種演變略述於後：

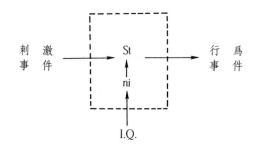

St＝刺激痕

ni＝中樞神經系統的完整性

圖 5-1 刺激痕模式

（取自Ellis, 1963, p. 138）

一、刺激痕說

「在一九六三年以前，對於智能不足者記憶的研究，是屬於探索的時期。研究者一般皆複製原本用於正常人的研究，而改用智能不足者爲對象」（Detterman, 1979, p. 735）。而且研究的內容，也多離不開傳統上語文學習的模式。Ellis 的刺激痕說要算是對智能不足者的記憶，第一個做有系統的研究。對於此一學說，他指出：

1.刺激痕的觀念，吾人可在 Pavlov、Kohler、Hull，與 Hebb 的理論中，找出其蛛絲馬跡（雖然可能採用不同的名詞）。

2.刺激會在有機體的神經系統中產生痕跡。

3.這種痕跡會持續若干秒鐘，而允供延宕反應或作爲制約之用。

4.智能不足者在刺激痕的過程上有其缺陷，因之造成彼等記憶上的問題。

5.刺激痕的過程，受到中樞神經系統完整與否所影響。

上述的說法，可以圖 5-1 來表示。

根據 Ellis 刺激痕的說法，則智能不足者在記憶上的缺陷，可能是由於其腦部結構的贏弱與神經系統統整上的鬆懈，以致對於外界的刺激訊息，

無法在其腦皮層留下深刻的痕跡與刺激痕跡的快速消失所造成的。

二、Atkinson–Shiffrin的模式

Atkinson 與 Shiffrin（1968）將記憶的過程，分成幾個重要的部分，現分別說明如次：

1. 感覺刺激儲藏所(sensory store)

外界的刺激訊息先在此處作短暫的停留，大部分的感覺刺激會很快的消失，很多或許在四分之一秒內就遺忘了，只有那些特別受到當事人注意的訊息，才進入下一個箱子（box）——短期儲藏所（short–term store）。

2. 短期儲藏所

在這裡，有少量的訊息，在經由消失或衰退而遺忘之前，會停留相當短的一段時間（頂多約三十秒鐘），而要停留更久的時間，則需當事人費相當的工夫去保留它了。

3. 緩衝機制(buffer mechanism)

這一機制位於短期記憶儲藏所中，好似一具有幾個夾層的文書檔案箱。這個機制由於容量有限，很快就爆滿，資料訊息在此進進出出，有如行旅之住宿旅館。有的訊息因藉著複習（rehearsal）而進到長期儲藏所（long–term store），有的則為後來受到專注的項目所取替，也有的因為當事人停止加以複習而衰退無形。

4. 長期儲藏所

本身好似一個大的儲藏櫃，它以複雜的方式將此處的資料加以組織與相互參照（cross–referenced）。訊息保存在短期儲藏所的時間越長，或與已在長期儲藏所的資料越能配合，則越有可能被遷移到本儲藏所來，而得歷久不忘。

從以上所述的記憶過程，吾人可以瞭解，Atkinson 與 Shiffrin 非常重視注意力與複習的運用，在幫助當事人增進記憶上所擔當的角色。這個記憶過程，可以圖 5–2 表示。

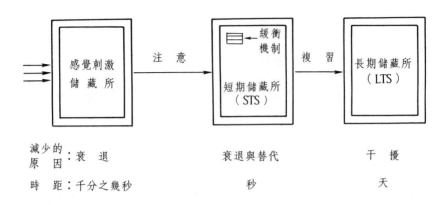

圖 5-2　Atkinson–Shiffrin 模式

（修正自 Robinson & Robinson, 1976, p. 287）

三、多重過程的記憶模式

在一九七○年，Ellis 提出了多重過程記憶模式，他指出此一模式的幾個假設：

1. 智能不足者的記憶缺陷，是在短期記憶方面，而短期記憶則包含兩個過程——原級記憶（primary memory）與次級記憶（secondary memory）。

2. 正常人與智能不足者在原級記憶與三級記憶（tertiary memory）上是相似的，但智能不足者真正的缺陷領域，是在次級記憶過程方面。

3. 複習策略（rehearsal strategies）對於把訊息從原級傳送到次級及三級記憶的歷程上，具有舉足輕重的功能。智能不足者由於在複習活動上有其缺陷，因而影響了訊息在這三種過程上的傳輸。

4. 智能不足者在複習策略上的缺陷，很可能是由於其語言能力不足的結果，從而限制了彼等語言複習的過程（verbal rehearsal processes）。

Ellis 所謂的多重過程記憶模式，可以其所提出的圖解來表示（如圖 5-3）。

圖 5-3 若與圖 5-2 對照比較，則可見 Ellis 的模式，雖較之 Atkinson 與

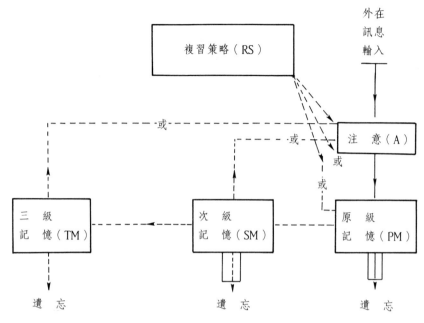

圖 5-3　多重過程記憶模式

（取自 Ellis, 1970, p. 6）

Shiffrin 的模式要來得分化些，但他們的基本結構似無二致，記憶皆有短期、長期之分，且同樣重視複習策略的運用。有許多實驗研究，已進一步支持 Ellis 的研究發現所產生的假設。下列三點已獲得相當的研究證據所支持：「⑴短期記憶的兩段過程理論；⑵與同年齡（CA）的正常者比較，則可預見智能不足者在次級記憶上具有缺陷；⑶對：①來自養護機構或特殊班，②年齡在青春前期（pre-adolescence）與成人期（adulthood）之間，③智能不足的程度從高－中度（high-moderate）至輕度者，則培養主動的複習（active rehearsal），預先組織學習材料（pre-organized input）與記憶之獲得－喚回策略（acauisition-retrieval strategies）之預加訓練，都可促進智能不足者的次級記憶。」（Mercer & Snell, 1977, p. 36）

叁·與記憶有關之研究及其在教學上的啓示

一、學習材料的組織

　　根據 Spitz（1963, 1966, 1973）的研究，智能不足者較之常人，在組織學習材料（organization of input material）方面，有更多的困難，因爲這項缺陷，也就嚴重地影響到他們回憶學得材料之能力。如果學習的材料以組織化的型態，喚起智能不足學生的注意力，並進入其原級記憶，它也更容易加以處理，而推進到次級記憶，甚或三級記憶中，從而有助於日後的回想。Spitz 的這種看法顯然根據他的智能不足者腦皮質功能的假設而來：智能不足者的腦皮質細胞的電子化學活動（electrochemical activity）比較容易陷於膠著，因而無法有效統整外在的刺激與訊息。

　　另外，Jacobs 與 Foshee（1971）之研究，也顯示 Von Restorff 效應（爲 Von Restorff 在一九三三年所發現，故以其爲名）也有助於智能不足者克服其複習策略上的缺陷，而具有組織學習材料之效果。這種效應係指在串系學習作業（serial-learning task）中，對其中某項目的背景如有突出的設計，將有助於其系列位置（serial position）的學習。

　　從學習材料的組織之研究文獻當中，吾人可歸納出對智能不足者教學上的幾項啓示：

　　1. 無論是聽覺或視覺的訊息，當呈現給智能不足者學習時，應善加組織。

　　2. Spitz 的研究結果對配對聯結（paired associates）的學習，特別有益。配對聯結的例子如：

　　(1)相反、相似詞之配對。

　　(2)文字與圖畫，數量符號與數字，注音符號與發音。

(3)顏色樣本與其詞彙。

(4)數學計算（如 2＋4＝6）。

3. 對配對聯結的材料，可應用純粹反覆（repetion redundancy）或組合反覆（couplet redundancy）加以練習。純粹反覆如 2、1、3、2、1、3。組合反覆如 2、2、1、1、3、3。根據研究，組合反覆的練習效果要比純粹反覆好。

4. 對於視覺材料，利用劃線或空間上的分隔等外在線索（external cuing），如 $\boxed{2\ 1\ 3}$、$\boxed{2\ 1\ 3}$ 或 $\underline{2\ 1\ 3}$、$\underline{2\ 1\ 3}$ 都有助於學生的記憶。而將外在線索與材料反覆一起使用，其效果將更爲增強。

5. 對於聽覺材料的團集（clustering）呈現，適時停頓，與一句話中前面或中間部分音調聲量的變化，都有助於提供智能不足者記憶鉤環（memory hooks），而將一長串的資料分成幾個容易記憶的片斷。前述的視覺外在線索，蓋也有此作用。

6. 提醒學生採用依據物理性質、功能，或概念的不同而分類組合學習材料。

7. 除了組合式的呈現教材外，也可在評量學習效果時，要求學生組合式的反應，兩者皆有助於智能不足者記憶之增進。

二、複習策略之運用

智能不足者雖被認爲具有運用複習策略（rehearsal strategies）上的缺陷，但如有適切的引導，則其策略運用上的能力，可能還不太缺損（Kellas, Ashcraft, & Johnson, 1973）。因此，如何指導智能不足者選擇並運用適當的複習策略，以增進其學習效率，提高其記憶能量與持久性，相當受到注意，這方面的研究文獻也十分豐富。在複習的策略上，常被提到的有下列幾種：

(一)公開的仿效

公開的仿效（overt shadowing）這種技術係由教師示範某些複習方法，

學生則模仿教師的言行，儘可能的加以覆做。這種教法不僅有效，教師也可以對於學生複習方法之使用加以檢查。

㈡累積式的複習

累積式的複習（cumulative rehearsal）即不斷覆誦逐漸增加的學習材料；它又有出聲（overt）與不出聲（silent）之別。不出聲的方式，如在教室情境中，較不易干擾到別人。如果學生採用的是不出聲的方式，教師應不斷提醒他，讓他可以養成主動運用複習策略的習慣。

㈢視覺意象法

視覺意象法（visual imagery）即在配對聯結之學習中，學生對所學習的事物，想像其可能的關係，並在其腦海中浮現其聯結關係的影像。例如「男孩－皮球」的配對聯結學習，其視覺意象可能是男孩踢皮球的一幅畫。

㈣語文闡揚法

語文闡揚法（verbal elaboration）是將配對聯結學習之材料間的關係，以一句有意義的話加以聯結起來，如蘋果－桌子，可說成蘋果放在桌子上。

在訓練學生作視覺意象與語文闡揚時，教師需作相當的引導或示範。如對視覺意象法則除了說出配對的詞語外，並呈現有關的圖畫以刺激學生視覺的聯想；而在語文闡揚法時，則教師先對學生敘說含有被配對之詞語的句子。根據 Taylor、Josberger 與 Knowlton（1972）的研究，對於輕度智能不足的青少年，視覺意象與語文闡揚法的效果雖不相上下，但兩者皆比純粹的覆誦法（repetition）要好。同時，如能公開說出（overt verbalization）視覺意象與語文闡揚的情形，更能進一步促進記憶的效果。

㈤文字押韻的使用

文字押韻（rhyme）的使用對語文材料的學習與記憶，也具有相當的效果。

㈥公開的標名

標名者，乃在刺激項目（stimulus items）出現時，一次或多次的稱呼其名。「標名的效果似依當事人在某項作業上，自然的策略使用之水準而定。假使受試者，無法使用其他任何策略，則標名是有些好處，因其對新近呈現的項目，具有增加作業的效果──回音箱現象（echo box phenomenon），並且它也保證當事人專注於所輸入的學習項目」（Glidden, 1979, p. 624）。然而對積極主動運用複習方法的學生而言，公開的標名（overt labeling）卻會妨礙更有效策略的使用。如要對複習策略加以選擇時，則公開標名在大多數的作業情況，似乎遠不如視覺意象法、語文闡揚法與累積式的複習。

㈦線索的運用

對智能不足者而言，如能在學習材料儲存與回憶時，供給適當的線索（cuing）如類別、聲響，或語意等，則有助於其對學得材料之回想。從事智能不足者教學工作的教師，大概會有這樣的經驗，即智能不足兒童對問答題往往比填充更不易做好，這或許是填充題提供了較多作答的線索，而有助於習得材料的回憶吧！

大部分對智能不足者複習策略訓練之研究，多從青少年與成人中取樣。吾人尚無法知道智能不足者要到幾歲才能接受這種訓練。不過複習策略訓練要有成效，智能不足者似要有相當的心智成熟度。例如，純粹的公開標名，對六、七和八歲的孩子是有效的方法，而對於學前兒童，累積式的反覆，就要更加有效了。同時，複習策略的選擇，主要還要依據工作分析（task analysis）、兒童語言接受與表達的水準，以及有系統的嘗試錯誤的情形而定（Mercer & Snell, 1977）。

三、增強結果的提供

Ellis（1970）的研究指出，智能不足者的記憶可能會受到增強結果（reinforcing conseguences）的間接影響。更由於彼等動機上的問題（Zigler,

1973），因此適當的選用增強物，對智能不足者學習動機的維持、複習策略的獲得與持續運用，可能是有幫助的。

肆·結　語

　　有關智能不足者記憶研究之文獻，儘管相當可觀，但多半為便於實驗變項之控制，其所安排的實驗環境與材料，可能不若一般教學情境之複雜。雖然各研究或許有令人滿意的內在效度（ internal validity ），然而它們的外在效度（ external validity ）如何，則有賴吾人在實際的教學情境中，進一步的探討與驗證。

|參考 文獻|

Atkinson, R. C., & Shiffrin, R. M. (1968). Human memory: A proposed system and its control process. In K. W. Spence and J. T. Spence (Eds.), **The psychology of learning and motivation: Advances in research and theory** (vol. 2). New York: Academic Press.

Detterman, D. K. (1979). Memory in the mentally retarded. In N. R. Ellis (Ed.), **Handbook of mental deficiency, psychological theory and research,** pp.727 – 760, Hillsdale, NJ: Lawrence Erlbaum Associates.

Ellis, N. R. (1963).　The stimulus trace and behavioral inadequacy. In N. R. Ellis (Ed.), **Handbook of mental deficiency.** New York: McGraw–Hill.

Ellis, N. R. (1970). Memory processes in retardates and normals. In N. R. Ellis (Ed.), **International review of research in mental retardation** (Vol. 4). New York: Academic Press.

Glidden, L. M. (1979). Training of learning and memory in retarded persons: Strategies, techniques, and teaching tools. In N. R. Ellis (Ed.), **Handbook of mental deficiency, psychological theory and research,** pp.619 – 657, Hillsdale, NJ: Lawrence Erlbaum Associates.

Jacobs, J. W., & Foshee, D. P. (1971). Use of the von Restorff effect to condition rehearsal in retarded children. **American Journal of Mental Deficiency, 76,** 313–318.

Kellas, G., Ashcraft, M. H., & Johnson, N. S. (1973). Rehearsal processes in the short–term memory performance of mildly retarded adolescents. **American Journal of Mental Deficiency, 77,** 670–679.

Mercer, C. D., & Snell, M. E. (1977). **Learning theory research in mental retardation:**

Implications for teaching. Columbus: Charles E. Merrill.

Robinson, N. M., & Robinson, H. B. (1976). **The mentally retarded child: A psychological approach.** New York: McGraw–Hill.

Spitz, H. H. (1963). Field theory in mental deficiency. In N. R. Ellis (Ed.), **Handbook of mental deficiency.** New York: McGraw–Hill.

Spitz, H. H. (1966). The role of input organization in the learning and memory of mental retardates. In N. R. Ellis (Ed.), **International review of research in mental retardation.** (Vol. 2). New York: Academic Press.

Spitz, H. H. (1973). Consolidating facts into the schematized learning and memory system of educable retardates. In N. R. Ellis (Ed.), **International review of research in mental retardation.** (Vol. 6). New York: Academic Press.

Taylor, A. M., Josberger, M., & Knowlton, J. Q. (1972). Mental elaboration and learning in EMR children. **American Journal of Mental Deficiency, 77,** 69–76.

Zigler, E. (1973). The retarded child as a whole person. In D. K. Routh (Ed.), **The experimental psychology of mental retardation.** Chicago: Aldine.

智能不足者之人格發展

壹・緒　論

　　智能不足者最容易引起人們注意的，很可能是其表現出來的人格特質
（ personality characteristics ）。然而，當某一個智能不足兒童因其行為的殊
異，引起家長或教師的關注，而將此一兒童安排去接受評量或診斷時，卻
可能多偏向對其生理、智能，或適應行為的瞭解，甚少涉及其引人注意的
人格問題。事實上，直到目前為止，吾人對智能不足者人格發展的瞭解還
是相當有限的。至少在研究文獻方面是不像學習領域那樣豐富。

　　智能不足者的人格研究受到重視的程度不夠，並不意謂著這方面的研
究不夠重要。因為智能不足人口中出現情緒困擾（ emotional disturbance ）的
情形是相當常見的。同時，智能不足者的人格問題也跟其低智能一樣和其
學習、生活、職業等方面的適應困難，莫不息息相關。吾人對智能不足者
人格發展的情形瞭解不多，主要還是此方面的研究不易進行。特別是研究

評量的方式如需由智障者以語文作反應，彼等語文能力的限制，即可能讓評量工作窒礙難行。雖然除了前述的自陳式（self–reports）的人格研究方法之外，其他如透過別人的觀察評量與經由諸如投射技術（projective techniques）的無意識自我表露，也皆是可加嘗試的研究途徑（Bloom, 1964）。惟後面這兩種方法仍有其限制存在，而投射技術如用之於智障者，尤其備受批評（Garfield, 1963）。目前吾人對智能不足者人格發展的瞭解，大部分還是來自臨床上的印象（clinical impressions），以及來自採用發展自非殘障者之研究方法所獲得的研究成果（MacMillan, 1977）。

　　在智能不足者人格發展的研究方面，Balla 與 Zigler（1979）認爲可加探討的有下列四種層次：

㈠智能不足者本身

　　這一層次的研究涉及智障者的年齡、發展水準、診斷，及在自然或實驗情境的行爲。在以智能不足者本身作爲研究對象時，通常下列三種論點是獲得較多支持的：

　　1. 有機體性腦傷（organic brain damage）者和文化家族性（cultural–familial）智能不足者係被視爲不同的兩個羣體。

　　2. 對於文化家族性智能不足者的發展情形，吾人可運用非智障者的一般發展模式來加以解釋。

　　3. 在對智障與非智障者做比較研究時，可作爲對照基礎的是心理年齡（mental age）或實際年齡（chronological age）。

㈡家庭或每日直接負責照顧者

　　智能不足者的行爲有時會受到其與照顧者的互動經驗之影響。這一層次的研究可加探究的如智能不足者的生活經驗之品質、每天的教養措施、負責照顧的人士對智障者的態度等。

㈢鄰近的支持體系

　　智能不足者的鄰近支持體系（the near support system）可以是學校、社區、直接提供服務的機構、住宿設施等。上述這些鄰近支持體系的結構、

性質、有關成員對智障者的態度等，對智能不足者的人格發展也會有重大的影響。然而，有關鄰近支持體系、家庭，與智障者之間交綏互動情形的研究，似乎並不多見。對鄰近支持體系的研究，值得探討的如學校或教養機構的大小、預算、服務人員的流動率、師生比等與智能不足者人格發展的關係如何，皆屬這一層次研究分析的範疇。

四遠距的支持體系

　　屬於遠距支持體系（ the far support system ）的是那些省級與中央級政府影響到智能不足者生活的施政。這些政府的決策會對鄰近的支持體系有重要的影響，而這種影響又會層層地影響到家庭，並及於個人。有關遠距支持體系的決策對智障者行為與發展的研究，可謂鳳毛麟角。雖然如此，吾人如欲制定適切的智障福利政策，此方面的研究實有必要。

　　由以上 Balla 與 Zigler（ 1979 ）所提出的研究智能不足者人格發展四種分析的層次來看，大多數對智能不足者人格的研究，似集中在智能不足者本身、家庭或每日直接負責照顧者，以及鄰近的支持體系這三個層次。這種對分析層次的分類，所代表的乃是對智能不足者人格研究可資入手的途徑。當然微觀的分析層次，也許對智障者人格特質本身的瞭解會有幫助；但較為鉅觀的分析則有助於解答「 所以然 」──人格發展何以致此的問題。

　　智能不足者人格發展之研究，除了有不同的分析層次之分野外，就人格發展的動力言，目前也存在著不同的理論觀點，如 K. Lewin 的僵硬論、E. Zigler 的行為動機受挫論（ 陳榮華，民 81 ），以及 R. L. Cromwell 應用自 J. Rotter 的社會學習理論（ social learning theory ）。其中 K. Lewin 把智能不足者人格發展與正常人的差異，歸因於其認知結構（ cognitive structure ）之僵化，可謂是一種「 先天本然論 」。而 E. Zigler 與 R. L. Cromwell 的觀點，皆強調經驗或學習在智能不足者人格塑造上的重要性，算是一種「 後天學得論 」的看法。前述 Balla 與 Zigler（ 1979 ）所提智能不足者人格發展研究的分析層次，似亦立基於人格發展「 後天學得論 」之觀點。

　　以上所談的比較傾向於以宏觀的角度來看智能不足者人格發展的研究
途徑。然而，如就智能不足者人格特質描述之觀點而言，或許傳統人格構
造（personality constructs）的理念，有助於對智能不足者人格特性之探討。
一般對人格構造的研究，常從需求（needs）、特質（traits），與類型
（types）這三種角度，去瞭解一個人的人格特性。Cromwell（1967）更進
一步從心理分析的立場（psychoanalytic framework）再加上威脅（threats）與
防衛機制（defense mechanisms）這兩個角度去從事人格的分析。因此，Crom-
well（1967）的人格構造模式，即包括威脅、防衛機制、需求或目標、特
質，及類型五個層面（constructs）。而人格構造的這五個層面也是彼此相
互關聯的。例如，一個人的人格發展通常會受到威脅層面與需求或目標層
面的影響。一個人為了避免威脅，可能會採取某些防衛機制以保護其人格
的完整。同時，個人的需求或目標事實上與其特質層面息息相關。此外，
人格的類型層面係屬於一種總合性的人格構造，它是由其他四個人格的層
面所決定的。

　　本章對智能不足者人格發展之探討，擬以 Cromwell（1967）的人格模
式為架構，分別從威脅、防衛機制、需求或目標、特質，及類型這五個層
面，去瞭解智能不足者人格發展的狀況。惟吾人在描述任何智能不足者的
人格特性時，應將之視為一種傾向，切不可一概而論，而直認智障者就是
如何如何。因為智能不足者彼此之間仍有相當大的個別差異，某些智能不
足者人格特性的研究結果，或許只是代表被研究的智障者樣本的情形而
已。這種狀況就正如 Heber（1964）所說的：

　　　　教科書充滿了描寫智障者是被動、焦慮、衝動、固執、易受暗
　　示、缺乏毅力、不成熟與退縮，以及挫折容受力低、自我觀念和抱
　　負水準不切實際這些陳述。然而，這些被指稱的屬性，根據現有的
　　研究資料，並沒有一樣可以加以證實或加以駁斥。（p. 169）

貳‧人格的威脅層面

　　智能不足者與一般人一樣，和環境免不了有諸多互動關係存在。在這種與環境的交綏互動中，智障者是否對某些事物特別會感受到威脅，此即人格的威脅層面（threat constructs）所欲探究的問題。在智能不足者人格的威脅層面方面，較常被提出的是焦慮、預期失敗，與挫折。以下將就這些威脅層面分別加以討論。

一、焦　慮

　　焦慮的感覺是人類難以避免的經驗。到底智能不足者焦慮表現的強度如何呢？與焦慮相關的因素又是怎樣呢？這些皆是經常被探討的問題。多年來有關智能不足者焦慮的研究，常被提及的有下列的結果：

　　1.智能不足兒童、青少年，與成人比其相同年齡或較年幼的非智障者通常表現更高的焦慮水準（Cochran & Cleland, 1963; Malpass, Mark, & Palermo, 1960; Silverstein, 1970）。

　　2.教養機構中的智障者，其焦慮水準會比不在教養機構的智障者高（Malpass, Mark, and Palermo, 1960）。但是 Lipman（1960）的研究卻發現，相同心理年齡的智障與非智障者的焦慮水準並沒有差異存在。

　　3.智障者在接受簡單的算術計算測驗時，其焦慮分數常與成就分數呈正相關（Feldhusen and Klausmeier, 1962），可是在接受概念形成（concept-formation）測驗時，高焦慮常導致較差的成績表現（Lipman & Griffith, 1960）。Snyder（1966）的研究也發現輕度智障者的學業成就與其焦慮水準呈現負相關。

　　4.智能不足兒童跟其他兒童一樣，其測驗焦慮分數（test anxiety scores）常與智力測驗（Wrightsman, 1962）、閱讀能力測驗（Reger,

1964），及畫人測驗（Silverstein, 1966）成績呈負相關。而智障兒童一般的焦慮傾向也與其自我概念不佳（Katz, 1970）、教師不良適應的評定（Cowen, Zax, Klein, Izzo, & Trost, 1965），及不受同儕歡迎（Lunneborg, 1964）有關。不過也有些研究發現焦慮與智商及學業成就之間並無相關存在（Kitano, 1960; Malpass et al., 1960; L'Abate, 1960; Wirt & Broen, 1956）。

　　如果智能不足者比起非智障者有更高的焦慮是事實的話，那原因究竟何在呢？比較常被提及的說法，不外是智能不足者因受到標記的影響難免有刻骨銘心的感受，或來自對自己智力有無能的知覺，另外過多失敗的經驗、社會互動機會的貧乏等，皆可能是智障者出現較高焦慮的原因（Balla & Zigler, 1979）。面對智能不足者可能有較高焦慮的情況，從教育與輔導的立場而言，吾人實應避免對其過度保護，而應積極地教導智能不足者適切的肆應技能（coping skills），以期因能克服困難，獲取成功，培養自信，進而得以減低焦慮。

二、預期失敗

　　智能不足者由於本身認知能力的限制，因此在面對各種生活、學習，或工作情境時，往往會因應對無方，處理不當，導致失敗的多，成功的少。久而久之，即形成了對成功的預期低，但對失敗的預期卻高的現象。就智障者與智力中等者相比，智障者對失敗的預期也較高（Cromwell, 1963）。一般而言，持續的失敗可能導致一個人功能水準的降低、社會與認知成長的削弱、自我價值感的貶損，甚至演變成自覺無能的心態（MacMillan, 1977）。Heber（1964）認為智障者對失敗的恐懼，更可能成為一種惡性循環，使其成就表現每況愈下。在 Zeaman 與 House（1963）的研究中，一些智障者在經驗了一系列學習失敗後，甚至無法去處理他們過去已熟稔之簡單的學習問題。由此可見，失敗的經驗似乎可以折損一個人的學習能力。另外，Gruen、Ottinger 與 Ollendick（1974）的研究也發現，回歸主流的智障兒童由於感受到較多失敗的經驗，因此他們對成功的預期要

比在特殊班的智障兒童爲低。

　　累積過多失敗的經驗極可能會造成智障兒童容易產生失敗的預期。啓智教育教師如欲破除智能不足兒童預期失敗的惡性循環，比較有效的作法應該是採取反向操作的方式，讓這些兒童逐漸積累較多成功的經驗，以建立其自信，強化其自我，或可一改其失敗主義的心態。

三、挫　折

　　一般人多認定智能不足者會比智力正常的人感受到較多的挫折（Heber, 1964）。而輕度智障者比重度智障者所受到的挫折也可能更大（MacMillan, 1977）。不過 David（1968）運用膚電反應（galvanic skin response）去研究比較輕度智障與正常人所出現的挫折狀況，卻發現沒有差異存在。

　　對智障者的挫折研究中，有許多是以教養機構的智障者爲對象。在教養機構這樣的環境中，可能引發挫折的因素包括缺乏隱私性、宣洩怨氣的管道不多、受照顧的卑屈地位等。其他如對智障者飲食的限制、沒有能力表達自己的需要及與別人溝通等，也往往成爲挫折的來源（Talkington & Riley, 1971; Talkington, Hall, & Altman, 1971）。這些智障者在遭遇挫折後，多半會有攻擊性（aggression）的反應。這種攻擊反應多不以本身或他人爲對象，其目的卻在引起別人的注意。除攻擊行爲外，教養機構對智障者的限制過多時，智障者也常以逃跑作爲對挫折的反應（Gothberg, 1947）。智障者由挫折所產生的攻擊行爲也有會以人爲對象的情形。根據 Angelino 與 Shedd（1956）的研究，發現輕度智障者跟正常人一樣，其攻擊對象會從別人轉移到自己。只不過智障者所需要的轉移時間要比正常人約慢上兩年。Portnoy 與 Stacey（1954）的研究也發現，教養機構中的智障者比正常人更會以他人作爲攻擊的對象。

　　由上述智能不足者所遭遇的挫折情況來看，挫折的產生似多半與環境的不利有關。因此，如何提供智能不足者合理與人性化的生活、學習，與

工作的環境，以減少可能的挫折因素，並協助其人格正常的發展，應該是
啓智教育與復健工作者必須正視的課題。

叁·人格的防衛機制層面

　　一個人在感受到威脅，無法忍受內在的恐懼與焦慮，爲了排解因之而
來的緊張狀態，除勇於面對現實直接去解決問題外，也可能會採用某些防
衛機制，間接地降低內心的衝突。然而，不論是面對現實或採用防衛機
制，其目的無非皆在維護個體心理的平衡。每一個人多少都會使用一些防
衛機制，只不過程度或有差別而已。可是防衛機制如果過度使用，卻會導
致個體功能失常與行爲的不良適應。

　　智能不足者跟一般人一樣皆會用到防衛機制。不過由於智能不足者面
對現實以處理威脅的能力較爲不足，因而他們對使用防衛機制的需要可能
更爲強烈。同時，智障者在運用防衛機制的效果方面，也可能比正常人要
來得差（MacMillan, 1977）。智能不足者由於本身認知能力的缺陷，可能
會影響到防衛機制的使用。而和正常人比較起來，有某些防衛機制是智障
者更常加以運用的。一般相信智能不足者最常使用的是屬於較原始性的防
衛機制，如否定、退化、內化（introjection）、抵消（undoing）、壓抑（re-
pression）等作用；使用較少的防衛機制則有投射（projection）、隔離（isola-
tion）、反向作用（reaction formation）等（MacMillan, 1977）。根據 Stephens
（1953）對智障者使用防衛機制之研究，也發現否定與認同（identifica-
tion）作用是智障者常用的防衛型態。此外，由於智能不足者經常遭受失
敗的經驗，因此對與失敗相關的線索會顯得特別敏感，而表現逃避失敗
（failure avoidance）的防衛性反應（Moss, 1958）。智能不足者在防衛機制
的運用上，也常被認爲比正常人更缺乏變通性，他們往往會對某些防衛機
制一再重複使用，而未能考慮到所使用防衛機制的適當性。當然，影響到

智障者防衛機制運用的因素,可能包括其智能不足的等級、個人的發展史,以及環境因智障者在智能上的限制所作的調適程度等(MacMillan, 1977)。

　　防衛機制的運用雖有助於暫時紓解失敗、挫折所帶來的緊張與壓力,但一味地逃避現實的挑戰,並無助於一個人在認知與社會化的發展。對於智能不足兒童,如任其一再習於逃避失敗的防衛性心態,實亦無助於其適應能力的提升。因此如何導正智能不足兒童失敗主義的心態,的確是教育上亟需重視的課題。基本上,教師應注意智障兒童可能的失敗傾向,並協助其獲致成功的機會。具體的作法是教師應協助智障學生將注意力集中在與成功有關的線索及成功的事件上面,而對智障學生因不切實際的抱負水準可能導致的失敗與挫折,應事先加以輔導與防範。換言之,教師對學習情境的安排,應與學生的能力水準相符,既不要求過多,也不致太少,以避免過度的挫折或缺乏挑戰性,使智障兒童的潛能得以獲得最大的發展。

肆・人格的需求或目標層面

　　前面所談的威脅與防衛機制層面,係從心理分析的觀點去瞭解智能不足者人格的結構。而此處所欲瞭解的,乃是智障者的行為到底是受到何種需求或目標所促動。這裡所謂的需求或目標係從可欲與積極面去看的,並不包括消極的動機(如逃避失敗的需求)在內。智能不足者的需求或目標與正常人迥異者可能不少,不過此處將以研究成果較多的社會接納的需求(need for social acceptance)、成就需求(need for achievement)、能力需求(need for competence),及有形獎勵的需求(need for tangible rewards)作為探討的對象。

一、社會接納的需求

　　從臨床上的觀察，吾人不難發現智能不足者由於社會性接觸的貧乏，
受到社會接納與贊許的機會不多，因此他們比起非智障者對社會的接納與
增強會表現更爲强烈的需求。智能不足者這種對社會接納的需求，也往往
和其所受社會剝奪（social deprivation）的程度成正比，即社會剝奪的程度越
高，其對社會接納的需求也愈爲强烈（MacMillan, 1977; Balla and Zigler,
1979）。智障者這種對社會接納的需求，即表現在與支持他的成人之間
交往互動動機的昇高上面；也就是說，彼等對社會增強的反應力道會因之
提高。這種現象與智障者會主動尋求注意與關愛，以及其行爲反覆出現的
情形，可謂是相當一致的。

　　智能不足者尋求社會增強的動機通常也是其依賴性（dependency）的
重要指標。事實上，過度依賴也常是智障者的重要人格特質之一。智障者
的過度依賴與其受到社會剝奪可謂息息相關。機構化（institutionalization）
的環境一般即被認爲屬於社會剝奪的經驗。Harter 與 Zigler（1968）曾比較
在教養機構與不在教養機構的智障者對社會增強的反應情形；結果發現成
人的增強比同儕的增強對在教養機構的智障者會更有效；而對於不在教養
機構的智障者來說，其情況正好相反。另外，來自不同性別的社會性接觸
與增強，對智障者也被發現最具效果（Stevenson, 1961）。

二、成就需求

　　有關智障者成就需求的研究並不多。Tolman 與 Johnson（1958）曾對在
教養機構中的機體性與家族性的智障者之成就動機加以比較；結果發現家
族性智障者的成就需求高於機體性的智障者，不過雙方的成就需求皆會因
在教養機構時間的拉長而下降。就現有的研究資料顯示，來自較低社會階
層家庭的兒童之成就動機比中產階層的同儕要低，但是否來自較低社會階
層的輕度智障兒童，其成就需求有別於來自相同社經背景的智力正常兒

童，則尚不得其解（MacMillan, 1977）。最能看出兒童成就動機的是他們
在接受測驗時努力的程度。許多中產階層智力正常的兒童在接受測驗時，
如告之要全力以赴時，往往會表現最大的努力程度，但較低社會階層的輕
度智障兒童，則會顯得努力的程度不夠（MacMillan, 1977）。

三、能力需求

　　普通人在與環境互動時，總會盡力表現出有能力或具有效率的這種動
機，即所謂的能力（competence），White（1959）也稱為效能（effec-
tance）。兒童的效能動機最容易在其生理的需要已獲得滿足，而從其遊戲
行為觀察出來。在那種狀況下，兒童會表現諸多探索與操弄的行為，他們
那種沒有完成不肯罷休，某些技能熟練後又繼續去挑戰更複雜事物的那股
勁兒，即是所謂的效能動機。而由效能動機所激發的行為所產生的結果即
是不斷增長的能力（competence）。在這同時，兒童即發展出一種主觀的能
力感（Robinson and Robinson, 1976）。

　　Harter 與 Zigler（1974）曾比較非智障兒童、在教養機構與社區中的文
化家族性智障兒童之效能動機，結果發現非智障兒童的效能動機最高，其
次是在社區中的智障兒童，而教養機構中的智障兒童則殿後。他們認為智
障兒童由於過多失敗的經驗會變得比較被動，而智障兒童如一旦被安置於
教養機構中，將會承受事事需要順從的壓力，凡此皆可能折損這些兒童的
效能動機。

　　與正常兒童比較起來，或許智能不足兒童的效能動機有所不如；不過
有許多智障兒童仍可具有在某些諸如音樂、美勞、動作技巧方面，令他們
感到滿足的特殊能力領域。甚至重度的智障者在經過訓練後，亦可學到某
些生活自理或工作技能，這些皆可能讓他們獲致有價值與有能力的感覺，
並企求能成為環境的主人（Robinson and Robinson, 1976）。

四、有形獎勵的需求

　　智能不足者固然由於社會接觸的貧乏，而比一般人更具有獲得社會接納的需求。在行為的誘因（incentives）方面，智能不足者對於有形或外在獎勵的需求卻往往比無形或內在的增強會更為強烈（Balla and Zigler, 1979; MacMillan, 1977）。Zigler 與 deLabry（1962）曾以心理年齡配對的方式，研究中等社經地位、較低社經地位，與智障兒童，在兩種增強方式對概念轉換測驗的反應情形。這兩種增強方式分別是：(1)只告訴兒童他答對了，(2)兒童答對時給予自選的玩具以資獎勵。其中在無形的增強方式下，智障與較低社經地位組皆比中等社經地位組兒童的表現為差；而在有形的獎勵下，三組兒童的表現並沒有差異。此外在三組各自認為最適當的增強方式（智障為有形的；較低社經地位為有形的；中等社經地位為無形的）下，三組兒童的概念轉換能力也被發現沒有差異存在。這項研究另有一個有趣的發現，即是智障與較高社經地位的兒童在有形的獎勵皆比在無形的增強下，表現得要更好。Balla 與 Zigler（1979）認為會影響上述研究結果的重要因素，並非三組兒童的社會階層或智障的身分，而是其各自的社會學習經驗。

　　Balla 與 Zigler（1979）上述的觀點亦舉出 Byck（1968）的研究加以支持。Byck（1968）對教養機構的道恩氏症候與家族性智障者用心理年齡、實際年齡、智商，及安置於教養機構的時間加以配對，以比較這些兒童的概念轉換成績。結果發現道恩氏症候兒童在無形的增強方式下，其表現的成績比在有形的增強下要更好；至於家族性智障組的情況則正好相反。Balla 與 Zigler（1979）認為安置於教養機構的家族性智障者幾乎大部分來自較低社經背景，而道恩氏症候兒童卻更可能來自中等社經背景的家庭。也正由於社經背景的不同，使得這些兒童的社會學習經驗也有差異，以致於在安置於教養機構之前早期所獲得的社會學習經驗，就成了影響各種增強方式有效程度的力量。

伍・人格的特質層面

　　一個人爲了滿足其需求，在行爲上所表現的特有的方式，即是所謂的特質（ traits ）。人格的特質所顯現的乃是一種行爲的組型。個體爲滿足某一種需要，即可能出現若干有助於其需求滿足的相關行爲。例如有人爲避免失敗，可能表現逃避失敗之人格特質的行爲組型，包括爲自己訂下的目標不是過低就是過高、只注意失敗而非成功的相關線索、以避免面對挑戰來限制自己的成長、自覺無能與自我貶損等。

　　過去對有關智能不足者人格的特質層面所作的研究，比起前述的人格層面算是比較多的。此處對於智能不足者人格的特質層面所作的介紹，將以智障者較常見的若干特質，如僵硬性（ rigidity ）、積極與消極的反應傾向（ positive and negative reaction tendencies ）、外在動機取向（ extrinsic motivational orientation ）、外在導向（ outerdirectedness ）、自我觀念（ self—concept ）、攻擊性（ aggressiveness ）等作爲探討的重點。

一、僵硬性

　　智能不足者行爲的固執僵硬常被視爲其重要的人格特質之一。這種僵化的人格特質多可從其行爲的反覆、刻板，及對某些人的異常黏附看得出來。對於智能不足者這種僵硬性的人格特質，Lewin（ 1935 ）認爲係出自智障者在思考歷程上存在著質的差異。基本上，Lewin 認定智障者的認知結構（ cognitive structures ）分區較少，且與相同生理年齡的正常人比較起來，其各分區之間的界線亦較乏流動或滲透性。圖 6–1 所顯示的爲以Lewin 的理論，對正常兒童、正常成人、及與正常兒童相同心理年齡的智障兒童之腦部結構所作的比較。從圖上可以看出成人的腦部結構分區較多，而正常兒童的分區界線則更具滲透性。爲了驗證 Lewin 對智障者人格

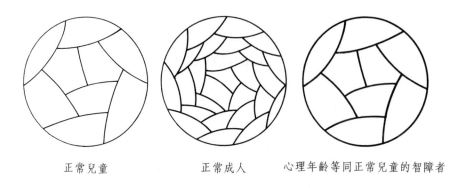

正常兒童　　　　　　　　正常成人　　　心理年齡等同正常兒童的智障者

圖 6-1　智障與正常人認知結構的分化與滲透性比較
（採自MacMillan, 1977, p. 402 ）

特質僵硬性之假設，Kounin（ 1941 ）做了若干研究，企圖從智障者行為的僵硬性（ behavioral rigidity ）去說明理論上結構僵硬性（ structural rigidity ）之存在。

　　Kounin（ 1941 ）的研究除了有許多方法上的問題外，他與 Lewin 所持的僵硬性理論，並不為 Zigler（ 1962 ）所接受。Zigler 認為智障者刻板固執的行為是由於動機的差異，而非出自僵硬性這種假設。他深信智障者之所以會出現刻板反覆的一些所謂的固執行為，是因為他們缺乏與成人作社會性接觸的經驗，所以就用這種方式和能接納他們的成人保持接觸。Zigler 也根據他這項假設利用實驗研究加以驗證。當然 Zigler 的研究方法也並非無懈可擊。不過吾人應可瞭解對智障者行為的刻板與固執，目前似存在著不同的解釋觀點。

二、積極與消極的反應傾向

　　智能不足者與人交往互動的經驗會影響到他們對人反應的態度傾向。這些態度傾向 Zigler（ 1962 ）將之分成積極反應傾向（ positive reaction tendency ）與消極反應傾向（ negative reaction tendency ）兩大類。所謂積極反應傾向，係指願與贊許接納的成人有所互動的欲望，而對成人具有戒慎

（wariness）的態度即為消極的反應傾向。Zigler 認為智能不足兒童因為社會
接觸經驗的缺乏，會有與成人交往互動的願望，他們遇到成人如有遲疑、
戒慎不敢接近的情形，多導源於過去許多與成人接觸的負面經驗。智障者
到底會出現積極或消極的反應傾向，全看那一種傾向最強而定。智能不足
者這兩類反應傾向，皆可從安置於教養機構或教養機構以外者中發現
（Robinson and Robinson, 1976; MacMillan, 1977）。而智障者比非智障者更容
易受到負面互動經驗的影響（Balla and Zigler, 1979）。Harter 與 Zigler
（1968）發現教養機構中的智障者由於承受較多負面的互動經驗，對於
陌生人，不管是成人或同儕，一般說來似有戒慎退縮的情形。另外，Har-
ter（1967）也發現智能不足者如有機會和接納他的成人互動接觸時，會比
沒有機會者，在解決問題的作業上遭遇更多的困難。換言之，智障者期待
引人注意與受到關愛的需求如過分強烈，對其學習可能有不良的影響。

　　智能不足者存在著積極與消極的反應傾向，基本上是一種既期待又怕
受傷害的情形。啟智教育教師應瞭解有些智障學生在見到教師或有戒慎惶
恐的情形，但他們卻也存在和教師接觸互動的願望。因此為建立良好的師
生關係，教師尤應在和智障學生初次見面時，表現和顏悅納的態度，則學
生自然會出現積極的反應傾向，消極的反應傾向就較少有機會浮現。不過
吾人從 Harter（1967）的研究得知，智障者過度積極的反應傾向也可能不
利於其學習的活動，這一點倒是值得啟智教育教師多加留意。

三、外在動機取向

　　所謂外在動機取向，是指一個人感興趣的是安全、舒適，與有形的或
金錢的獎勵，並有逃避會令人緊張的情境之傾向。至於內在動機取向者則
傾向於以本身內在的喜樂和所獲得的成就為滿足。外在動機取向是在輕度
智能不足者中常見的人格特質（MacMillan, 1977）。

　　輕度智障者的動機取向和其學業成就有密切的關係。現有的研究證據
也顯示，外在動機取向也與高失敗預期、高焦慮、低自我觀念、低學業成

就等有關（MacMillan, 1977 ）。

四、外在導向

　　當兒童時常遭遇失敗或碰上要處理的問題為其力所不逮時，會很自然地對本身的能力或資源喪失信心，並轉而尋求外在的線索以為己助的現象，即是 Zigler（ 1966 ）所謂的外在導向。智能不足兒童表現外在導向的情形似比非智障者要來得更為常見。智障兒童似習於以仿效和依賴外在線索去引導他們的行為。智障者表現外在導向的程度往往會受到其認知發展水準、過去自力處理問題成功的機會，及對成人依附的程度之影響（ Balla and Zigler, 1979 ）。事實上，外在導向也會出現在遭遇學業挫敗的正常兒童身上（ MacMillan, 1977 ）。另外，Trippi（ 1973 ）也發現在特殊班的智障學生所表現外在導向的程度，比在普通班的智障生為低；主要的原因是普通班對智障學生的壓力和挑戰常是這些學生難以招架的。

　　智能不足者有尋求外界線索的現象，也不全然是壞事，如果他們真的努力想去解決問題，外在導向也算是一種解決問題的策略。Balla 與 Zigler（ 1979 ）認為對成人有過度或過少仿效的情形，皆可視為一種不良的心理徵象（ negative psychological indicator ）。因為如果兒童不願仿效成人，那表示他不相信成人可作為行為的典範，他也因此無法從成人的經驗獲益；但過度的仿效卻是對自身能力的不信任。只有維持中庸之道，才是正常的發展現象。如此，兒童對成人方可表現正常的依附，並能對成人所提供的線索作適當的回應，以對解決問題的努力平添助力。在教學情境中，教師似可善用智障兒童這種外在導向的特性，先提供適當的線索以引導學生獲得正確的反應，然後再逐步減少線索的提供，以培養智障學生獨立解決問題的能力。

五、自我觀念

　　所謂自我觀念是一個人對自身的看法與評價。一個人對自我能有價值

感，且其真實我（real self）與理想我（ideal self）之間的差距不致過大，常是健全人格發展所必要的條件。由於智障者語言表達與自省能力的欠缺，有關智能不足者自我觀念的研究為數並不多。不過現有絕大多數的研究結果，似皆支持智障者的自我觀念比正常人更為消極這樣的看法（Robinson and Robinson, 1976; MacMillan, 1977; Balla and Zigler, 1979）。

在智能不足者自我觀念的研究中，自我觀念常被發現和年級、學業成就、智力等具有正相關（Robinson and Robinson, 1976; MacMillan, 1977）。Hardy（1967）發現輕度智障少年的自我觀念分數較高者其學習能力也較好。Wink（1963）以教養機構中的智障者作為研究對象，發現自我觀念較高者不僅學習成績較好，同時也更能應付消極的回應狀況。智能不足者也往往會高估了自己可能的成就表現，這也顯示智障者的真實我與理想我之間似存在相當的差距，對其人格適應難免會產生不利的影響。

在不同教育安置下的智能不足者的自我觀念是否會有差異呢？現有的研究文獻似無法提供肯定的答案。換句話說，特殊班、普通班，或其他混合型態的教育安置方式，現有的研究文獻似無法顯示那一種安置方式對智障兒童自我觀念的發展是絕對有利的（Robinson and Robinson, 1976; Balla and Zigler, 1979）。如果吾人接受這樣的研究結論的話，對於回歸主流的特殊教育政策對智障兒童人格發展的可能貢獻難免有所質疑。不過作者以為提供智能不足兒童最少限制的教育環境仍是十分必要的。吾人應注意的是單純教育安置的「型式」也許對智障兒童自我觀念的影響不大，而某一安置下的環境「品質」，可能才是影響兒童自我觀念發展的重要因素。

六、攻擊性

攻擊行為的發生多起自一個人的挫折經驗。智能不足者比一般人可能遭遇更多的挫折，智障者如出現攻擊行為應不足為奇。對於智能不足者攻擊性的研究，過去多以安置於教養機構者為對象，因為教養機構中的智障者似相當常見出現攻擊行為。一般也認為教養機構的環境多缺乏私密性、

照顧管理特多、智障者間的劃地自限，以及智障者的缺乏溝通能力以合理的宣洩其挫折的情緒等，皆可能導致教養機構中的智能不足者會較具攻擊性（MacMillan, 1977）。在教養機構中的智障者常出現的一種攻擊型態是所謂的領域性（territoriality）。Paluck與Esser（1971）發現教養機構中的智障者會在其生活環境中建立起自設的領域並加保護。彼此之間會劃地自限據有某些區域、玩具、桌子等。當有人覺得其領域性受到他人侵犯時，即可能爆發攻擊行爲。

　　智能不足者攻擊行爲的產生如果眞的是與其挫折的生活經驗有關，則吾人如能提供合理的教養環境、教養措施能顧及其發展水準，並培養其適當的溝通技巧，以減少生活中挫折的頻率，且在挫折發生時給予合宜的宣洩機會，則應有助於減少彼等攻擊行爲的發生。

陸‧人格的類型層面

　　吾人如從威脅、防衛機制、需求及特質層面去綜合性地瞭解智能不足者的人格發展時，是否會覺得他們具有某種異常的人格呢？事實上，一般皆認爲智能不足者行爲異常（behavior disorders）的出現率是比非智障者來得高（Garfield, 1963）。當然這種說法也存在著鑑定標準與取樣的問題。不過像刻板性的自我刺激動作（self–stimulatory movements）與自傷行爲（self–destructive behaviors）即經常出現於重度智障者之中，就不得不令人覺得智障者似有發展出某種特殊人格類型的可能。這些特殊的人格類型常被提及的如精神病（psychoses）、心理病（psychoneuroses）、犯罪（criminality）等將在下面分別提出討論。

一、精神病

　　精神病患者通常無病識感，不承認自己精神有異。可是患者卻會呈現

思考、情感、知覺等的嚴重障礙，如幻覺及妄想等，並對外界及現實之感覺及判斷混淆、脫節，且人格崩潰，無法作社會、甚至家庭生活之適應（徐靜，民 66）。智能不足人口中精神病的出現率，據相關的推估研究從 10–50% 不等（MacMillan, 1977）。而這些推估研究皆是以安置於教養機構的智障者為研究對象。以非教養機構中的智障者為研究對象者，Dewan（1948）發現有一半的智障者也被認為情緒並不穩定；另外，Craft（1960）也發現智障者具有人格異常的為非智障者的兩倍。不過 Weaver（1946）以美國陸軍八千名智能不足的軍人為研究對象，卻發現大部分的智障者皆能滿意地適應軍旅生活，只有 13% 的白人與 6.5% 的黑人因嚴重的精神病而被辭退。

因此，智能不足者人口中具有嚴重的精神異常問題的比率可能相當高。然而，究竟此一問題是緣自其低智能，或來自環境經驗的影響，或其他因素所導致，則有待進一步加以探究。

二、心理病

心理病患者皆會有病識感，係屬於較輕微的機能性精神疾患。通常會呈現焦慮、憂鬱、緊張、恐懼等心理症狀。患者為這些病狀而苦惱，但其人格仍然保持完整，是一種局部性精神障礙。一般而言，對社會、家庭生活之適應只有少許困難（徐靜，民 66）。

智能不足者由於本身認知能力的限制，一般多認為他們比起智能正常的人，更無法有效地面對與處理外來的壓力，焦慮即因之而起，適應問題從而產生，更可能出現神經過敏的行為（neurotic behavior）。儘管如此，吾人對智障者在心理病的出現率仍然所知有限。Eysenck（1943）曾以英國軍中三千名心理病患為研究對象，發現其中高與低智力者所佔的百分比相當高。而 Craft（1959）對教養院的院生所做的調查也發現，情緒不穩的出現率會隨智能水準的提升而降低。這些互見歧異的研究結果，似乎顯示單純的智力問題並無法提供充分的解釋。假設智障者具有情緒障礙的情形其出

現率眞的比一般人要高，則除了低智能的問題外，有可能形成這種結果的也許跟他們成長過程中所遭遇的消極經驗有關。這些不利的經驗因素如他們經常受到拒絕、過度保護、嘲笑、遭遇失敗等，皆對其人格發展有負面的影響。如果上述的這些推論是正確的話，則智能不足者的人格發展之輔導，應該存在著相當大的發揮空間。

三、犯　　罪

　　由於智能不足者認知能力的薄弱，對是非善惡可能分辨不清，以及無法洞察行為的可能後果，因此過去常有人認定智能不足者會發展成犯罪的人格類型（MacMillan, 1977）。這也就難怪在本世紀之初，有人會將智能不足和犯罪行為視為同義語了。過去對於智能不足者犯罪行為出現率的估計，事實上並不一致。這些對智障者犯罪率的估計結果，從高出現率到智障者與正常者並無差異，甚至智障者的犯罪率要比正常人為低皆有（MacMillan, 1977）。從對智障者犯罪率推估結果分歧的情形看來，智能不足本身似乎無法被認定是智障者出現犯罪行為的唯一因素。其他如社會、家庭等環境因素對智障者犯罪行為的出現所可能的影響，也應加以重視。這也正是智障者的犯罪防治可加努力的方向。

參考 文獻

徐靜（民 66）：精神醫學。臺北市：水牛。

陳榮華（民 81）：智能不足研究——理論與應用。臺北市：師大書苑。

Angelino, H., & Shedd, C. L. (1956). A study of the reactions to "frustration" of a group of mentally retarded children by the Rosenzweig Picture–Frustration Study. **Psychological Newsletter, 8,** 49–54.

Balla, D., & Zigler, E. (1979). Personality development in retarded persons. In N. R. Ellis (ed.). **Handbook of mental deficiency, psychological theory and research,** pp. 143–168. Hillsdale, NJ: Lawrence Erlbaum Associates.

Bloom, B. S. (1964). **Stability and change in human characteristics.** New York: Wiley.

Byck, M. (1968). Cognitive differences among diagnostic groups of retardates. **American Journal of Mental Deficiency, 73,** 97–101.

Cochran, I. L., & Cleland, C. C. (1963). Manifest anxiety of retardates and normals matched as to academic achievement. **American Journal of Mental Deficiency, 67,** 539–542.

Cowen, E., Zax, M., Klein, R., Izzo, L., & Trost, M. (1965). The relation of anxiety in school children to school record, achievement, and behavioral measures. **Child Development, 36,** 685.

Craft, M. (1959). Mental disorder in the defective: A psychiatric survey among in−patients. **American Journal of Mental Deficiency, 63,** 829–34.

Craft, M. (1960). Mental disorder in a series of English out−patient defectives. **American Journal of Mental Deficiency, 64,** 718–24.

Cromwell, R. L. (1963). A social learning approach to mental retardation. In N. R. Ellis (Ed.). **Handbook of mental deficiency**. New York: McGraw—Hill.

Cromwell, R. L. (1967). Personality evaluation. In A. A. Baumeister (Ed.), **Mental retardation: Appraisal, education, and rehabilitation**, pp. 66–85. Chicago: Aldine.

David, W. J. (1968). GSR study of frustration in retarded and average boys. **American Journal of Mental Deficiency, 73,** 379–83.

Dewan, J. G. (1948). Intelligence and emotional stability. **American Journal of Psychiatry, 104,** 548–54.

Eysenck, H. J. (1943). Neurosis and intelligence. **Lancet, 245,** 363.

Feldhusen, J. F., & Klausmeier, H. J. (1962). Anxiety, intelligence, and achievement in children of low, average, and high intelligence. **Child Development, 33,** 403–409.

Garfield, S. L., (1963). Abnormal behavior and mental deficiency. In N. R. Ellis (Ed.), **Handbook of mental deficiency**, pp. 574–601. New York: McGraw—Hill.

Gothberg, L. C. (1947). A Comparison of the personality of runaway girls with a control group as expressed in themas of Murray's thematic apperception test. **American Journal of Mental Deficiency, 51,** 627–31.

Gruen, G., Ottinger, D., & Ollendick, T. (1974). Probability learning in retarded children with differing histories of success and failure in school. **American Journal of Mental Deficiency, 79,** 417–423.

Hardy, H. A. (1967). The relationship between self—attitudes and performance on a paired —associates learning task in educable retardates. **Dissertation Abstracts, 27,** 1657.

Harter, S. (1967). Mental age, IQ, and motivational factors in the discrimination learning set performance of normal and retarded children. **Journal of Experimental Child Psychology, 5,** 123–141.

Harter, S., & Zigler, E. (1968). Effectiveness of adult and peer reinforcement on the performance of institutionalized and noninstitutionalized retardates. **Journal of Abnormal Psychology, 73,** 144–149.

Harter, S., & Zigler, E. (1974). The assessment of effectance motivation in normal and re-tarded children. **Developmental Psychology, 10,** 169–180.

Heber, R. F. (1964). Personality. In H. A. Stevens & R. Heber (Eds.), **Mental retardation: A review of research,** pp. 143–74. Chicago: University of Chicago Press.

Katz, I. (1970). A new approach to the study of school motivation in minority group chil-dren. In V. Allen (Ed.), **Psychological factors in poverty.** Chicago: Markham.

Kitano, H. H. L. (1960). Validity of the Children's Manifest Anxiety Scale and the Re-vised California Inventory. **Child Development, 31,** 67–72.

Kounin, J. S. (1941). Experimental studies of rigidity. **Character and Personality, 9,** 251–82.

L'Abate, L. (1960). Personality correlates of manifest anxiety in children. **Journal of Con-sulting Psychology, 24,** 342–348.

Lewin, K. (1935). **A dynamic theory of personality: selected papers.** A. K. Adams & K. E. Zenner (Trans.). New York: McGraw–Hill.

Lipman, R. S. (1960). Children's manifest anxiety in retardates and approximately equal M. A. normals. **American Jounal of Mental Deficiency, 64,** 1027–1028.

Lipman, R. S., & Griffith, B. C. (1960). Effects of anxiety level on concept formation: A test of drive theory. **American Jounal of Mental Deficiency, 65,** 342–348.

Lunneborg, P. (1964). Relations among social disability, achievement, and anxiety mea-sures in children. **Child Development, 35,** 169–182.

MacMillan, D. L. (1977). **Mental retardation in school and society.** Boston: Little, Brown and Company.

Malpass, L. F., Mark, S., & Palermo, D. S. (1960). Responses of retarded Children to the Children's Manifest Anxiety Scale. **Journal of Educational Psychology, 51,** 305 –308.

Moss, J. W. (1958). **Failure–avoiding and success–striving behavior in mentally re-tarded and normal children.** Unpublished doctoral dissertation, George Peabody College.

Paluck, R. J., & Esser, A. H. (1971). Controlled experiments modification of aggressive behavior in territories of severely retarded boys. **American Journal of Mental Deficiency, 76,** 23–29.

Portnoy, B., & Stacey, C. L. (1954). A Comparative study of negro and white subnormals on the children's form of the Rosenzweig Picture–Frustration Test. **American Journal of Mental Deficiency, 59,** 272–78.

Reger, R. (1964). Reading ability and CMAS scores in educable mentally retarded boys. **American Journal of Mental Deficiency, 68,** 652–655.

Robinson, N. M., & Robinson, H. B. (1976). **The mentally retarded child: A psychological approach**. New York: McGraw–Hill.

Silverstein, A. B. (1966). Anxiety and the quality of human–figure drawings. **American Journal of Mental Deficiency, 70,** 607–608.

Silverstein, A. B. (1970). The measurement of intelligence. In N. R. Ellis (Ed.), **International review of research in mental retardation** (Vol.4). New York: Academic Press.

Snyder, R. T. (1966). Personality adjustment, self–attitudes and anxiety differences in retarded adolescents. **American Journal of Mental Deficiency, 71,** 33–41.

Stephens, E. (1953). Defensive reactions of mentally retarded adults. **Social Casework, 34,** 119–24.

Stevenson, H. W. (1961). Social reinforcement with children as a function of CA, sex of E, and sex of S. **Journal of Abnormal and Social Psychology, 63,** 147–54.

Talkington, L. W., Hall, S., & Altman, R. (1971). Communication deficits and aggression in the mentally retarded. **American Joumal of Mental Deficiency, 76,** 235–37.

Talkington, L. W., & Riley, J. B. (1971). Reduction diets and aggression in institutionalized mentally retarded patients. **American Journal of Mental Deficiency, 76,** 370–72.

Tolman, N. G., & Johnson, A. P. (1958). Need for achievement as related to brain injury in mentally retarded children. **American Journal of Mental Deficiency, 62,** 692–97.

Trippi, J. A. (1973). Special–class placement and suggestibility of mentally retarded children. **American Journal of Mental Deficiency, 78,** 220–222.

Weaver, T. R. (1946). The incidence of maladjustment among mental defectives in military environment. **American Journal of Mental Deficiency, 51,** 238–46.

White, R. W. (1959). Motivation reconsidered: The concept of competence. **Psychological Review, 66,** 297–333.

Wink, C. F. (1963). Mental retardation and learning under symbolic reinforcement in view of self–acceptance. **Dissertation Abstracts, 23,** 2430–31.

Wirt, R. D., & Broen, W. E. (1956). The relation of the children's MAs to the concept of anxiety as used in the clinic. **Journal of Consulting Psychology, 20,** 482.

Wrightsman, L., Jr. (1962). The effects of anxiety, achievement motivation, and importance upon performance on an intelligence test. **Journal of Educational Psychology, 52,** 150–156.

Zeaman, D., & House, B. J. (1963). The role of attention in retardate discrimination learning. In N. R. Ellis (Ed.), **Handbook of mental deficiency.** New York: McGraw–Hill.

Zigler, E. (1962). Rigidity in the feeble–minded. In E. P. Trapp & P. Himelstein (Eds.), **Readings on the exceptional Child,** pp.141–62. New York: Appleton–Century–Crofts.

Zigler, E. (1966). Research on personality structure in the retardate. In N. R. Ellis (Ed.), **International review of research in mental retardation** (Vol. 1). New York: Academic Press.

Zigler, E., & deLabry, J. (1962). Concept–switching in middle–class, lower–class, and retarded children. **Journal of Abnormal and Social Psychology, 65,** 267–273.

Part Three——————

個別化
教學設計篇

智能不足兒童與一般兒童相較，似乎有著較多的學習困難。為了因應智能不足兒童的學習需要，因此國內遂有特殊學校、特殊班、資源教室等教育安置方案的產生。惟無論對智能不足兒童採用何種教育方案加以安置，他們的身心發展需求皆需作個別的考慮。他們皆需要個別化的教學，則是啟智教育界的共同理念。

　　個別化教學的本質，實為一種評量──教學──評量周而復始的過程。筆者認為無論評量也好，教學也好，其內容如果不能與生涯發展（career development）的需求相配合，則會失掉啟智教育的意義。本篇的撰寫，即在嘗試以生涯發展的課程為本位，提供對智能不足兒童實施個別化評量與教學的架構，使個別化教學的理念，得以落實於吾人對智能不足兒童的教育與輔導活動之中。

　　本篇共分五章。第七章旨在闡述個別化教學的基本理念與實施構想，使讀者能掌握個別化教學的要義與施行途徑。第八章則提出各學科領域一系列可供教師參酌的評量與教學目標。由於教師的評量與教學活動，皆是從學生的學習目標出發，吾人更可體會學習目標的彙集對個別化教學的實施，似提供了便利。第九章在討論工作分析（task analysis）的方法與應用。個別化的評量與教學，都涉及學習目標的分析，工作分析方法的熟稔，將有助於教師對有關的概念、技能，與行為作更精細的分析。第十章則在討論如何實際的從事個別化的評量與教學設計，使個別化教學真正從理念轉換成行動。本篇前四章所討論的與個別化教學皆有密切的關係。個別化評量與教學本身，實具有診療與精確教學的意義。採取這種途徑的教學，各學科領域之間的對立與分化性是相當高的，其對概念或技能的習得，無可否認的，是有幫助的。但智能不足兒童儘管學到某些概念、技能，或行為，並不見得能有效地遷移至實際的生活或工作環境當中。為彌補此一缺憾，吾人實應為智能不足兒童安排能統整各學科領域的學習活動，使其能應用其學過的概念或技能於某些生活主題之中。此即第十一章所介紹的生活單元教學活動之編製的目的所在。

筆者深信，「分析取向」的個別化教學，如能與「統整取向」的生活單元教學密切配合，相輔為用，對智能不足兒童學習成效的提高，獨立生活的促進，必定大有助益。

個別化教育問題與構想

壹·引　言

　　為了滿足特殊兒童獨特的教育需要，吾人需提供個別化教育的理念，已受到普遍的認同。關於個別化教育方案（ individualized education program，簡稱 IEP ）之內涵，論者多引用一九七五年美國 94–142 公法中之規定而討論之。其要點不外乎：(1)學生目前教育成就的描述；(2)年度長短程教學目標之敍述；(3)提供學生的特殊教育與有關之服務設施，以及其能參與普通教育活動之程度等的敍述；(4)開始接受個別化教育服務之日期及預期完成的時間；(5)指出客觀的評量標準及評量過程，並最少每年做一次評量，以決定教學目標達成與否（ PL 94–142, 1975 ）。

　　從 IEP 中所揭櫫的內容看來，它似乎指出了對特殊兒童提供特殊教育措施有關的綱領要目；它代表一種方向、一種指引，並不是一項教學計劃（ instructional plan ）。較貼切的說，IEP 只是一種管理的工具（ management tool）。教學計劃指的是實際教學活動之安排；而作為管理工具的 IEP，則在確保特殊兒童的特殊教育措施是適當的，且能切實履行。由此可知，光有 IEP，個別化教學活動可能尚無從展開，必須輔以具體可行的個別化教學活動設計（即教學計劃），個別化教育的理念，才得以落實。

由此觀之，IEP 與教學活動設計之發展，其次序容有先後，而重要性則難分軒輊。然而值得吾人注意的是，教學活動之設計對我國中小學教師而言，只要給予適切的輔導，其編製並非難事。問題在於：為了適應教學對象的歧異性，並兼顧教師可資運用時間之限制，如何採取較符合國情的個別化教學活動設計方法，此為問題之一。其次的問題是：教學活動設計源於教學目標；而教學目標乃反映學生的學習需要；學習需要之評估，則為 IEP 的重點工作；我國目前的條件是否可能提供「美國模式」的 IEP？如果答案是否定的，是否可能發展可行性的中國式的 IEP？本章將以這幾個問題作為探討的重點。以下筆者將先就「美國式」的 IEP，以及國內常見為特殊兒童編擬之教學活動設計，可能出現的難題先作討論，最後為因應國情需要，再提出統合 IEP 及教學活動設計的一些試探性的構想。

貳·美國式 I.E.P. 之困難

從前述美國為特殊兒童而提供的個別化教育方案（IEP）之內容來看，我們可以瞭解教育評量工作，似乎是整個個別化教育計劃的重點工作。郭為藩（民 69）也指出學習能力的個別診斷、教材的個別設計與提供、個別的成績評鑑，為個別化教學的精神所在。其中學習能力的個別診斷與個別的成績評鑑，正是評量工作的範疇。因此，吾人或可以這麼說，沒有評量工作就沒有 IEP。美國在特殊教育方面所需要的心理與教育測驗，可說相當完備。他們如能善用現有的評量工具，至少可大略指出每一特殊兒童的教育需要是在那些方面。不過，臨床具體教學目標的舉述，可

能不是個別化教育計劃實施前，短暫的小組教育診斷可以竟事，還有賴於負責實際教學的教師，依據效標參照（criterion—referenced）的原理，隨時加以評量。

　　與美國的情況作比較，顯然我們國內可資應用的標準化評量工具，實在相當有限。我們在對特殊兒童作了鑑定工作，認定其合乎接受特殊教育的條件後，目前似乎無法借助相關的評量工具，以舉出學生所需要的長短程學習目標。如何解決 IEP 中此一重大難題，筆者將在第四節的試探性構想中，再加論述。

　　除了評量工具的不足，是吾人應用美國式 IEP 的主要困難外，吾人需知，美國式 IEP 的運用自有其強而有力的立法依據。如果吾人無法建立發展與執行 IEP 的確實法律基礎，則個別化教育方式的採行，只能訴諸教育人員的專業精神與善意了。有關 IEP 的管理問題，不是本章的旨趣所在，故不再論列。

叁‧一般教學活動設計之問題

　　儘管個別化教學爲滿足特殊兒童獨特的教育需要所必需，然衡諸多數爲特殊兒童所編擬的教學活動設計，能符合個別化教育精神者實不多見。最常見的情形：即沿用施之於普通兒童相近的教學活動設計之格式，以編製特殊兒童的教學活動設計。這種作法，是否能發揮個別化教學的要求，實在值得商榷。其存在的問題，約有下列數端：

　　1.以特殊班爲例，要想以相同的一份教學活動設計，而施之於全班八至十五名學生，除非全班學生皆具備同樣或相似的學習能力水準；否則，難免顧此失彼，其普遍的適用性是有問題的。

　　2.一般教學活動設計，其要目不外單元名稱、單元目標、行爲目標、教學步驟、教學方法、教學器具、教學時間、評量標準等。前述的設計項

目如單元名稱、單元目標、行為目標、教學步驟、教學方法、教學器具等，同樣為個別化教學所需考慮者；但教學所需時間，是否能為教師所精確預期，似為問題。另外，沒有考慮評量內容，而逕行提出評量標準，更令人有無所依據之感。

3.教學評量是個別化教學的靈魂。將教學評量設計與教學活動設計一起並列，在對個別特殊兒童作評量時，其實施與記錄，皆會出現許多不便。影響所及，將對評量工作的完整與適切性，造成妨礙。

教學活動設計是落實個別化教育方案的基礎。IEP 的主要功能，似在提醒特殊兒童的教育需要；而教學活動設計，則致力於將特殊兒童教育需要（教育目標）的滿足（教育目標的達成）使之成為事實。如何將 IEP 與教學活動設計作統整性的發展，似為我國特殊教育人員努力的課題。以下筆者將對此一問題，提出個人試探性的構想，尚祈讀者先進不吝指正。

肆·試探性的構想

此處筆者所提個別化教育之試探性構想，主要採擷美國式 IEP 的要旨，並兼顧國內特殊教育之環境，務期個別化教育之實施，能具備臨床上應用的可行性。美國式 IEP 的精神，即在透過評量工作，以提出教學目標；而國內特殊教育環境之限制、評量工具的闕如，實比教材的不足，更值得關切。蓋沒有評量，即談不上個別化教學，雖然標準化評量工具的缺乏是個事實，但為了個別化教學的實施，吾人仍可採取變通性的作法，此乃本節論述的重點所在。此一試探性的個別化教學構想，可以圖 7–1 的「評量——教學系統」來做說明。

目前國內對大部分的特殊兒童如視、聽覺障礙、肢體障礙、智能不足、資賦優異等，皆已訂定適當的鑑定標準，且具備相關的鑑定工具，因此特殊兒童的鑑定工作，已有良好的基礎。

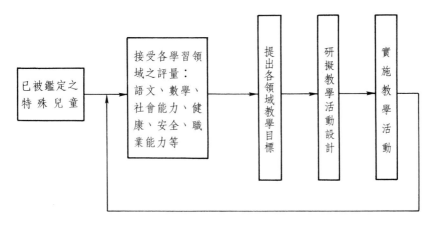

圖 7–1　評量——教學系統

　　特殊兒童一旦被鑑定出來後，接著便在瞭解他的教育需要，以便提供適性的教學；要瞭解學生的教育需要，便需借助評量的工作。由於學生到學校的主要目標在於學習生活上必需的知能；而學校教學活動的規劃，也按這些生活知能的性質分門別類地區分出不同的領域，如語文、數學、社會能力、健康、安全、職業等。因此學生學習需要的評估，實著眼於其是否已具備各學習領域所要求的能力。對於已具備的部分，吾人當可踰越；對於未具備或不足之部分，教師可從而進行教學。爲達到此一評量各學習領域之目的，吾人應將學生在校期間（如小學六年、國中三年），於理想的學習狀況下，在各領域所應達成的學習目標儘量列舉。惟需注意者：此項目標的舉列，應反映特殊兒童生涯發展（ career development ）的獨特需求。各領域學習目標列舉出來以後，可按其難易繁簡之情形，以及生涯發展需求之階層，加以序列化，以方便評量與教學工作的進行。序列化了的各領域學習目標，可以如表 7–1「學習評量記錄」的方式呈現出來，以記錄學生在各項目標學習進步情形。關於各領域（各科）學習目標的選擇與列舉，教師可參考有關的課程綱要，學生生活適應及職業上的需要等加以研擬。學習評量記錄列有學習目標之後，接著便可找尋與學習目標相對應

表 7-1　學習評量記錄

科學習評量記錄							
編號	學　　習　　目　　標	評量日期※			備　　註		
		1	2	3			

※凡學習目標達成者，除註明評量日期外，並在所註日期之格子內打∨。

的評量工具，以進行評量工作。如有正式的評量工具可資運用固然很好；如果沒有，教師亦可自編評量題項，以應需要。教師自編評量工具可以表 7–2「學習評量表」的型式來進行。

學習評量表中的「學習目標」乃與「學習評量記錄」中所列的單一「學習目標」相對應，換句話說：學習評量表的編製，乃針對某一學習目標的評量而來；「行為目標」乃就「學習目標」，採工作分析（task analysis）的方法再加細分。「評量方法」與「評量內容」乃教師自編評量題項的重點所在。「評量方法」的種類甚多，諸如紙筆作答、口頭作答、動作反應等，皆需與「評量內容」相配合；而「評量內容」中評量題項的編擬，需參照相對應「行為目標」評量上的需要，務期評量的題項能充分反映所評量的標的。此項評量題項的編擬，教師可參考效標參照測驗的編製方法加以應用。惟需避免使用單一題項來評量某一行為目標。我們寧可擬出備份的題項，以便再對同一學生評量時，得有選擇迴旋的餘地。「評量標準」一般從 75–100% 不等，教師需視所評量技能的發展性與重要性分別訂定。

凡學生完成「學習評量表」中所列的各項行為目標之評量時，教師即可將代表此一學習目標的評量結果，轉載於「學習評量記錄」上，以便彙總，而利於評量——教學工作的統整。

評量——教學系統中，評量工作的進行，可能發生於特殊兒童剛要接受特殊教育時，也可能在學生正接受個別化的評量——教學期間。對於前者，吾人評量工作的範圍，或可以學生目前的年級作為基點，先作「回顧式」的評量，看看他在過去的就讀期間，已經學會多少技能（完成多少學習目標），如果多數學習目標皆未達成，則「回顧式」的評量——教學，可能是教師的工作重點所在了。要是僅有少數學習目標未達成，則「前瞻式」的評量或許必要，以早日指出新的「學習目標」。惟「前瞻式」評量，應先以未來學期的學習目標為準，再視實際需要，往前推進；這種「前瞻式」的評量需要，很可能以資賦優異學生居多。另一方面，對學生

表 7-2 學習評量表

學習目標：
學生姓名：

編　號：
評量者：

科　學　習　評　量　表

行為目標	評量方法	評量內容	評量標準	評量結果※		備註
				通過%	通過	
				通過	過	

※評量結果符合評量標準者在「通過」一欄內打∨。

在受教期間所作的評量，多屬形成性評鑑（formative evaluation）的性質，它不只在考量學生的學習結果，更重要的是在發現學生學習困難所在，以進行補救教學。

前述的各科（領域）「學習評量記錄」，如加以彙整，每一學生一冊，則對學生已學會的技能，教師當能瞭如指掌，而對其未來的學習需要，教師也有脈絡可尋，而據以研擬所需要的教學活動設計，此不正是 IEP 的精神所在？

學生接受各學習領域之評量後，教師當可發現某些技能學生尚未具備，此即其學習需要所在，也就是教師需努力以赴的「教學目標」。「教學目標」一經提出，接著便需要「研擬教學活動設計」，使教學目標的實現成為可能。在設計教學活動時，使特殊教育教師感到困擾的是：要不要為全班（特殊班）十多位特殊兒童準備十多份教學活動設計，以符合「個別化教學」的要求？筆者以為此一問題實際而重要，值得吾人認真思考。要是特殊教育教師每次上課，皆要為不同能力水準的特殊兒童單獨編擬教學活動設計的話，此種經年累月的努力必無以持久，也有失教師貢獻教育事業，服務特殊兒童的本意。變通之道在於：如學生需要學習同一單元（同一學習目標），只是能力水準有差異，吾人仍可採用相同的教學活動設計。以團體教學、個別評量與練習的方式，以適應個別差異，實施教學活動。此處教學活動設計的編製，必須與前述的「學習評量表」密切配合。關於「教學活動設計」可以表 7–3 所示者作說明。

表 7–3 所示的「教學活動設計」，其中的「教學目標」與「行為目標」亦即相對於「學習評量表」的「學習目標」與「行為目標」。教師的設計工作，主要著眼於「教學活動」與「教學器材」的安排。為達成每一項「行為目標」的「教學活動」應不限於一種，且應多所變化，讓學生得由各種不同的學習管道（視、聽、觸、動覺等）學到某一概念。為充實「教學活動」之內涵，除了敍寫於「教學活動設計」表上的基本「教學活動」外，教師可再多方搜集，設計更多適用的「教學活動」，而以卡片之

表 7-3　教學活動設計表

教學目標：
適用對象：

科　教　學　活　動　設　計

編　號：
設計者：

行為目標	教　學　活　動	教　學　器　材　備	註

※備註欄可註記教學活動或器材之來源。

型式加以記載保存，以備不時之需。「教學活動卡」的運用，對解決同一教學活動設計適應學生個別差異的難題，應有所助益。為了「教學活動卡」儲存與取用的方便，應以同一編號加以區分。此種「教學活動卡」的格式可如圖7-2。「學習評量表」與「教學活動設計」表上都有「編號」一項。此兩個表如屬同一個學習目標（教學目標），則號碼應該是一樣的，以便相互呼應，易於取用。例如：這兩個表是為數學科錢幣領域第02號的「學習目標」而設計的，則兩個表上的編號可賦予「數幣02」以分別之。而上述的「教學活動卡」的設計係針對「行為目標」而來的，但如同屬「數幣02」號的「學習目標」，則卡片上的編號除「數幣02」外，加上此一「行為目標」在本「教學活動設計」表的號碼（如03），最後的編號可能成為「數幣02-03」的型式。教學活動的設計，如能注意到資料管理的系統化，則教師對教材的發展將更具有累積性與發展性，對逐漸減輕教師的工作負荷是有幫助的。

在實際進行評量——教學時，「教學活動設計表」與「學習評量表」是相互為用的。教學前固可以「學習評量表」為前測；施教後，也可以再以「學習評量表」考核學生的學習成果，並再反映記載於「學習評量記錄」上面。最後再推進至另一新的「學習目標」，或從事已學過但未學會的技能之補救教學活動。如此，「學習評量」→「提出教學目標」→「設計教學活動」→「教學活動之實施」→「學習評量」，周而復始，將使個別化教育的理想由理念邁向實際。

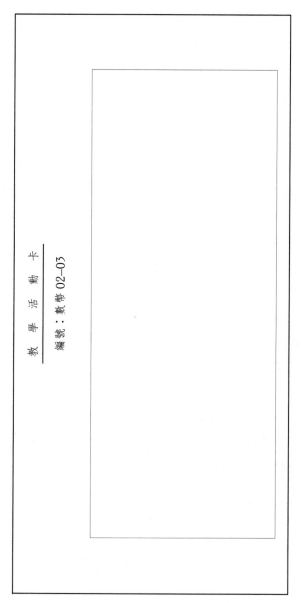

教　學　活　動　卡

編號：數幣 02–03

圖 7-2　教學活動卡

參考 文獻

郭爲藩（民 69）：緒論。載於郭爲藩、陳榮華主編：**特殊兒童心理與教育**。
　　臺北市：中國行爲科學社。

Public Law 94–142 (1975). Washington, D.C.: U.S. Government Printing Office.

評量與教學目標

壹·評量與教學目標之編擬

　　對啓智班的學生而言，教師應針對每一個學生身心發展的需要而選定其所需的學習目標。然而，如果沒有適當的參照依據，事實上這種學習目標的選擇與訂定不只困難，也會缺乏系統。因此，一如筆者在本書第七章所言，將學生在校期間，於理想的學習狀況下，在各領域所應達成的學習目標，有一系列具體的參照內容是十分必要的。本章即擬提出這一系列可同時作爲評量與教學的目標。

　　本章所提出的評量與教學目標，其原始資料係採自 Kolstoe（1976）的「可教育性智能不足者教學目標」（Instructional outcomes for the educable mentally retarded）。民國七十年筆者先將此一系列的學習目標譯成中文，並利用教授「智能不足兒童教材教法」之課程，作爲討論的教材。民國七十四年筆者將其中許多不合國情的目標作了大幅度的修訂。七十六年底，又經

相當程度的刪改增補，遂成為本章下列的課程大綱，並將各領域的學習目標置於表 7-1 後，成為各科的學習評量記錄。

本章將智能不足兒童課程分成生活教育、國語、數學、音樂、美勞、體育、職業教育等七個科目。除音樂、美勞、體育三科外，其他科目再視需要分成若干分項領域。此外，為便於教材或目標資料的整理，科目名稱或科目下之分項領域，又給予足以標示其隸屬關係的文字代碼以資區分。例如國語科說的方面即簡稱「國說」，體育科的代碼即簡稱「體育」，職業教育科的職業分析領域則以「職分」代稱。

至於各領域的學習評量記錄中所列的學習目標，不只可作為學習評量的依據，也是教師編選教材，設計教學活動的基礎。每一學習目標皆賦予編號。大致來說，號碼越小表示越需要先教，或顯示其為較基礎的能力。另外，學習目標亦以學前、國小、國中、高中四個階段加以歸類。當然這樣的歸類並非絕對的，它只是提供教師在選擇學習目標時一個粗略的指標。不過各科目所列的學習目標皆是智能不足兒童生涯發展的學習所需。教師在實際運用時，似不應受制於這種階段性的歸類，而會感受到在選擇評量與教學目標時所具有的充分彈性。事實上一個國小啓智班的學生可能有些學前階段應具備的能力，都尚未具備；有的國中啓智班的學生也可能尚未具備國小階段所具備的能力。因此將啓智班學生生涯發展全程的學習目標儘可能列舉，而提供教師對教學目標充分的選擇機會，正是此項學習評量記錄所欲發揮的功能。

在每一領域的學習評量記錄的學習目標欄後，皆分別予以留白，其目的乃在讓教師可以根據個別學生的狀況而增列其所需的學習目標。因此，教師需為啓智班的每一位學生準備一冊包括各科的學習評量記錄，以作為發展個別化評量與教學設計的指引。

貳・評量與教學目標示例

　　依據前述的評量與教學目標之編擬原則，以下將把「智能不足兒童課程大綱」及可以顯示評量與教學目標內涵的各科目「學習評量記錄」，分別示例於後。

智　能　不　足　兒　童　課　程　大　綱

壹、生活教育科
　　　社會能力
　　　　　自我（生自）
　　　　　學校（生學）
　　　　　社區（生社）
　　　安　全（生安）
　　　健　康（生健）

貳、國語科
　　　　說的方面（國說）
　　　　聽的方面（國聽）
　　　　讀的方面（國讀）
　　　　寫的方面（國寫）

叁、數學科
　　　　認數與基本運算（數基）
　　　　錢　　　　幣（數幣）
　　　　時　　　　間（數時）
　　　　度　　　　量（數度）

肆、音樂科（音樂）
伍、美勞科（美勞）
陸、體育科（體育）
柒、職業教育科
　　　職業分析（職分）
　　　職業技能（職技）

※括號中所示者爲各課程領域之代碼。

階段	編號	學　　　習　　　目　　　標	評量日期※ 1	2	3	4	備註

壹、生活教育：社會能力－自我學習評量記錄　　　代碼：生自

階段	編號	學　　　習　　　目　　　標	1	2	3	4	備註
學前	01	能說自己的姓名與年齡。					
	02	能分清屬於自己與屬於別人的東西。					
	03	能分出比他高、矮、重或輕的那些孩子。					
	04	當有人打招呼時，會用口頭、手勢或面部表情作反應。					
國小	05	能說出自家的住址與電話號碼。					
	06	在口頭討論時，能說出家中每一個人的姓名，並說出與自己的關係。					
	07	要他做一項自理的工作，如穿上鞋子、刷牙、拉好拉鏈、扣好扣環、扣鈕扣或綁好帶子，他會作正確的反應。					
	08	能洗他的臉、頸子、耳朵、手臂、腳趾、腿。					
	09	能參與對遊戲、食物、衣服與朋友的選擇。					
	10	要他做一項工作，能決定做到何種程度，工作算是完成了。					
	11	對於他不認識的孩子，兒童最少能做一種可接受的態勢與這位孩子相識，如能說出這孩子的姓名，與他遊戲或交談。					
	12	給予五張表示生氣、悲傷、快樂、敵意或害怕之情緒反應的圖片，兒童能加以分辨。					
	13	當討論能力時，在他做得好與不好時，各能從一系列描述性的文字，選出那些描述他的感覺之字眼。					
	14	給他一條其經驗所及的法律，能說出為什麼遵從它的重要性。					
	15	在一角色扮演的情況中，能說出扮演者在滿意與不滿意的行為之差異。					
	16	能和諧地參與團體的討論。					
國中	17	當口頭給予「我能」這樣的句頭，能說出五件他能做的事。					
	18	當口頭給予「我喜歡」或「我不喜歡」這樣的句首，能各說出五件事情。					
	19	給予一含有他人所有物之情境，在每次用過後，能將東西完好歸還。					
	20	當給予恭維，能以「謝謝你」或微笑作積極性反應。					

階段	編號	學　習　目　標	評量日期※ 1	2	3	4	備註
國中	21	給予一涉及打架或發怒的情境，能說出可採行的變通行動。					
	22	給予一涉及與他人意見不合的情境，他願意與他人談話或合作，以資證明他能接納這種情境。					
高中	23	給予一他面對建設性批評的情境，能以不爭吵或不否認此一批評，來作反應。					
	24	當有人對他提供協助，能以適當的方法接受協助。					
	25	給予一項他過去曾做錯的作業，能指出錯誤及其原因。					
	26	當在社交舞蹈的情境，能表現適當的行為。					
	27						
	28						
	29						
	30						
	31						
	32						
	33						
	34						
	35						
	36						
	37						
	38						
	39						
	40						

壹、生活教育：社會能力－自我學習評量記錄　　　代碼：生自

※凡學習目標達成者，除註明評量日期外，並在所註日期之格子內打 V。

階段	編號	學　　習　　目　　標	評量日期※				備註
			1	2	3	4	
學前	01	在示範過後，能將飲料倒進杯子，當有請求時，並喝它。					
	02	在示範後，能將食物填進碗中，並以筷子或湯匙食用。					
	03	在示範後，能餵小動物吃的、喝的，並打掃它的住處。					
	04	能說出基本的教室規則，並解釋理由。					
	05	在一結構化的教室活動中，能接受主其事者的指揮。					
	06	在學校中，當教師對他表現一積極的言語或身體的反應，孩子能表現企望合作的行為。					
國小	07	給一新情境，能以在該情境，一般可接受的行為加以反應。					
	08	給予一日常指定之學校雜務，能做好工作沒有抱怨，或需加提醒。					
	09	要他借出一本圖書館的書，會在指定的時間與地點還書。					
	10	在某一運動之前，先給予適當的訓練或經驗，能領導別人從事這種運動。					
	11	在一種沒有結構的情境中，他會允許人們去作選擇與決定，並表達他們自己，以表現尊重別人的權益。					
	12	在休息時間，他會自願參加一種他自己想要的活動或邀請別人與他--起做遊戲活動。					
	13	呈現十張表示人們互動之圖片，能區分合作與不合作之行為。					
	14	能參與某一團體活動，而不會爭吵或打架。					
	15	能說出五種人們為日常生活而作準備有所幫助的學校經驗。					
	16	能說出應培養良好衛生習慣之五個理由。					
	17	能說出應培養良好的修飾習慣之五個理由。					
	18	能說出校長、教師、護士與輔導教師的名字。					
	19	給予一項他會失敗的作業，他不會以言語或動作去侵擾別人，而將以一種可接受的方式去尋求協助。					
國中	20	從同學那兒接受了幫做教室工作之合理請求，他會圓滿地滿足這項請求。					

壹、生活教育：社會能力－學校學習評量記錄　　　代碼：生學

※凡學習目標達成者，除註明評量日期外，並在所註日期之格子內打V。

| 壹、生活教育：社會能力─學校學習評量記錄 | | | | | | 代碼：生學 | |

階段	編號	學　　習　　目　　標	評量日期※				備註
			1	2	3	4	
國中（續）	21	給一種權益受侵犯之情境，能認識到那種情境，並採取確定的行動以保護那些權益。					
	22	給他一些可遵守的學校規則，不需向他提醒一次以上，也會遵行。					
	23	給一個其他學生之教室情境，能以參與活動而不干擾別人的方式，表示對別人活動之興趣。					
	24	在團體討論和集會中，會自動貢獻最少一種意見、想法和感覺。					
	25	給一涉及兩個以上學生的指定作業，他們會合作把工作完成。					
	26	給一種結構化的情境中，有兩個學生彼此表示對對方之厭惡，但仍需在一起工作，學生不需教師糾正也會去工作。					
	27	在一競爭的情境中，會以遵守遊戲規則之能力來表現做為團體一份子之貢獻。					
高中	28	給一社交情境，會選擇適合該場合的服裝，並說出這種選擇的兩個理由。					
	29	能說出修飾的五個原則，並說出與就業或社交的關係。					
	30	給一社交情境，能說出應有之適當舉止態度，並說出他做這種行為選擇之理由。					
	31	能界定誠實、實在與容忍，並各舉其例。					
	32	能說出一些道德標準，解釋並加辯護。					
	33	能解釋並表現他對與同學良好關係的需要之瞭解。					
	34	能解釋在某一種職業情境中，上司與部屬之角色差異。					
	35	能組織社團與其他必要之團體，以完成某一目標。					
	36						
	37						
	38						
	39						
	40						

※凡學習目標達成者，除註明評量日期外，並在所註日期之格子內打∨。

壹、生活教育：社會能力－社區學習評量記錄							代碼：生社	
階段	編號	學　習　目　標	| 評量日期※ |				備註	
			1	2	3	4		
學前	01	指定一項他能做的家庭作業，他能做到雙親滿意的程度，並能說出什麼時候做好了。						
	02	給一書面通知或口頭傳話，會傳送給指定的人。						
	03	能說出與他的父親、母親或監護人之工作有關之三件事。						
國小	04	以他的家為參照點，能說出某些店舖與公共建築物之方向。						
	05	能準備一份稀飯、牛奶與小菜之簡單早餐。						
	06	用餐時能保持餐桌的整潔。						
	07	能使用畚箕、掃帚、開罐器、抹布、攪拌器、拖把與瓦斯爐。						
	08	能說出要準時工作，及家庭雜事做完後，把東西放回原位之理由。						
	09	在角色扮演中，能向一陌生人問路，同時並保持適當的距離與表現懇摯的行為。						
	10	能說出可應用在電影院、坐車、餐館、游泳池，或圖書館之兩項行為規範。						
	11	能以簡明的方式敘述對下列社區服務人員的要求：警察、消防隊、垃圾收集工、公車司機、火車司機。						
	12	能以簡明方式敘述對下列家庭服務人員的需求：醫生、牙醫、護士、教士、藥劑師。						
	13	能在當地電話簿上，找到警察局與消防隊之電話號碼。						
	14	給一大眾交通系統，能說出從他家可以搭乘那一路公車到市中心去。						
	15	能說出五種當地之商業、五種職業，與人們所做的五種不同工作。						
	16	能說出鄰里、鄉（鎮市）長對地方的貢獻。						
	17	能說出市長、省主席與總統之姓名。						
國中	18	能說出家庭中會賺錢的人之兩項責任。						
	19	能說出家庭主婦的五項責任。						
	20	能提供朋友之間相互影響的三個例子。						

※凡學習目標達成者，除註明評量日期外，並在所註日期之格子內打ｖ。

壹、生活教育：社會能力－社區學習評量記錄				代碼：生社				
階段	編號	學　　習　　目　　標	評量日期※				備註	
			1	2	3	4		
國中	21	給一張省區地圖，能指出並簡單說明其主要的地理區。						
	22	當說出省政府的某一單位，能說出它的主要功能。						
	23	能指出家庭中所使用的主要器具。						
高	24	能說出作爲家庭中一份子之責任並加舉例。						
	25	能區分鄰居生活之好處與壞處。						
	26	給他看交通標幟之圖片或標幟本身，能描述它們的意義。						
	27	能在道路圖上，指出東西南北之方位。						
	28	能在道路圖上之兩點，指出其應走之路線。						
	29	能指出在家庭特殊急難時，提供協助之單位，並描述如何去取得這種幫助。						
	30	能舉出反映公民之權利與義務之行爲的例子。						
	31	能計劃與準備適當之早餐、午餐或晚餐。						
中	32	給他一堆髒衣服，能加以分類，並能操作洗衣機上適當的裝置，把衣服洗好。						
	33	給他一籃洗好的衣服，能適當地操作熨斗，把衣服熨好。						
	34							
	35							
	36							
	37							
	38							
	39							
	40							

※凡學習目標達成者，除註明評量日期外，並在所註日期之格子內打∨。

階段	編號	學　　習　　目　　標	評量日期※ 1	2	3	4	備註

壹、生活教育：安全學習評量記錄　　　　　　代碼：生安

※凡學習目標達成者，除註明評量日期外，並在所註日期之格子內打 V。

階段	編號	學　　習　　目　　標	1	2	3	4	備註
學前	01	會遵循教師、公車司機與十字路口交通指揮的指示。					
	02	在學校聽到火警的警報鈴聲，會遵從教師的指示走到屋外，並在教師周圍三公尺的範圍內。					
	03	坐在公車上會留在位置上，不到處走動。					
	04	不去碰觸家中危險物品，如刀子、大頭針、火柴、藥品或農藥之類的有毒物質。					
	05	如有腳踏車可騎，只在人行道或院子內騎。					
	06	沒有大人陪伴時，不接近水塘。					
	07	會拒絕陌生人的搭載或食物。					
	08	對不熟悉的動物，會避而遠之。					
國小	09	會說出在街上或巷道上的一項危險性。					
	10	給予與某區域相配合的交通標幟，會指出在什麼情況下必須等待。					
	11	能讀出並說明下列文字的意思：停、小心、走、危險、太平門、有毒、易燃品、不可進入。					
	12	會說出「湖泊」、「水潭」與「河流」的一項危險。					
	13	會說出五項自行車的安全規則。					
	14	如身體受傷，會說出四個可尋求協助的人。					
	15	至少會說出一項藥物的危險性。					
	16	會展現對下列用品的適當使用法：尺、剪刀、鋸、起子、鎚、釘、鉗子、針、圖釘、紙夾、釘書機、錄音機、錄音帶。					
	17	給他看有關家中安全與危險情況之圖片，會分出那些是安全，那些是危險的。					
	18	給予一明確的學校行為規範，當在校時，所表現的會與那些規則相合。					
	19	給予家中安全與危險情況之圖片，會說出那種情境是安全的，那種又是危險的。					
	20	對下列之情況會採取適當之步驟，以糾正之：用電負荷過量、電線外皮脫落、樓梯堵塞、梯階斷裂、爐上炸鍋無人看管、瓦斯瓶靠近火源、小孩子靠近無人看管之電鋸。					

壹、生活教育：安全學習評量記錄				代碼：生安				
階段	編號	學　習　目　標	評量日期※				備註	
			1	2	3	4		
國小	21	在角色扮演中，對於火警或意外事件，會採取適當的報告程序。						
	22	會說出紅、黃、綠色交通號誌之意義。						
	23	會說出當騎自行車時，左轉和右轉時應有之適當手勢。						
	24	在街道圖上，會指出騎自行車的車道位置。						
	25	如果迷路時，會說出可向那一個單位尋求協助。						
	26	如有一輛車子與街道平行地停著，能表現進入車子與走出車子的適當方法。						
國中	27	給一有關適當保養工具的問題，會說出工具需加修理的三個理由。						
	28	給一有關用具保養的問題，會說出工具需加修理的三個理由。						
	29	給一有關傢俱的保養問題，會說出傢俱需加修理的三個理由。						
	30	給一有關適當使用用具的問題，會說出用具何以需要在合於其設計目的時，才使用的三個理由。						
	31	給許多種類的易燃物質，會適當的展示它們之使用法。						
	32	給一保險絲箱子之模型，會適當的取去舊保險絲，並換上新的保險絲。						
	33	問到有關使用電動除草機的危險問題，會說出五種危險性。						
	34	要他打電話到警察局或消防隊，學生能完成交代之任務。						
	35	問到家中一般火災的危險問題，會說出火災危險性的五項例子。						
	36	在一假設的意外事故之例子中，學生會幫助受傷者保持暖和，使群眾遠離現場，並聯絡警察。						
	37	如有足夠的水量可以支持一個人，他會浮游，或在水中打拍達兩分鐘之久。						
	38	給一假想模型，會適當的示範人工急救的方法。						
	39	給一有毒植物之圖片或模型標本，會指出各是什麼。						
	40	給他看當地常見之植物或蛇的圖片，會分辨那些是有毒的。						

※凡學習目標達成者，除註明評量日期外，並在所註日期之格子內打∨。

階段	編號	學　　習　　目　　標	評量日期※ 1	2	3	4	備註
高	41	給一假想火警之例子，會討論與示範滅火的方法。					
	42	給一危險情境的實例，會描述消除危險的途徑。					
	43	給予學校中的重裝備與電力工具，會描述在使用這種裝備與工具時，要避免的危險。					
	44	會在公路上應走的路線，安全的駕車，並遵守交通規則。					
	45	給一意外報告表，會填寫表格，且符合保險或警察單位的標準。					
	46	給一份汽車保養手冊與車子，會說出什麼時候汽車應該送去修護場保養。					
	47	提供一游泳池與游泳測驗，會通過測驗而達到初學游泳者的水準。					
	48	給一有人溺水的情境，會描述適當的救生方法。					
	49	給一涉及機械之職業，會包紮好他的頭髮。					
	50	問到某種工廠的安全規則，會列舉其規則。					
中	51	問到某一種職業，會解釋那種職業的危險訊號與符號。					
	52	問到有關他的朋友之品行問題，會說明其朋友的品行是如何，並解釋是由於他朋友的品行，形成了他們彼此間的友誼。					

壹、生活教育：安全學習評量記錄　　　　　　代碼：生安

※凡學習目標達成者，除註明評量日期外，並在所註日期之格子內打 V。

階段	編號	學　　習　　目　　標	評量日期※ 1	2	3	4	備註
學前	01	需上洗手間時，能指出他的需要，把事情辦好，將馬桶沖水，洗淨並擦乾手。					
	02	提供給他水槽、牙刷、牙膏，會在飯後刷牙。					
	03	給他水槽、肥皂與毛巾，會洗他的手與臉。					
	04	給一有男女生的班級，會依性別將班上學生分組。					
國小	05	要他自己穿著衣服，能每天自行穿著乾淨的襪子與內衣褲。					
	06	要他上床睡覺，會走向臥房並去睡覺。					
	07	會指出身體的主要部位。					
	08	會自行拿衛生紙擦鼻涕，並將衛生紙丟到垃圾筒中。					
	09	在咳嗽或打噴嚏時，至少會將一隻手掩住口。					
	10	給他看邋遢外表與乾淨外表之圖片，會各說出他們的五項特徵。					
	11	給他三種不同的天氣狀況與許多衣物，會依各種狀況選擇適當的衣物。					
	12	給他許多種食物，會說出那些是在早、午、晚餐常吃的食物。					
	13	給他空水槽、髒碟子、洗碗精與抹布，他會將洗碗精放在水槽中，加熱水，放碟子到水中，用抹布洗碟子，將碟子上的洗碗精沖掉，並將之置於碟架上。					
	14	假設一項個人的問題，學生會將問題說給教師聽，直到教師瞭解是什麼問題爲止。					
	15	問他「爲什麼我們要刷牙」，會說出五個刷牙的理由。					
	16	給他梳子與鏡子，會梳理他的頭髮。					
	17	問他爲什麼洗澡是重要的，會說出四個理由。					
	18	給他一罐除臭劑，會將它用於適當的地方。					
	19	給他一磅秤，會讀出重量，並區別輕重。					
	20	給他一溫度計，會讀出度數，並說出其溫度是表示冷或熱。					

壹、生活教育：健康學習評量記錄　　　　代碼：生健

※凡學習目標達成者，除註明評量日期外，並在所註日期之格子內打∨。

階段	編號	學　習　目　標	評量日期※				備註
			1	2	3	4	
國 小	21	給一包含五種重要器官的圖片，會說出器官的名稱及個別功能。（心、肺、腦、腎、胃）					
	22	問他：我們爲什麼需要休息？會說出休息對健康重要性的三個理由。					
	23	給他看許多不同食物之圖片，會選擇五種每天應吃的食物。					
	24	問他有關準備食物之問題，他的答案中會包括對食物之清洗。					
	25	給他看幾張食物之圖片，會指出那些需要冷藏的食物。					
	26	給他看幾張食物之圖片，會將之分成水果、蔬菜與肉類。					
	27	告訴他適當的營養成分與口頭指導，學生會準備簡單的一頓餐食。					
國 中	28	給一溫度計、學生一名，與一有秒針之錶，他會將體溫計置於這一學生的口中，放在那兒二至三分鐘，並讀出體溫計上的度數至最近的一個整數。					
	29	給他一份每天洗澡的時間表，會自動地按表實施。					
	30	問他：我們何時應找醫生？會說出需找醫生的三種情況。					
	31	舉出燒傷、割傷與骨折的例子，他會說出在醫療上需要注意的是什麼。					
	32	問他：嬰兒如何出生？他會說出人類生產基本過程。					
	33	問他：良好的個人衛生是什麼意思？他會說良好的個人衛生包括牙齒與頭髮適當之保養、身體整潔的維護與適當的飲食。					
	34	給他一系列的健康衛生單位，會說出這些服務應多久運用一次，以及什麼樣的服務，由什麼樣的單位提供。					
	35	給他一系列的飲食習慣，會分出那些適合他個人需要者。					
	36	給他一份飲食習慣的自我記錄圖，他會記錄他自己的飲食習慣。					
	37	會依據飲食習慣記錄圖，說出資料所記載與他身體需要的關係。					
	38	給他看一份四類基本食物之圖片，能指出爲保持平衡的飲食，每天對每一類食物之適當需要量。					
	39	給他一系統他在某一週已吃之食物清單，會根據類別加以分類，並將之與每天需要圖相比較，而指出他缺少那方面的食物。					
	40	給他一份食譜與所需之設備，會閱讀食譜並遵從指示，以做出所希望的菜餚。					

表上方標題：
壹、生活教育：健康學習評量記錄　　　　　代碼：生健

右側說明：
※凡學習目標達成者，除註明評量日期外，並在所註日期之格子內打 V。

壹、生活教育：健康學習評量記錄								代碼：生健	
階段	編號	學　　習　　目　　標	評量日期※				備註		
			1	2	3	4			
國中	41	問他有關青春期生理變化的問題，會說出這個時期所發生的三種變化。							
	42	對於父母、兄弟姊妹、同輩、團體、其他的成人、雇主與其他受雇者，會說出其角色類型，或他與每一個人或團體的關係。							
高	43	給他一份兩個星期所吃食物之清單，會依據食物的四個基本類別加以分類，並說出所作選擇之理由。							
	44	能按作息計劃作息。							
	45	給他每天有兩小時的休閒活動時間，會計劃休息與娛樂的活動，長達一整個星期。							
	46	問他有關照顧小孩子之問題，會說出照顧小孩的五個基本要項。							
	47	給一固定場合應有之服飾之示範，會從他自己的服裝中表現相似的效果。							
	48	如給予肥皂、繃帶、藥膏與假設一小傷口，會清洗並包紮傷口。							
	49	給他一席全餐，會適當的用餐。							
	50	如有打預防針之需要，會保存並遵循什麼時候應注射之記錄。							
	51	問到有關傳染病的危險性，會說出那些危險性是什麼？							
	52	問到有關飲水器與洗手間之適當使用法，會說出各要如何適當使用。							
	53	問到有關垃圾與廢物之處理問題，至少會說出三種處理方法。							
	54	問到有關買成藥吃的問題，會說出這樣做的危險性。							
	55	給一健康的問題，會說出問題在那裡、什麼時候開始，以及引起毛病的原因。							
	56	問到有關抽煙、喝酒與藥物之危險性，會各說出三種危險。							
	57	問到有關液體對飲食的重要性，會說出喝液體食物的兩個理由。							
中	58	給四種不同的情境，會說出要向何人或何種單位尋求輔導或諮商。							
	59	會詳細說明恐懼、喜悅、孤獨與悲哀等情緒狀態。							
	60	在與同輩團體、教師和其他成人接觸時，會與他們建立良好的人際關係。							

※凡學習目標達成者，除註明評量日期外，並在所註日期之格子內打✓。

階段	編號	學　習　目　標	評量日期※ 1	2	3	4	備註
學前	01	會（回答）說出自己的姓名。					
	02	會（回答）說出自己父母的姓名。					
	03	會說出自己的年齡。					
	04	能說出他家的住址（街道名及號碼）。					
	05	能說出家居的所在城市。					
	06	能簡單的表達自己的需要。					
	07	能使用敘述句。					
	08	給他陳述中一部分的線索，他能適當的接句。					
國小	09	給他說一個字，他能說出另一相反字（如大與小）					
	10	給他一句陳述，他能換句話來說（假如這是大的，那麼它就不是小的）。					
	11	一次遠足回來後，能敘述五件所看到的事物。					
	12	能適當的與別人打招呼。					
	13	能正確複述別人的話語。					
	14	給一系列五種的水果、蔬菜、人物及動物的照片讓他看之後，能正確說出它們的名稱。					
	15	使用電話時，能正確答話及作簡單的對談。					
	16	請他說出一件特殊事故時，他能以清楚，而易懂的口語回答。					
	17	能簡單的自我介紹。					
	18	請他向同學或成人介紹他的同伴時，他能正確表達。					
	19	請他在班上公布事情時，能用清楚精簡的口語宣布。					
	20	有工作給他時，在他不瞭解的地方，他會請求幫忙。					

貳、國語：說的方面學習評量記錄　　　代碼：國說

※凡學習目標達成者，除註明評量日期外，並在所註日期之格子內打 V。

| 貳、國語：說的方面學習評量記錄 | | | | | | | 代碼：國說 | |

階段	編號	學　習　目　標	評量日期※				備註
			1	2	3	4	
國小	21	能簡明指出：火災安全門、校長室、洗手間、圖書館、自助餐廳、體育館、保健室、教師辦公室。					
	22	學生能打電話回家、打電話給消防隊、警察局或叫救護車。					
國中	23	在評論其他同學的口頭報告時，至少能指出一個優點與一個缺點。					
	24	在班上做報告時，能明白的表達自己的意見。					
	25	在團體會議中，能按會議程序參與討論。					
	26	在會議中，能主持會議。					
	27	在電話中，能正確的接收與傳遞訊息，並表現應有的電話禮節。					
高中	28	在聽過某些項目清單後，能把這些項目正確的轉述。					
	29	在面談時，能正確回答有關身分、經驗以及工作資格的問題。					
	30	給予一個社交情境，學生能用適當的語彙與人交談，並回答其他參談者的問話。					
	31	當問及他所熟悉的工作時，學生能運用這工作上所通用的字彙。					
	32	給予一個實際或模擬需要修理傢俱之情境，學生能表現出具有接洽工匠、清楚的說明問題的實況，商討適當修理時間、地點以及修理上的責任之能力。					
	33						
	34						
	35						
	36						
	37						
	38						
	39						
	40						

※凡學習目標達成者，除註明評量日期外，並在所註日期之格子內打∨。

貳、國語：聽的方面學習評量記錄							代碼：國聽
階段	編號	學　　習　　目　　標	評量日期※				備註
			1	2	3	4	
學前	01	給予口頭的命令辭：開關、握住、放下、拿起等，他能照指示去做。					
	02	教師提出兩種不同聲音，能分辨出它們是相同或有差異。					
	03	能分辨出常見動物之叫聲。					
	04	給予一種敲打的節奏，能在桌上敲出一樣的節奏。					
	05	能正確地對下列這些詞彙加以反應：「停止」、「去」、「注意」、「來」。					
國小	06	給予四個字，學生能重複唸出。					
	07	給予兩個指示，學生能照著做。					
	08	聽一篇熟悉的故事，能說出故事的大意。					
	09	給予一篇短文，學生能正確地重述它的要點。					
	10	聽他人說話時，能表現專注態度。					
	11	能分辨國語發音的異同。					
	12	給予某些字之發音，學生能正確的注音。					
國中	13	聽了一個故事後，學生能以自己的話重述一遍。					
	14	能正確辨別不同節奏的音樂。					
	15	描述三件要做的工作，學生能按部就班地去完成它們。					
	16	給學生聽一篇含三個要點的演講稿，學生能正確地重述演講的要點。					
高中	17	能陳述每日新聞報導的要點。					
	18	給予一份口頭的工作計劃，學生能正確地按計劃行事。					
	19	安排一個團體討論會，學生能與其他成員共同討論問題。					
	20						

※凡學習目標達成者，除註明評量日期外，並在所註日期之格子內打∨。

階段	編號	學　習　目　標	評量日期※ 1	2	3	4	備註
		貳、國語：讀的方面學習評量記錄　　　　代碼：國讀					
學前	01	呈列多項實物，在教師指令下，能指出正確的實物。					
	02	呈列多張圖片，在教師指令下，能指出正確的圖片。					
	03	呈現簡單的符號或數字，能正確辨認。					
國	04	能認讀自己及家人的姓名。					
	05	給一些注音符號，能指認出相同的或不同的符號。					
	06	給一些注音符號，能正確發音。					
	07	給一份有意義的單字、符號或圖案，如停止、男人、女人、危險、兒童，能認出其所表示的意義。					
	08	能正確作單字拼音。					
	09	能正確讀出以注音符號所寫成的句子。					
	10	能正確發出陰、陽、上、去及輕聲。					
	11	給一篇兒童合作寫出的短篇故事，他能讀出此一故事。					
	12	能分辨並正確閱讀常用的相似字。					
	13	給一些簡單的藥品標示、傢俱標示、雜貨標示或工具標示，兒童能正確讀出。					
	14	給一份指示性的句子，能正確地讀出。					
	15	給一份普通的信函，能正確地讀出。					
	16	給一份國語日報的看圖說話故事，能正確地讀出。					
小	17	給一份漏掉字的作業單，學生能說出漏掉的字。					
	18	給一份報紙，學生能在要求下閱讀報紙標題。					
國中	19	給一本熟悉的書，學生能示範出目錄的用法、索引的用法、術語彙編的用法、標題的閱讀方法，以及瀏覽的方法。					
	20	給一份報紙，學生能找到被要求的特別消息。					

※凡學習目標達成者，除註明評量日期外，並在所註日期之格子內打∨。

階段	編號	學　　習　　目　　標	評量日期※ 1	2	3	4	備註
國中	21	給一本字典，學生會使用它。					
	22	在學校中給一段休閒時間，學生能自動地選擇有興趣的材料去閱讀。					
高中	23	給一份帳單或說明書，學生能說明資料上所顯示的意義，並對之採取必要的反應。					
	24	給一份買賣契約，學生能指出買賣的條件、花費、利息、時間和罰則。					
	25	給一份需要查的資料，學生能運用筆劃的系統去查字典、電話簿和目錄。					
	26	給一份不很複雜的工作說明書，能按指示工作。					
	27	給一段休閒時間和幾種精選的大眾化雜誌，能選擇適合於他的興趣及能力的雜誌去閱讀。					
	28						
	29						
	30						
	31						
	32						
	33						
	34						
	35						
	36						
	37						
	38						
	39						
	40						

表頭：貳、國語：讀的方面學習評量記錄　　　代碼：國讀

※凡學習目標達成者，除註明評量日期外，並在所註日期之格子內打 ∨。

| 貳、國語：寫的方面學習評量記錄 | | | | | | | 代碼：國寫 | |

階段	編號	學　　習　　目　　標	評量日期※				備註
			1	2	3	4	
學	01	孩子能正確使用紙、蠟筆或鉛筆。					
	02	給紙和膠水，孩子能撕簡單的形狀且貼於紙上。					
	03	給紙、剪刀和膠水，孩子能剪簡單的形狀且貼於紙上。					
	04	給一張圖畫的點線，孩子能連接點線完成圖畫。					
	05	給一張漏掉重要部分的圖畫，兒童能補充遺漏的部分。					
前	06	給一張各種符號的作業單，兒童能用線將相同的符號連起來。					
	07	能描繪注音符號。					
國	08	能抄寫注音符號。					
	09	能抄寫自己的姓名。					
	10	能寫出自己及和自己有密切關係者的姓名。					
	11	給標題、日期、時間，孩子能正確地抄寫。					
	12	給一句子，能正確抄寫。					
	13	給一句子，能在抄寫後在句尾加上適當的標點符號。					
	14	學生能抄寫課本上之文字。					
	15	給一地址，能適當的寫對方的地址、自己的地址，及把郵票貼在適當的位置。					
	16	給一個寫便條的理由，能寫出一張友善且語氣一貫之便條。					
小	17	能正確地使用先生、小姐、街、路、巷等名稱來寫好信封。					
國	18	給一張工作申請書，能正確地填寫姓名、日期、住址、電話號碼、年齡、父母姓名等。					
	19	給一張工作申請書，能寫出兩種日期的寫法（七十四年三月八日或74.3.8.）。					
中	20	給一個主題來討論或描述，能完整的寫一段句子。					

※凡學習目標達成者，除註明評量日期外，並在所註日期之格子內打∨。

階段	編號	學　　習　　目　　標	評量日期※				備註
			1	2	3	4	
國中	21	給一個主題，能正確地書寫給朋友的信。					
	22	給一張郵政劃撥單，能正確地填寫它。					
高中	23	給一張工作申請書，能正確、清楚地填入教育與經驗方面的資料。					
	24	給一種情況，能寫邀請函或弔慰信、恭賀函或抱歉函。					
	25	給一種購物的情況，能寫一張有意義的購物單。					
	26	能正確填寫金融機構的存提款單。					
	27	能正確地填寫物品或存貨清單。					
	28	能寫出自己的自傳。					
	29						
	30						
	31						
	32						
	33						
	34						
	35						
	36						
	37						
	38						
	39						
	40						

貳、國語：寫的方面學習評量記錄　　　　　代碼：國寫

※凡學習目標達成者，除註明評量日期外，並在所註日期之格子內打∨。

階段	編號	學　　　習　　　目　　　標	評量日期※ 1	2	3	4	備註
叁、數學：認數與基本運算學習評量記錄				代碼：數基			
學前	01	能對如全部、多、少、大、小和一些等數詞作正確的反應。					
	02	能唱數到十。					
	03	能數十以內的東西。					
國小	04	能依顏色、大小和形狀分類。					
	05	能唱數到一百。					
	06	能數二十以內的實物數目。					
	07	能説出一百以內任何數目的前後數。					
	08	能作個位數加法。					
	09	能作個位數減法。					
	10	能正確地指出實物第一到第十的順序。					
	11	能二個一數、五個一數和十個一數到一百。					
	12	會辨認與寫1/2、1/3、1/4。					
	13	能正確地説出＋、－、×、÷符號的名稱。					
	14	給一個含有0的數字，能解釋它的數值意義。					
國中	15	給一個一百萬的數字，學生能把它讀出來。					
	16	作進位的加法，學生能進到第二位及第三位。					
	17	給他一個必須退位的減法，能正確地運算。					
	18	給利率、比率、利息、百分比的問題，能解釋其意義。					
高中	19	給一個收入的例子，能作一個簡單的運算。					
	20	給一個有薪水的工作例子，能夠確定所賺的錢。					

※凡學習目標達成者，除註明評量日期外，並在所註日期之格子內打∨。

階段	編號	學　　習　　目　　標	評量日期※				備註
			1	2	3	4	
高中	21	給一個用到數字的工作，學生有能力使用這些數字。					
	22						
	23						
	24						
	25						
	26						
	27						
	28						
	29						
	30						
	31						
	32						
	33						
	34						
	35						
	36						
	37						
	38						
	39						
	40						

叁、數學：認數與基本運算學習評量記錄　　　　　代碼：數基

※凡學習目標達成者，除註明評量日期外，並在所註日期之格子內打V。

階段	編號	學　　習　　目　　標	評量日期※				備註
			1	2	3	4	

叁、數學：錢幣學習評量記錄　　　　代碼：數幣

階段	編號	學　　習　　目　　標	1	2	3	4	備註
學前	01	能説出錢可買東西。					
	02	能説出工作的人可得到薪資。					
	03	能辨別五角、一元、五元、十元等硬幣。					
國小	04	能説出兩個五角等於一元、五個一元等於五元、兩個五元等於十元。					
	05	能正確的挑出十元以內的紙幣或硬幣。					
	06	給一些錢的數目，能正確的讀出來。					
	07	給一些不同價格的東西，能正確的算出總值。					
	08	能適當的描述銀行的功能。					
	09	能正確使用各種硬幣的組合以換十元的零錢。					
國中	10	拿出一百元買東西，能正確找回餘款。					
	11	能説出兩個原因，爲什麼要將保險費從薪資中扣除。					
	12	能在支票開戶申請卡上寫出姓名、住址、就職單位，並在上頭簽名。					
	13	能正確地填寫存款單。					
	14	給一張支票，能正確地填寫它。					
	15	給他一張支票存根，能記錄支票號碼、日期、受款人、金額、用途和餘額。					
高中	16	給他一張菜單，能列出菜單上所需的項目，並計算一餐、一天、一星期所需之花費。					
	17	給一張報紙，能從一房子或一公寓的公告上，計算一年租金是多少。					
	18	給一張報紙，能分別兩種特價食物之差異，以決定買那一種較划算。					
	19	能口頭解釋去工作最便宜的方式，並計算每天與每週的費用。					
	20	給一個保養用具的問題，能計算保養和修理費用的不同。					

※凡學習目標達成者，除註明評量日期外，並在所註日期之格子內打 V。

階段	編號	學　　習　　目　　標	評量日期※ 1	2	3	4	備註
高中	21	給一個買用具的問題，能計算分期付款時本金與利息之費用。					
	22	能使用金融卡以提取所需的金額。					
	23						
	24						
	25						
	26						
	27						
	28						
	29						
	30						
	31						
	32						
	33						
	34						
	35						
	36						
	37						
	38						
	39						
	40						

參、數學：錢幣學習評量記錄　　　　　代碼：數幣

※凡學習目標達成者，除註明評量日期外，並在所註日期之格子內打∨。

階段	編號	學　習　目　標	評量日期※ 1	2	3	4	備註
學前	01	能說出現在是早上、中午或晚上。					
	02	給一份活動時間表，能說出某一活動是在早上、下午或晚上。					
	03	能說出一星期中每天的名稱。					
	04	能描述時鐘的功能。					
國小	05	能說出今天是星期幾，並說出其前後是星期幾。					
	06	給一個月曆，能用它計算一個月有多少天？一個月有多少星期？					
	07	給一個日曆，能說出今天是星期幾及日期。					
	08	能說出一年中的月份名。					
	09	給一個時鐘或鐘面，能說出半小時和一小時的時間。					
	10	能說出一年四季的名稱。					
	11	給予某月之名稱，能說出是一年中的那一個季節。					
	12	能正確的說出當天的年月日。					
	13	給一張作息時間表，能說出上學或到圖書館、上體育課或午餐的時間。					
	14	給一張時間表，不用老師提醒，能說出上某種課或到其他教室的時間。					
國中	15	能說出準時在工作上所以重要的三個理由。					
	16	給某一工作情境，能用工作時間與報酬率，以計算週薪。					
	17	給某一工作情境，能依工作的要求列一個工作時間表。					
	18	給某一情境，能列出一張一天、一週和一個月在家庭的工作時間表。					
	19	給一份食譜，能估計所需之全部烹調和準備所需之時間。					
	20	給一份旅行預定終點站，可用時間表、活動行程和地圖，能計算旅行的時間。					

表頭：參、數學：時間學習評量記錄　　代碼：數時

※凡學習目標達成者，除註明評量日期外，並在所註日期之格子內打∨。

階段	編號	學　　習　　目　　標	評量日期※				備註
			1	2	3	4	
高中	21	給予一週的各種工作時間表，學生能確定每天和每週工作時數。					
	22	給一個計劃好的工作，能確定完成每一部分工作和全部工作所需的時間。					
	23	給予一份薪酬付款支票說明，能指出支付總額與淨支額，並說明其間之差異。					
	24						
	25						
	26						
	27						
	28						
	29						
	30						
	31						
	32						
	33						
	34						
	35						
	36						
	37						
	38						
	39						
	40						

叁、數學：時間學習評量記錄　　　　代碼：數時

※凡學習目標達成者，除註明評量日期外，並在所註日期之格子內打 V。

階段	編號	學　　習　　目　　標	評量日期※ 1	2	3	4	備註
學前	01	能正確回答長或短、大或小、近和遠、重和輕、少和多及全部和沒有之差別。					
學前	02	給一個量尺，能認出一公尺、一公寸和一公分的位置。					
國小	03	給一個有刻度的容器，能裝滿半杯、一杯、一公升或一加侖的液體。					
國小	04	給一個磅秤，能正確地使用它。					
國小	05	給一個氣溫計，能正確的讀出溫度。					
國小	06	從許多物品中正確的拿出和一打相等的數量。					
國小	07	給一大堆幾何圖形，能依形狀將圓、正方形和三角形分類。					
國小	08	給一支三十公分長的尺，兒童能正確度量房子的長寬，並把它換算成公尺。					
國小	09	給一支尺，能正確的量到四分之一公分的長。					
國小	10	對某一指定的建築物，能以路段、公里和時間來決定距離。					
國小	11	給某一份標準的食譜，能正確地使用所需的量器。					
國小	12	能指出左、右、上、下、東、西、南、北的方位。					
國小	13	給一支溫度計，能量自己的體溫。					
國小	14	給一堆立體的東西，能依球體、圓柱體、圓錐體、立方體和角錐體加以分類。					
國中	15	能正確的分辨m、cm、度（°）的符號。					
國中	16	能用直尺或皮尺在量尺上正確的認出指定的幾公分、幾公尺的地方。					
國中	17	能用皮尺量同學的身高並能換算為公尺和公分。					
國中	18	給一張道路地圖，能確切指出特定的符號及意義。					
國中	19	給一張道路的地圖，能指出某一地點到另一地點要走的路線。					
國中	20	指著一條道路口圖上的路線，能決定兩點間的公里數。					

叁、數學：度量學習評量記錄　　　　代碼：數度

※凡學習目標達成者，除註明評量日期外，並在所註日期之格子內打∨。

參、數學：度量學習評量記錄							代碼：數度
階段	編號	學　　習　　目　　標	_評量日期※_ 1	2	3	4	備註
高	21	給予衣服尺寸，能正確認出他自己所要的尺寸大小。					
	22	給一張開汽車旅行所耗汽油和公里數的資料，能算出它的比率。					
	23	給一個立體的東西，能正確的決定其高度與寬度。					
中	24	給予一項比較的陳述，能說出測量所用的是那種標準。					
	25	能口述他工作中所用的各種計量的種類。					
	26						
	27						
	28						
	29						
	30						
	31						
	32						
	33						
	34						
	35						
	36						
	37						
	38						
	39						
	40						

※凡學習目標達成者，除註明評量日期外，並在所註日期之格子內打∨。

肆、音樂學習評量記錄			代碼：音樂				
階段	編號	學　　習　　目　　標	評量日期※				備註
			1	2	3	4	
學前	01	當播放不同旋律唱片時，能以拍掌或行進來表示音樂的律動。					
	02	當對某一曲子打拍子，能跟著唱或哼。					
	03	能指出喜愛的歌曲。					
國小	04	能分辨簡單的音樂術語，如音符、休止符、譜表與拍子。					
	05	給予唱片或樂器伴奏，最少能唱三首不同的歌曲。					
	06	給一唱機與唱片或錄音機與錄音帶，會適當地加以操作。					
	07	當演奏兩首曲子時，能將大調與小調的旋律分出來。					
	08	當演奏歌曲時能認出民謠與流行歌曲。					
	09	給予演奏樂曲能區分國樂與西樂。					
	10	能説明管樂器與絃樂器之差異。					
	11	給予適當的練習，能在節奏樂隊中演奏。					
國中與高中	12	在聽了一段音樂演奏後，能區分管樂、絃樂、打擊樂器，並説出那一種樂器是主奏。					
	13	在聽了聲樂演唱後，能分出獨唱或是合唱，並且能區分小型或大型合唱。					
	14	在獨唱會中，能分辨民歌與藝術歌曲。					
	15	能説出在音樂方面的喜好及理由。					
	16						
	17						
	18						
	19						
	20						

※凡學習目標達成者，除註明評量日期外，並在所註日期之格子內打∨。

伍、美勞學習評量記錄			代碼：美勞				

階段	編號	學　　習　　目　　標	評量日期※ 1	2	3	4	備註
學前	01	能選出藍、黃、紅三原色。					
	02	能選出綠、橘、紫色。					
	03	如果要他以顏色來表達情緒，會選用暗色表示沈重，淡色表示輕快。					
	04	出示以線條表示情緒之圖畫，會選擇濃線條表示自信，折線表示行動。					
國小	05	讓他在對稱與不對稱之藝術品或圖畫中加以選擇，會選擇那些對稱的部分。					
	06	會用圖畫材料，來表達意念（心象）或情緒。					
	07	出示有幾何圖形之圖畫，會分辨不同的形狀。					
	08	會從不同的藝術工具，如毛筆、剪刀等之中選擇適合於所要從事的作業（例如：畫圖）。					
	09	呈現不同種類的織物，能分辨粗糙、平滑、黏貼、羊毛或皮毛之材料。					
	10	供給適當的材料，會畫一幅簡單的實物畫，如一棵樹或一個花瓶等。					
	11	當呈現下列的藝術材料，學生至少會表演各自的一種用途：木炭、鉛筆、蛋彩（顏料與蛋白混合之材料）、泥土與紗線。					
	12	當呈現一透視畫，會說出畫透視圖的兩種方法。					
國中與高中	13	在一件藝術作品中，能指出一個平衡的例子。					
	14	給一以並置法達成平衡之圖畫（用線條與色彩相抵消），能指出其中所用的要素。					
	15	給一充滿韻律感的藝術品，能指出此藝術品中韻律感的型式。					
	16	當他要分辨重複變化時，能舉出實例。					
	17	展示他的同學之藝術作品，能從中選出最好的作品，並解釋他作此選擇之原因。					
	18						
	19						
	20						

※凡學習目標達成者，除註明評量日期外，並在所註日期之格子內打∨。

階段	編號	學　　習　　目　　標	評量日期※ 1	2	3	4	備註
陸、體育（含休閒活動）學習評量記錄					代碼：體育		
學 前	01	在一列隊伍之中，當點到兒童名字後十秒內，兒童會報「有」。					
	02	在兩公尺之外擲一直徑三十公分左右之排球，學生能將球接住，而不會讓球落到地面。					
	03	能以高於肩部之動作，擲一直徑十六公分之皮球達三公尺之遠。					
	04	對兩公尺外滾來的一直徑十六公分之球，能用長五十公分而可自己握住的棒子把球擊中。					
	05	給予適合於發展水準之玩具與時間讓他自己玩，能持續玩二十分鐘。					
	06	能模仿簡單的手指表演動作。					
	07	給一直徑三十公分的球與平滑的硬地板，能將球擲向地板，當球彈回時也可接住。					
國 小	08	能從垂直攀登梯之一面爬上，翻過去後從另一面爬下來。					
	09	給一組高一·五公尺之橫排梯級，開始時能以雙手掛住，然後兩手交互攀掛前進也不掉下來。					
	10	要他向前滾翻，不至於翻到側面。					
	11	能單腳站十秒鐘，另一腳也不會接觸地面。					
	12	給一十公分寬兩公尺長的平衡木，能腳跟對腳趾的在上面行走。					
	13	給一個二·五公斤重有把之物，能彎下腰抓起此物，保持直背，把腿打直，並直立站著。					
	14	能雙腳併跳，離地面達五公分高。					
	15	能單腳站立，並以單腳向前跳，而以同腳著地，也不傾倒。					
	16	能以一腳向前滑動，然後另一腳沿著地面滑向前面一腳。					
	17	從至少二·五公尺外向他擲出或滾動一個籃球，學生會閃躲，不至被球擊中。					
	18	兩臂置於兩側，兩腿併合著伏著，能滾動四次以上，並將兩臂保持在一直線上。					
	19	給一直徑七公分之球或一豆袋，以及直徑三十公分之目標，距離二·五公尺，學生會以下手的動作用球或豆袋擊中目標。					
	20	給一三十公分直徑之球與一平面之硬地板，會將球拍三下。					

※凡學習目標達成者，除註明評量日期外，並在所註日期之格子內打∨。

階段	編號	學　　習　　目　　標	評量日期※ 1	2	3	4	備註
國小	21	從三公尺外滾來一個二十五公分直徑的皮球，會向前踢出此球，讓它沿原方向回去。					
	22	從兩公尺外，投給直徑二十五公分之皮球，會向前踢出此球，讓它沿原方向回去。					
	23	在明顯的口頭指引之簡單土風舞中，會跟著所要求的舞步與方向而跳舞。					
	24	給一有五項規則之結構化遊戲，會遵守規則參加遊戲。					
國中及高中	25	提供適合學生興趣與對他們開放之社團，學生會參加這樣的社團。					
	26	會自動的參與個人和團體之體育活動。					
	27	給予象棋、橋牌等，學生會一起玩。					
	28	會隨著音樂跳一些簡單的土風舞。					
	29	會解釋棒球、足球、排球與籃球的計分方法。					
	30	能仰臥地面，膝彎腳扳平，彎腰提頭，下巴觸膝，再回復仰臥地面，這樣做若干次（近似仰臥起坐）。					
	31	能仰臥地面，兩臂伸出與身體垂直但貼住地面，兩腿指向天花板，且兩腳併合運動，從一邊到另一邊各接觸地面並一直保持腿與軀幹的垂直。					
	32	仰臥地板上，雙手平放，學生能將雙腿舉高作踏動（自行車）狀。					
	33						
	34						
	35						
	36						
	37						
	38						
	39						
	40						

陸、體育（含休閒活動）學習評量記錄　　　　代碼：體育

※凡學習目標達成者，除註明評量日期外，並在所註日期之格子內打∨。

柒、職業教育：職業分析學習評量記錄				代碼：職分				
階段	編號	學　　習　　目　　標	評量日期※				備註	※凡學習目標達成者，除註明評量日期外，並在所註日期之格子內打∨。
			1	2	3	4		
學前	01	能說出他父親或母親的職業。						
	02	當問及他的父母工作得到什麼時，能說出那是金錢。						
	03	能指出他家近鄰在工作的兩個人。						
	04	能說出三種學校人員所做的不同工作之名稱。						
	05	能說出三種不同職業之名稱。						
國小	06	能說出三種助人專業的名稱。						
	07	能說出助人的專業如何幫助人。						
	08	能描述家中的兩種雜務，並說出是由誰負責的。						
	09	能說出在他的社區中所經營的三種生意。						
	10	能說出三種商店的名稱，及他們是賣什麼的。						
	11	能說出社區中兩種公用事業之名稱。						
	12	能說出人們藉著他們的工作以助人的兩種途徑。						
	13	能描述由不同的家庭成員所從事的工作。						
	14	從圖片可正確的指認消防隊、警察、電匠、護士、醫生或工廠工人的職業。						
	15	從警務工作人員、工廠工人、店員、加油工、信差與農夫的圖片，能說出各人在所屬的職業中所做的三種事情。						
國中	16	能討論休閒時間與工作時間的差異。						
	17	給予十張已標明的不同工作情境的圖片，能正確的與十張不同種類的服裝相配對。						
	18	在討論各種職業時，能指出他喜歡做的一種職業，以及不喜歡做的一種職業。						
	19	給予一份簡易的工作申請表，能正確地加以填寫。						
	20	能說出當地特有的工作機會。						

階段	編號	學　　　習　　　目　　　標	評量日期※				備註
			1	2	3	4	
國中	21	能討論國民就業輔導中心的兩種服務項目。					
高	22	能說出要成功的從事某一種工作所需的兩種技能。					
	23	當呈現某一工作，能填寫工作分析表。					
	24	能說出就業機會的三種資料來源。					
	25	要其接受某一工作晤談的角色，能作適當的演出。					
	26	能說出有關工資與工時法令規定的主要內涵。					
	27	能說出勞工或公務人員保險之內涵。					
	28	問及員工福利，能說出就醫、保險、休假與退休金的好處。					
中	29	能討論職業公會會員之入會要求，並說出成爲會員的兩種好處。					
	30						
	31						
	32						
	33						
	34						
	35						
	36						
	37						
	38						
	39						
	40						

柒、職業教育：職業分析學習評量記錄　　　　代碼：職分

※凡學習目標達成者，除註明評量日期外，並在所註日期之格子內打 V。

| 柒、職業教育：職業技能學習評量記錄 | | | | | | 代碼：職技 | |

階段	編號	學　習　目　標	評量日期※				備註
			1	2	3	4	
學前	01	能區分他的與別人的所有物。					
	02	給予許多普通的東西，能依用途將它們分類。					
	03	給予三種不同的指示，能依指示而行。					
國小	04	給予許多不同種類的東西，能依顏色、形狀、大小加以分類。					
	05	能解釋警告與指示標幟。					
	06	能說出教室行為的規則。					
	07	指定做某項教室工作，不必教師提醒也會做好。					
	08	給予許多種類的手工具，能說出它們的名稱。					
	09	給他做團體活動中的某項工作，能以滿意的方式完成他的指定作業。					
	10	在完成某項作業後，能描述圓滿做好工作，引以自豪的兩個原因。					
	11	能說出一個良好工作人員的三種活動特性。					
國中	12	能以他的工作所得付給午餐及交通費用。					
	13	能敘述重要的個人資料（個人背景資料如身份證統一編號、薪資等）。					
	14	給予一含有工資與工時的問題，能解釋其間的關係。					
	15	當因工作不力而受批評時，能解釋該受批評的原因。					
	16	給一項工作讓他去做，不要監督也能做好。					
高中	17	給一工作情境，能用正確的職業語彙與同事交談。					
	18	在其他工作人員旁邊工作，也不會干擾到他的同事。					
	19	能工作一整天，也沒有生產量低落的現象。					
	20	在完成某一項工作後，不需要他的上司指導也能開始做另一項新工作。					

※凡學習目標達成者，除註明評量日期外，並在所註日期之格子內打 V。

階段	編號	學　　習　　目　　標	評量日期※ 1	2	3	4	備註
高	21	給一項需要按部就班完成的工作，能以正確的順序，成功地完成每一部分的作業。					
	22	能描述三種不同職業各該有的適當服飾。					
	23	能說出三種爲他所就業的公司行號工作的好處。					
中	24	能解釋某一上司所需具備的兩種工作需求。					
	25	能描述爲了職位的晉升，一個工作人員該有何種表現。					
	26						
	27						
	28						
	29						
	30						
	31						
	32						
	33						
	34						
	35						
	36						
	37						
	38						
	39						
	40						

柒、職業教育：職業技能學習評量記錄　　　　代碼：職技

※凡學習目標達成者，除註明評量日期外，並在所註日期之格子內打Ｖ。

參考 文獻

Kolstoe, O. P. (1976). **Teaching educable mentally retarded children.** New York: Holt, Rinehart and Winston.

第 9 章

工作分析的方法與應用

　　由於現代行為科學的衝擊，當今的學校教育目標之敍寫，已逐漸揚棄過去籠統與概括性的型態，而注重具體、明確與系統化行為目標之描述。這種教學目標表達方式之改進，已使教學活動科學化的理想，向前邁進了一大步。在使教學目標具體化與系統化的努力中，工作分析法（task analysis）的運用，為一明確可行的途徑。

　　Baine（1978）認為「工作分析是一種分析最後教學目標的過程，以決定在規定的情況下要表現出特定的標準時，學習者需具有何種分項技能（subskills）」（p. 216）。而 Gold（1976）則視工作分析為「所有可以導致學習者學得工作之足夠的動力（power）之活動」，而「動力係指訓練者需用以使學習者學得工作之策略和程序」（p. 79）。由是觀之，工作分析雖主要係著眼於教學目標的再細分，事實上教學目標的細分，應離不開方法（method）、內容（content），與過程（process）的分析。所謂方法，即把某項工作做好的途徑。內容是指將方法細分的步驟。而過程則為將工作教給學習者的方式。惟有採取這種較為廣泛的觀點，工作分析才能賦予教學活動生命與意義。

　　工作分析在一般學生的教學上固有其功能，對於智能不足者的教學，尤深具價值。蓋此等學生限於本身學習上的缺陷，不僅對提供給普通學生的教學進度無法適應，而且在短時間內對大量教材訊息的傳輸，學習起來也有困難。工作分析的精神，即在將教材或學習目標，再細分成容易教會的更小單元，讓學習者按部就班（step–by–step）的學習，而不易遭遇失敗的經驗，這應該最能切合智能不足者的教學需要。

壹‧工作分析的方法

　　在工作分析時，Moyer 與 Dardig（1978）認爲應遵循下列幾個原則：

　　1. 主要工作（main task）的範圍應有限制。初次從事工作分析的人，很可能所選用的主要工作範圍過大，而無法適當地加以處理。在這種情況下，吾人最好將其分解成幾個主要工作，再分別加以分析。例如「生活自理能力」這一目標顯然過大，但我們可以將之再分爲刷牙、洗臉、扣扣子等一系列的工作，再分別以這些工作爲對象，從事工作分析。

　　2. 分項工作（subtask）應以能觀察的名詞來敍寫。即從主要工作細分出來的分項工作之描述，應是能爲觀察者所看到與測量的。

　　3. 所用的名詞應讓可能使用此一分析者所瞭解。

　　4. 工作應以學習者將怎麼做的情形來敍寫。例如，分析削鉛筆的能力，可能產生下列的分項技能：

- 拿起鈍鉛筆。
- 把鉛筆正確的一端插進削鉛筆器。
- 握住削鉛筆器的把手。
- 將把手轉動幾次。
- 取出鉛筆，並查看筆尖是否合適。
- 如果筆尖還是鈍鈍的，再插入鉛筆，重複上述過程。

5. 工作本身應是注意的焦點，而非學習者。換句話說，工作分析的對象乃工作之本身，而不是學習者。

所有的工作，不管它是屬於認知、技能或情意的領域，都可以運用工作分析的方法加以分析。可供應用的方法，雖然很多，但到底應使用那一種方法，並沒有一個固定的公式可循。吾人可根據經驗與判斷，選取一可能合適的方式，並加以嘗試驗證。如果可供運用的方法不只一種，則方法的選用即為個人的偏好所決定了。關於工作分析的方法，Moyer 與 Dardig（1978）曾列舉六種，以供參酌：

一、看高手表演

分析者看著擅長某一工作者表演（如排桌子或騎三輪車），並以正確的順序記下所有的步驟。由於目前錄影設備的普及，如果能輔以此種現代科技，效果會更令人滿意。「看高手表演」（watch a master perform）這個方法特別適合於心理動作（psychomotor）的工作分析，但在認知與情意方面，由於較少可供觀察的外顯行為，雖可適用此法，然可能費時較久。其可供練習的例子如：

1. 打電話。
2. 按數字的大小排列順序。
3. 表現正確的餐桌禮節。

二、自行操作法

此乃由分析者自己操作所要分析的工作。為增進此一方法的成效，如能借助錄音機，在操作時說出每一步驟，並在列出步驟大綱後，再做一次，以為增減必要步驟的根據，將有莫大的助益。練習的例子如：

1. 穿襪子。
2. 寫一封問候信。
3. 個位數的加法。

三、回溯操作法

它從終極目標開始，並寫下前面的行為，然後這些行為再作為主要目標，過程再繼續重複推敲下去，直至達到學習者的起點行為便停止。這種分析方法，特別適用於已知結果，而未見過程的工作，或對於某件事物原因的探查。練習的例子如：

1. 計算加班費。
2. 擦皮鞋。
3. 指出某一概念所含的要素。

四、腦力激盪法

腦力激盪法（brainstorming）適用於沒有嚴格時間順序的複雜工作。分析者儘量寫下所有涉及某一目標之分項工作，而不顧及其順序問題。然後，再儘可能將這些分項工作重新排列順序。如有許多人分析同樣的工作，並比較結果，再作增刪，此法尤其有用。練習的例子如：

1. 發現某字的正確定義。
2. 換十元以下的零錢。
3. 使用洗衣機。

五、簡化情況法

此法乃在於將複雜的工作情況加以修正，使學習者更易於操作。等到學習者熟練了簡化之情況，再逐漸將情況複雜化，使趨近於原來之工作目標。練習例子如：

1. 遵從連續的三項口頭指示。
2. 找出某一故事中的中心思想。
3. 籃球之投籃。

六、與情意領域有關之工作分析

本分析之目的，並不在列出分項目標之順序，而在指出目標達到時所表現的具體行為。目標分析之過程可如下列之步驟：

1. 先把目標寫在紙上。

2. 列出一個人在達到目標時，所表現之觀察得到之行為。

3. 檢驗這一系列之行為，去蕪存菁，並指出那些有待澄清者。

4. 描述對各目標之要求為何？是以行為出現的次數，或表現的情形來表示。

5. 檢驗陳述的適切性與完整性。以行為能代表目標之完全達到為準。

可供練習的例子如：

1. 能接受批評。

2. 做個好孩子。

3. 有領袖特質。

在每次做完某項工作分析後，吾人需加考查，看是否符合工作分析的某些基本要求，下列的問題可作為檢核之依據（ Moyer & Dardig, 1978 ）：

1. 所有的分項工作都可以觀察到與可測量出的名詞來敍述嗎？所有看到這些名詞的人，都有同樣的解釋嗎？

2. 有重要的步驟省略了嗎？學習者只在熟練分項工作之後，才能做好主要工作嗎？

3. 所有的分項工作都與主要工作有關嗎？是否有不必要的分項工作也包括進去了？

4. 有沒有任何分項工作過分瑣細，以致沒有必要；有沒有可加以合併的分項工作？

5. 分項工作以邏輯的順序加以排列嗎？

事實上，工作分析結果的檢驗，應免不掉實際的操作或試用，從觀察學習者的進步情形，來瞭解工作分析的正確性與完整性，並作必要的增減

或修正。

貳‧工作分析在智能不足者教學上的應用

　　工作分析在智能不足者的教學上，至少扮演兩種角色：(1)它協助教師找出學生在某種技能上已具備的能力水準，所以它具有診斷的功能；因而教師在教學上，只需就其缺陷部分加強之即可。(2)提供建立系統化教學的基礎，同時教學的步調也可配合學生之能力。從這兩項角色，吾人不難發現工作分析法應用到智能不足者教學的可能途徑。筆者擬從教學序列（instructional sequence）的發展以及工作分析和工作訓練的配合這兩方面來說明。

一、教學序列的發展

　　所謂教學序列，McCormack（1976）認爲是「用來幫助學習者，達到特定教學目標的一系列控制下的教學情境之書面程序紀錄」（p. 318）。因此教學序列實在就是教學目標系統化的安排。教學序列的發展，也就在如何把教學目標細分成許多合適的步驟。如果吾人能將教學目標善加細分，這些細分出來的目標，不僅可以成爲教學活動設計的內涵，也可以作爲編製教學診斷或成就測驗的基礎。診斷、教學與成就評量的緊密配合，也就是個別化教學的理想所寄。筆者以爲目前多數啓智班或益智班，個別化教學的未能徹底實現，實歸因於未能有效地建立教學的序列。在教學目標分析的過程中，我們可能會問到底要分成多少步驟？對於這個問題，我們可以下列兩種情形來考慮：(1)如學習者只有一人，則根據教學目標之複雜性與其目前的能力水準而定；(2)如果以同樣之目標，用於不同能力水準的許多人，則教學序列應細分成可用於能力最弱者爲準。對於那些能力較高者，當然他們可以向上躍進。這樣啓（益）智班學生能力參差的情形也

可有所因應了。在吾人發展出適當的教學序列後,對於要完成各分項目標之教學,所需要的教學資料的種類與安排、教師應有的言語與行動、學生該有的正確反應、作業練習的方式,以及對學生正誤的反應、教師應有的回饋方式等,也以表列和各分項目標相對並舉,則不只有助於教學者本人教學活動的準備與教學後的檢討改進,同時對於有意參照借鏡的教師同僚,也可由教學序列表,而對教學活動一目瞭然。

二、工作分析和工作訓練的配合

　　某項工作經過分析後,智能不足者對分項工作經驗的獲得,通常可經由兩個途徑來進行:(1)教學;(2)練習解決分項工作之問題(Traub, 1969)。在實際教學時,吾人可將「練習解決分項工作的問題」,先由學生嘗試,以瞭解學生在那項工作的起點水準,然後再進行正式的教學。如果經過教學或訓練後,還有學生學不會,則我們應考慮一下,是否在教學的方式可加改變?教師所用的回饋(feedback)是不是適當?例如,Friedenberg 與 Martin(1977)曾在重度的智能不足者無法正確的完成某一分項工作時,依次以下列四個水準,來糾正這些智能不足者的工作技能學習:(1)非懲罰性的指出錯誤(nonpunitive indication of error),如「用別的方法來做」;(2)口頭指示(verbal direction),如說「把袋子抓緊」;(3)教師再度示範(modeling),並輔以口頭指示;(4)直接糾正(priming),如抓著學習者的手,以協助他正確地完成工作。要是學生在教師試過所有可能的教學與回饋方式,仍無法學會,則吾人不妨將那些還學不會的步驟,再進一步的細分成可以教學的要素。如果學習者到這個時候還學不好,則應考慮是否另有不同的途徑去做這項工作,或學習者對工作中之某些特別部分有所困難。果真如此,則重新做內容工作分析,並改變教師回饋的方式就很有必要了。

　　在工作分析和工作訓練的配合,以及學習者、施教者與工作訓練的關係上,Gold(1976, pp. 82–83)的研究結論可供參考:

1. 學習者越是難以學會工作，則施教者對工作越要懂得更多。

2. 工作分析者對工作懂得越多，則學習者所需具備的準備條件越少。

3. 該不該對重度殘障者施教某種工作之決定，必須基於能否將工作分析成可教學的要素，而非基於分析者對工作困難度之某些一般性的感覺。

叁·對工作分析的評價

工作分析固然受到教育界人士所重視，並廣泛地被運用於對智能不足者的教學上，它的主要作用便是將學習者原本感覺複雜難懂的工作，分析成簡單易學的作業，它在教學上的價值是被肯定的。但是工作分析的應用也不應漫無限制。對機械性可加預想的作業，運用工作分析固然適得其法，然對於本能的自然反應，如強用工作分析亦有其難處。假如任何工作皆可加以分析，學習者對細分後的各個分項工作，也十分熟稔，但吾人仍無法保證彼等對整個工作能聯結貫串成一有意義的單元。套一句格式塔心理學（Gestalt psychology）的話說──部分的總和並不等於整體。另一方面，就學習者的個別差異而言，經過分析後的工作，對於大多數人可能覺得簡單易學，但也有的學生會因為過分注意工作的每一個步驟，而無法協調順暢地完成所要做的工作。這些都是我們在應用工作分析時，所需面對與亟待克服的難題。

參考 文獻

Baine, D. (1978). Criterion referenced testing and instruction. In J. P. Das & D. Baine (Eds.), **Mental Retardation for Special Educators.** Springfield, Illinois: Charles C. Thomas, pp. 203–226.

Friedenberg, W. P., & Martin, A. S. (1977). Prevocational training of the severely retarded using task analysis. **Mental Retardation, 15**(2), 16–20.

Gold, M. W. (1976). Task analysis of a complex assembly task by the retarded blind. **Exceptional Children, 43**(2), 78–84.

McCormack, J. E. (1976). Using a task analysis format to develop instructional sequences. **Education and Training of the Mentally Retarded, 11**(4), 318–323.

Moyer, J. R., & Dardig, J. C. (1978). Practical task analysis for special educators. **Teaching Exceptional Children, 11**(1), 16–18.

Traub, R. E. (1969). Importance of problem heterogeneity to programmed instruction. In R. C. Anderson, G. W. Faust, M. C. Roderick, D. J. Cunningham, & T. Andre (Eds.), **Current Research on Instruction.** Englewood Cliffs, New Jersey: Prentice–Hall, pp. 249–255.

第10章

評量與教學設計

　　本章將對第七章所提過的個別化評量與教學設計的構想作進一步具體的說明。本篇所主張的個別化教學模式，應該是傾向於以課程為本位的。亦即是以智能不足兒童所需學習的課程內容，作為發展個別化教學設計的根據。本篇第八章所提供的各領域學習目標，正可作為教師在選擇評量與教學內容的參考。教師也可按學生的需要，而研礎更具個別性的學習目標。一般說來，個別化教學設計所涵蓋的主要是學習評量與教學活動設計這兩個部分。以下將就教師如何進行學習評量與教學活動設計分別加以說明。

壹・學習評量設計

　　就學習評量的實施而言，依評量的目的與教師可供使用時間的不同，又可分為「掃描式」與「精準式」。如果教師的時間有限，或評量的目的只在找出學生在某一領域的學習能力水準，則可採取「掃描式」的評量

法。要是教師可資運用的時間比較充裕，又想對學生的學習能力作比較精確的診斷時，則「精準式」的評量是應該加以考慮的。筆者將先對「掃描式」的評量先作說明。

一、掃描式的評量

掃描式評量的特性是教師可在短時間內對學生在某一領域的學習能力作大略的瞭解，其可能的缺點是評量的結果或許會不夠精確。在實施這種評量時，教師即以第八章所列的「學習評量記錄」的型式，以某一領域（如生活教育：社會能力—自我學習評量記錄）中所列的學習目標，就教師平日對學生的觀察，或教師出以扼要的題項加以考驗，以檢核學生究竟已達成該一領域的那些學習目標。而學生尚未完成的學習目標，即逐次成為教師未來在安排教學活動時，目標擇選的對象。凡是教師認定通過評量的學習目標，即予適當註記，以供查考。

二、精準式的評量

精準式的評量可能比較費時，但卻可對學生的學習能力作精確的評估。實施精準式的評量時，教師需就「學習評量記錄」表上所列的某一學習目標，作更進一步的分析，以便對學生可能的學習困難作更明確的鑑別。教師在從事精準式的評量時，可以表 7-2 的「學習評量表」作為評量設計的藍圖。在這一張表上各個項目的填寫方法說明如下：

(一)學習目標

即將「學習評量記錄」表上的某一學習目標直接轉錄。

(二)編號

即所欲評量的某一學習目標所屬的編號。此一編號需含科目領域的代碼。如「數學：時間學習評量記錄」中編號 08 的學習目標：能說出一年中的月份名，其在此處所應登錄的號碼即為「數時 08」。

㈢學生姓名

　　教師在設計此一「學習評量表」時，可以將學生姓名欄留白。等此表設計完成，即可複印而作爲個別學生評量之用。等實際要做評量時，再分別寫上學生的姓名。換句話說，教師只要設計一次，即可將所設計的「學習評量表」在適當的時候供班上的學生使用。

㈣評量者

　　即實際對學生實施評量的人。在啓智班的教學中，學習評量表的設計者常同時是實施評量的人員。

㈤行爲目標

　　行爲目標的列舉，係對前述「學習目標」的進一步分析而得。此一分析的方法即通稱的工作分析（task analysis）。實施工作分析時，一般而言，對具有序列性質的動作技能（psychomotor skills）學習目標，多以動作序列的舉述做爲分析的結果。例如以「提供裝上飲料的杯子，學生能用杯子喝飲料」這樣的學習目標做工作分析時，其可能包含的動作序列計有：

　　1.伸手向杯子。

　　2.拿住杯子。

　　3.舉杯向口。

　　4.以口含住杯子。

　　5.傾斜或舉起杯子，並將頸子略傾。

　　6.喝飲料（此一動作本身即包括唇、舌、喉肌等之複雜運動）。

　　7.放低手臂。

　　8.將杯子置於桌上。

　　9.手離杯子。

　　10.活動手臂（準備再做另一項工作）。

　　至於屬於認知（cognitive）或情意（affective）的學習目標的分析，則一般需將學習目標所包含的要素儘量加以一一舉述。最後再將這些要素按其容易至困難，或學習的優先順序加以排列。茲以「給予個位數加法的計算

題，學生會正確的運算」這樣的認知目標為例，經分析後其可能包括的要素，其順序即可能成為：

　　1.會做和在 3 以內的加法。

　　2.會做和在 3 以上 5 以內的加法。

　　3.會做和在 5 以上 9 以內的加法。

　　4.會做和為 10 的進位加法。

　　5.會做和在 10 以上的進位加法。

　　又如以「培養學生團隊精神」這樣抽象的情意目標，來從事工作分析，則其可能涵蓋的要素序列或許有下列的結果：

　　1.會參加團體所辦的活動。

　　2.會參與團體有關事項之討論。

　　3.會遵守團體所制定的規則。

　　4.對侵害團體之事件會主動加以排除。

　　5.當個人利益與團體利益相衝突時，會遷就團體的利益。

　　「學習目標」經工作分析後所成的分項目標或分項技能，如以具體的行為加以敍述，即成為此處所稱的行為目標了。一般而言，明確的行為目標需包含下列幾個要件（ Klein, Pasch, and Frew, 1979 ）：

　　1.每一行為目標僅包括一種學習結果（ learning outcome ）。

　　2.以學生而非教師所要做的內容來描述。

　　3.用可以觀察得到的行為加以描述。

　　4.目標的描述應指出學生所要達成的是什麼。

　　5.需提供成功的表現應達到的標準為何。而所謂表現成功的標準之建立，或可從下列幾個因素去選擇與考慮：

　　⑴可接受的行為表現之最低次數（ 百分比 ）。

　　⑵行為表現的時間。

　　⑶個別學生本身的能力水準。

　　⑷行為表現的品質（ quality ）。

㈥評量方法

　　評量方法的選擇不只需考慮行為目標的性質，另需注意到學生的經驗背景及身心特質。常見的評量方式如紙筆作答、動作反應、口語回答等不一而足。對於評量方法的講究，主要在避免對學生能力的評量出現低估的現象。例如，我們常見一些沒有接受正式學校教育而上了年紀的人，其在實物操作或口頭的加減運算可能不遜電腦，但如示之以數字與算術加減等符號，他們或許就一籌莫展了；這是評量方法低估學習者學習潛能的例子。又如以口頭問答的方式，去評量聽力有障礙者，評量結果與學生實際的能力水準有所出入，似亦難以避免。由此可見評量方式的變通運用，以確保評量結果的可靠性，是十分必要的。

㈦評量內容

　　評量內容的設計，應反映相對應的「行為目標」在評量上的需求。評量內容應儘量包容能顯示所評量的「行為目標」之各種層次與類型的題項，評量題項所包容的層次與類型越寬廣，其對學生學習困難診斷的敏感性也越高。教師也可由此發現學生真正的學習能力缺陷所在。由此可見，用單一題項去評量某一行為目標是應該儘量加以避免的。評量的題項越多，不只可提高評量的可靠性，有時有些題項亦可作為「備份」，留供學習後評量之用。

㈧評量標準

　　此項標準的訂定，需考慮前述「評量內容」的性質。以通見的用百分比來設定評量標準為例，75% 係一個常被採用的「通過」標準。此即為評量某一行為目標而提供的題項中，有 75% 的題項做對了，就可視為通過此一行為目標的評量（如有四個題項，做對三個題項即是）。當然標準的高低，多少也可反映教師對某一學生的學習期待水準。

㈨評量結果

　　教師對學生按行為目標逐一評量後，即將評量結果記載於每一「行為目標」的「評量結果」欄內，以顯示學生學習能力水準。

以「精準式」的學習評量而設計的評量表，可以表 10-1 為例。

貳 · 教學活動設計

教師在教學活動上的設計，也是根據「學習目標」而來。教學活動設計即是在配合學習目標，安排各種活動經驗，以協助兒童獲得概念、習得技能，或改變其行為。教學活動的設計，應可以表 7-3 上面所列的項目，逐一加以說明。

一、教學目標

學生的「學習目標」，以教師的立場來說，即是「教學目標」。因此此處對教學目標的敍述，應與表 7-2「學習評量表」上的「學習目標」一樣。

二、適用對象

所謂「適用對象」係指前述的「教學目標」適合施行的對象而言。例如以「能作個位數加法」這樣的目標為例，則「適用對象」應限於那些具備數數能力的學生。換句話說，數數的能力應是學習個位數加法的預備技能；也只有學生會數數，才具備學習個位數加法的條件。

三、編　號

此處對於「編號」的敍寫，應與表 7-2 一致，以求評量與教學活動的對應與連貫。

四、設計者

即將教學活動設計的撰寫者的姓名填上，以利聯繫與查詢。

表10-1　學習評量表

學習目標：會辨認與寫 $\frac{1}{2}$、$\frac{1}{3}$、$\frac{1}{4}$

學生姓名：

數學科學習評量表

編號：數基 12

評量者：林淑貴　蘇淑芬　許秋鳳

行為目標	評量方法	評量內容	評量標準	評量結果 通過%	評量結果 通過	評量結果 未過	備	註
1. 當老師將一完整東西分成相等的二份時，學生能辨認東西的一半，就是全部的二分之一。	1-1 操作測驗	1-1 將長方形的色紙剪成大小相當的二份。將正方形的色紙剪成大小相當的二份。將三角形的色紙剪成大小相當的二份。	80%					
	1-2 紙筆測驗	1-2 那些圖形中斜線部分是全部的二分之一？是的打「✓」	100%					
2. 當老師將一完整東西分成相等的四份時，學生能辨認東西的四份中的一份，就是四分之一。	2-1 操作測驗	2-1 將長方形的色紙剪成大小相等的四份。將正方形的色紙剪成大小相等的四份。	80%					
	2-2 紙筆測驗	2-2 那些圖形中斜線部分是全部的四分之一？是的打「✓」	100%					
3. 當老師將一完整東西分成相等的三份時，學生能辨認東西的三份中的一份，就是三分之一。	3-1 操作測驗	3-1 將五張形狀大小相當的拼圖板和五張大小形狀和三塊者不同的拼圖板混在一起，讓學生拿出其中三塊拼成一完整圖形、長方形。	100%					
	3-2 紙筆測驗	3-2 那些圖形中斜線部分是全部的三分之一？是的打「✓」	100%					
4. 學生能正確地寫出 $\frac{1}{2}$、$\frac{1}{3}$、$\frac{1}{4}$	4-1 紙筆測驗 4-2 紙筆測驗	4-1 老師以口頭問，學生作答於紙上。 4-2 連連看 $\frac{1}{2}$ $\frac{1}{3}$ $\frac{1}{4}$	100%					

※ 評量結果符合評量標準者在「通過」一欄內打 ∨。

五、行爲目標

　　本表「行爲目標」欄的內容與項目，需與同一「學習目標」而利用表7–2所設計衍生出來的「行爲目標」相同。以求兩個表格的聯絡與貫串。

六、教學活動

　　所謂教學活動，乃是配合前述的行爲目標，安排學生參與適當的活動經驗，以有助於學習目標之達成也。因此教學活動的設計，在此處似可按每一行爲目標作對應性的敍寫；亦可將若干行爲目標以一個或若干個活動加以含攝而完成之。惟無論採用何種設計方式，皆應考慮下列基本的教學原理，使學生能透過適當的活動經驗，而達到最大的學習效果。

(一)主動原則

　　教學活動之設計，應引發智能不足兒童主動參與或反應爲主要的目標。教師應只是引導者或催化者而已。換句話說，所安排的活動應充分發揮誘導與啓發的功能，使智能不足者能藉由自我對活動經驗的參與及投入，循序漸進地達成預期的學習目標。當然智能不足者對各項學習活動所能主動參與及表現的層次可能有所不同，但無論如何，只要是學生能做的，教師應避免越俎代庖。教師在活動過程的介入，應是在學生的學習面臨難題時才伺機爲之，且其介入的程度也應與學生學習困難的程度成正比。同時教師在介入後，也必須隨時注意學生的反應，時時考慮將「介入」撤出的可能性，而尊重學生學習活動的主動性。

(二)變化原則

　　教學活動之變化，乃企圖讓學生藉不同的學習途徑或學習管道（如視、聽、動、觸等），以形成概念、獲取知識，或養成行爲。亦惟有教學方式的求新求變，才能有效維繫智能不足兒童的學習興趣。教學是一種藝術，教學活動的安排也極具變化的可能性，端賴教師如何發揮其想像與創造的能力罷了。筆者曾請一班修習「智能不足兒童教材教法」的學生，利

用腦力激盪的方式，針對本篇第八章所列生活教育科的一個教學目標，想出所有可加採行的教學活動，發現教師可以嘗試的活動安排竟然高達二十個之多。這項教學活動設計的結果如下所示：

1. 教學科目

生活教育——社會能力（自我）。

2. 教學目標

能分清屬於自己與屬於別人的東西。

3. 參考活動

• **我的家人**　說明：收集學生家人照片，教師從中抽取某一張照片，請問學生這是誰的家人，請學生舉手表示。

• **由自己的五官及四肢辨認自己和別人的不同**　說明：自己捏自己的手會痛，但別人不會痛。自己眨眼睛，但別人的眼睛不會聽我們的指示。

• **大風吹**　說明：集中物品，然後作大風吹的遊戲，當遊戲中止時，各人立即取回自己的東西，藉以評量學生是否學會辨別自己和別人的東西。

• **交換物品**　說明：同學帶來自己最喜愛的物品，看他是否願意和別人交換，以建立自己和別人所有權的觀念。

• **這是誰的**（誰的東西不見了）　說明：學生拿出自己的一樣物品，交給老師，老師從中取出一樣物品，問這是誰的或將之隱藏問誰的東西不見了；而其他的同學也能指出「是誰的」。

• **分配工作**　說明：分配教室的工作給每位同學，每位同學必須對自己的工作盡責。

• **屬於自己的專用櫃**　說明：有自己的專用櫃，並在櫃上貼名字籤或圖案標誌，讓學生將自己的物品放於專用櫃中。

• **尋寶**　說明：把所有同學的物品收齊，置放在教室內，令學生找出自己的。

• **以圖案來區別自己的東西和別人的東西**　說明：讓學生自選一個符

號或喜愛的圖案、顏色，作爲各別的標誌，而貼在自己的東西上，以使學生區別自己的東西和別人的東西；同時，其他同學也能指出別人的東西。

• **尋找東西**　說明：收集每人的東西一件或二件，集中放至某一方位，請同學輪流來尋找自己的東西。

• **摸彩**　說明：將每人的東西一件或二件收齊，放置於紙箱中，請同學輪流，伸手至紙箱中，摸出自己的東西。

• **貓捉老鼠**　說明：在一堆東西中，令一個人出來取走其中一件，其他同學看見他拿自己的東西時，可有追捕的遊戲產生。

• **連連看（配對）**　說明：把學生所有的物品收齊後，請其中一位學生出來辨別物品是屬於誰的。

• **比比看，那一件是自己的衣服**　說明：由自己的衣服、鞋、帽子來比較，可找兩名身材懸殊較大的學生來表演，學生可以看出不是自己的衣服穿在自己的身上就不合適了。

• **誰的小花長大了**　說明：按照班上學生的人數，每人分一株小花，並且在花盆上貼上姓名或喜愛的圖案，請學生每人必須照顧自己的小花，隔一段時間後，比賽誰的小花長大了。

• **誰的緞帶**　說明：老師按照班上學生的人數，裁剪不同顏色的緞帶，分配給每一位學生，小朋友知道自己的緞帶顏色後，教師將所有緞帶收集，當教師在黑板上貼上某一緞帶時，請小朋友舉手表示那條緞帶是自己的。

• **小圓圈**　說明：在前方距離二十公尺的地方畫上數個小圓圈，每個小圓圈用同學最喜愛的顏色或圖案畫上，當教師發號司令時，每位學生必須向前跑，跑至屬於自己顏色（或圖案）的小圓圈。

• **物歸原主**　說明：將學生某一心愛的物品拿出來放在一起，由學生在限時內拿回自己的東西，若有拿錯的情形，教師應說明拿錯東西時，應送還給那位同學。

• **大富翁**　說明：設計一份類似大富翁遊戲的表格，表格上有進格及

退格的表示，將每個同學喜愛的物品放在起點開始。在過程中其物品即代表自己，比比看，誰先到達終點。

　　• **套圈圈**　說明：將每位同學的物品收集，擺設整齊於前方五公尺的地方，當教師發號司令時，請學生利用圓圈環套自己的物品，比比看，誰套得準確。

(三)練習原則

　　過度的學習是讓學習成果有效保留的重要策略。惟此一原則之運用，尚需與變化原則併合實施，使兒童從多管道、多途徑的練習（*尤其是實際的生活或工作情境*）中，獲致學習遷移的效果。為了配合練習原則的運用，教師有時可借助作業單（work sheet）的設計，而增加學生個別從事練習的機會。學生有個別練習的時間，教師也更有可能從事個別或小組的教學或輔導。

(四)增強原則

　　對兒童的反應予以適當的增強，對其學習動機的維繫，應有其一定的作用。教師在運用增強原則時，必須注意機會的多元性，使學生在各種學習的範圍，皆有獲得鼓勵的機會。而應避免採用單一的獎勵標準（*如學業成績優良才受獎勵，其他方面的表現則被忽略即是*）。因為獎勵標準的單一化，即是增強機會的狹窄化，徒然造成多數學生的挫折而已，對彼等學習行為的激勵，其效果似乎相當有限。

七、教學器材

　　教學器材係因應「教學活動」的需要而準備的。凡是教學活動上所需的器材，皆應在本欄中作對應性的註記，以利教學活動的準備。

　　在表 7-3「教學活動設計」除了上述七個項目的綴寫外，教師如提供「作業單」尚可在「備註」欄中跟某一「教學活動」相對應的位置作適當的說明。因「作業單」多係另張提供，因此上面也應有編號，而這種編號也必須與「教學活動設計」的編號一致，以方便彼此的對照與取用。另

外，為便於「教學活動」構想的補充與累積，教師尚可採用如圖 7–2
「教學活動卡」的方式，隨時將相關的構想加以收錄。但為了能與原有的
「教學活動設計」有所聯繫，仍應給予編號，並將此項資料在「教學活動
設計」的「備註」欄加以註明，以方便對照與運用。

　　為了使讀者能對教學活動設計的結果可一窺全貌，特配合前述表 10–
1 的學習目標所編的學習評量表，再以表 10–2 出示其教學活動設計的內
容以供參考。而表 10–2 後面所附的「數學科練習作業」，即是配合教學
活動所設計的「作業單」的一種型式。

叁・學習評量與教學活動的配合

　　在個別化的教學過程中，學習評量與教學活動兩者是相互為用的。學
習評量的結果可以作為教學活動實施的指南，教學活動後學生的學習成
就，也需在評量記錄上有所反映。如果吾人以某一學習目標對某一學生實
施評量，該學生已能完全通過該項評量，則沒有必要再進行該項學習目標
的教學活動。要是學生完全不通過或僅部分通過，則對應的教學活動設計
即可派上用場。教學之後，學生如通過評量，則可再進行另一學習目標的
評量與教學。不過有一種特殊的情況可能出現，那就是有時候教師對某一
學生在某一學習目標，總是屢教不會，拖延甚久。其可能的原因是：(1)那
項學習目標對那位學生可能是太難了，因為他或許尚未具備從事學習所需
要具備的預備技能（ readiness skills ），根本不是那項學習目標的適用對象；
(2)教師在教學內容與方法的安排不當，以致徒勞教學而不見學習效果。如
果是屬於第一種狀況，則教師應另選其他的學習目標進行評量與教學；要
是屬於第二種情況，則應改進的倒是教師的教材與教法了。不過不管如
何，學生對某一目標的屢學不會，教師在評量與教學時，對學習目標作選
擇時的權宜與變通，也有其必要性。因為某一科目或領域，學生需要與可

數學科教學活動設計

編號：數基12
評量者：林淑貴　蘇淑芬　許秋鳳

表 10-2　教學活動設計表

教學目標：會辨認與寫 $\frac{1}{2}$、$\frac{1}{3}$、$\frac{1}{4}$

適用對象：具有 1、2、3、4…5 的數字概念及圖形概念者

行為目標	教學活動	教學器材	備註
1. 當老師將一完整東西分成相等的二分，就是全部的一半，學生能辨認東西的一半是全部的二分之一。	1-1 在黑板上貼上一條紅色紙帶又另外貼出一條比它短的白色紙帶，紅紙剛好是白紙的兩倍，所以白的是紅的一半，就是二分之一。 1-2 把一張紙條對折成一樣長的兩段，並剪開來比較是否一樣長？ 1-3 把兩個分割的紙帶，所份的長，合起來於原來紙帶子的長，是二分之一。 1-4 把兩個分割大小不等的紙帶子，但其大小不等，不能稱為二分之一。	紙 色紙 剪刀	為了配合此教學活動，附帶練習作業乙份編號：數基12
2. 當老師將一完整東西分成大小相等的四份時，學生能辨認東西的四份中的一份，就是四分之一。	2-1 把白色的折一半，就成了一半的一半，白的一半成為紅紙四份中的一份。 2-2 把色紙對折再對折，剪開，來比較是否一樣大？ 2-3 把平分為四份之中的一份，是全部來的四分之一，這四份之中的一份，是全部來的圖形。 2-4 把四張分割大小不等的紙帶子合起來，但其大小不等，不能稱為四分之一。	色紙	
3. 當老師將一完整東西分成相等三份時，學生能辨認東西三份中的一份，就是三分之一。	3-1 舉例：小英生日，爸爸帶回一盒蛋糕，媽媽把它切成三塊，如圖所示一塊蛋糕有乙、丙、甲也是一樣。 3-2 將三個大小相等的圖形才可以，合起來為一完整圖形，取其中的一份，說明在這三份中的一份，是全部的三分之一。 3-3 一分割的四等份的圖片，取其中的一份，是全部的三分之一。	圖片蛋糕 圖片	
4. 學生能正確地寫出 $\frac{1}{2}$、$\frac{1}{3}$、$\frac{1}{4}$	4-1 二分之一的寫法→$\frac{1}{2}$→$\frac{1}{2}$ 三分之一的寫法→$\frac{1}{3}$→$\frac{1}{3}$ 四分之一的寫法→$\frac{1}{4}$→$\frac{1}{4}$		

※備註欄可註記教學活動或器材之來源。

　　　　　　　　　數 學 科 練 習 作 業　　　　　編號：數基 12

學生姓名：

一、對的在（　）裡打「ｖ」：

① ◗ 是 ◯ 的 { （　　　）二分之一
　　　　　　　　{ （　　　）四分之一

② ▯ 是 ▯▯ 的 { （　　　）二分之一
　　　　　　　　{ （　　　）四分之一

③ □ 是 田 的 { （　　　）二分之一
　　　　　　　{ （　　　）四分之一

④ ▮ 是 ▦ 的 { （　　　）三分之一
　　　　　　　{ （　　　）四分之一

⑤ ◺ 是 ◯ 的 { （　　　）二分之一
　　　　　　　{ （　　　）四分之一

二、填填看：

① ◺ 是 ◻ 的一半，也可說是（　　）分之一，寫做（　　　　）。

② □ 是 田 的（　　）分之一，寫做（　　　　）。

③ ▮ 是 ▯▯▯ 的（　　）分之一，寫做（　　　　）。

三、選擇題：

① ▨ 斜線部分是全部的 ① $\frac{1}{2}$ ② $\frac{1}{3}$ ③ $\frac{1}{4}$ ………………（　　　）

② ▨ 斜線部分是全部的 ① $\frac{1}{3}$ ② $\frac{1}{2}$ ③ $\frac{1}{4}$ ………………（　　　）

③ ◐ 斜線部分是全部的 ① $\frac{1}{2}$ ② $\frac{1}{3}$ ③ $\frac{1}{4}$ ………………（　　　）

④ ▨ 斜線部分是全部的 $\frac{1}{4}$ ①對　②錯 ……………………（　　　）

⑤ ◓ 斜線部分是全部的 $\frac{1}{3}$，對不對？①對　②錯 …………（　　　）

⑥ ◨ 斜線部分是全部的 $\frac{1}{2}$，對不對？①對　②錯 …………（　　　）

⑦ ◭ 斜線部分是全部的 $\frac{1}{3}$，對不對？①對　②錯 …………（　　　）

以學習的目標甚多，某一目標暫時學不上，另選其他可以學習的目標試試應該無妨。

　　總之，評量——教學——評量是一個周而復始的過程。這也正是個別化教學的基本過程。透過這一過程，吾人將能確切的指出學生已有的成就水準，以設定合理的教學目標，安排適當的教學活動，最後並對學生學習的結果作適切的評估，以作為未來提供教學活動的南針。透過這種評量——教學——評量的過程，教師將能確實掌握學生學習成就的證據；而學生的學習成就也正是教師的教學成就。拿得出學生的學習成就或教師教學成就的證據，也正是個別化教學的精義所在。

參考 文獻

Klein, N. K., Pasch, M., & Frew, T. W. (1979). **Curriculum analysis and design for retarded learners.** Columbus: Charles E. Merrill.

第 11 章

生活單元教學活動之編製

壹・生活單元教學活動的重要性

　　對於殘障兒童（handicapped children）的教學，一般採取三種主要的模式：(1)應用操作制約的原理，系統地養成或消除某種行為。(2)應用兒童學習型態的有關資料，以發展個別化的教學方案。(3)生活單元的教學設計（Kolstoe, 1976）。對於智能不足者的教學而言，這三種模式應該是可以相輔相成，互補為用的。第一種模式是通稱的精確教學（precision teaching），第二種模式也就是所謂的診療教學（prescriptive teaching）（Peter, 1965）；這兩種教學模式的發展歷史雖較單元教學為淺，但其重視教學目標與過程的客觀具體，則頗為斯界所讚賞。另一方面，單元教學過去固有其鼎盛時期，但最近也不因其他教學模式的出現，而被完全取代，可見生活單元教學之設計，其價值是不可忽視的。本章之介紹生活單元教學設計，並非在強調生活單元的教學，是智能不足教育中的萬應靈丹，而是想

增加吾人在教學策略變通選擇上的內涵。實際從事啓智或益智班教學的教育同仁，應該會同意「沒有一種教學模式可以同時適用所有智能不足學生」的說法。這就難怪 O. Decroly 會主張「智能不足的學生之教師必須是聰明而充滿創造力」了（引自 Kolstoe, 1972, p. 153）。

　　早期 O. Decroly 及其女弟子 A. Descoeudres 所採的核心領域（core areas）課程，應是單元教學的濫觴。其後 C. P. Ingram 對於單元教學，更大加闡發，特殊教育健將 S. A. Kirk 也有同樣的主張（Kolstoe, 1972）。主張單元教學者，一般說來，並不忽略讀、寫、算等基本學科能力的培養。單元教學的功能主要在統整各學科之學習，並與學生的實際生活相配合，以達到各種技能「融會貫通」、「相輔相成」，及「學以致用」的目的；這種作用對於智能不足者的學習尤其重要，因爲他們大都無法自行組織學習材料，學習的成效因而不彰（Spitz, 1963）。注重學習經驗的統整與組織的教學單元，應可補救智能不足者這方面的學習缺陷。

貳・生活單元教學活動的含意

　　Kolstoe（1976）認爲教學單元（units of instruction）是「一系列環繞著某一中心主題或問題領域的學習經驗。而學習材料則一般取自兒童生活經驗的某些方面」（p. 77）。此乃本章將單元教學冠以「生活」兩字的理由，此與一般單元教學多以生活中心爲編製的原則，名實誠然相符。單元取材的趨向，多隨學習時間的延伸，由小至大，由近及遠，然皆不離乎培養學生獨立生活與工作能力之目標，這對於啓智或益智班的可教育性智能不足者，尤其如此。例如 Kolstoe（1976）就將智能不足者的教育劃分成五個發展階段，每一階段各有其單元教學的重點：

　　1.學前階段（六歲以前）
　　家庭。

2.初級小學階段（六至八、九歲）

鄰里。

3.高級小學階段（十至十二歲）

城市、區域、省。

4.職業前期（十二至十四、十五歲）

職業準備。

5.職業發展期（十五、十六至二十、二十一歲）

職業試探與操作。

　　每一階段的單元重點，可再細分為許多互相關聯的小單元。Kolstoe（1976）曾將學前、初級小學、高級小學、職業前期，與職業發展階段分別細分為如下許多單元。

一、學前階段

(一)孩子

1.姓名、住址、電話號碼。

2.年齡。

(二)家庭

1.家庭成員。

2.媽媽的工作。

3.爸爸的工作。

(三)孩子的工作

1.衣物的認識。

2.穿衣、脫衣。

3.衣物的整理。

4.梳理。

5.牙齒的保養。

6.手的衛生。

7.頭髮的衛生。

8.服裝的合時宜。

9.洗手間的活動。

10.食物。

11.飲食習慣。

12.休息。

㈣家的功能

1.保護。

2.房間。

3.暖氣。

4.傢俱。

5.家中之休閒生活。

6.禮儀。

7.房子。

8.家中的安全。

9.家中的娛樂。

㈤朋友

1.如何交朋友。

2.爲什麼我們需要朋友。

3.何處去找朋友。

4.如何選擇朋友。

㈥學校就如我們家的一部分

1.學校大家庭的成員。

2.老師的工作。

3.校中兒童的工作。

4.學校中其他成員的工作。

5.學校中的課程。

6. 學校生活的樂趣。

二、初級小學階段

㈠鄰里的組成

1. 鄰里的組成分子。

2. 鄰里中的生活。

㈡鄰里的服務設施

社區中的服務人員：如負責安全、衛生、交通、傳播、指導工作的人員等。

㈢節日的慶祝

如慶生會、聖誕節、母親節、國慶日，及其他的國定假日等。

三、高級小學階段

㈠社區的組織

1. 城鎮的分區。

2. 市街道路的編排系統。

㈡社區的機構

1. 廟堂與教會。

2. 健康中心。

3. 休閒活動中心。

㈢公共服務設施

1. 學校。

2. 公園與遊樂場。

3. 圖書館。

4. 藝術陳列館。

5. 博物館。

6. 自來水公司。

7.電力公司。

8.下水道系統。

㈣縣（市）政府機構

1.縣（市）長。

2.縣（市）議員。

3.法官。

4.警察局長。

5.消防隊長。

6.衛生局。

㈤區域性的機構

1.區域所涵蓋之範圍。

2.區域性的服務設施。

3.交通系統。

㈥省級政府機構

1.省主席。

2.省議會。

㈦其他有關之政府機構

如心理衛生、社會教育、公路、漁獵、福利、公共醫療、稅捐稽徵等部門。

㈧本國史地

諸如許多與經濟、休閒活動、美學、自然景觀等有關之有意義的單元皆可加以探討。

四、職業前期階段

㈠初期的工作經驗

1.建築物的維護。

2.地面的維護。

　　3. 餐廳的服務工作。

　　4. 辦公室的服務工作。

　　5. 教師的助手。

　　6. 倉庫的工作。

　　7. 圖書館的工作。

　　8. 視聽教育中心的助手。

　　9. 體育及休閒活動的助手。

　　10. 音樂教室的助手。

　　11. 美勞教室的助手。

㈡職業資料

　　略。

㈢體育與休閒活動

　　略。

㈣家政教育活動

　　1. 餐飲管理。

　　2. 衣物管理。

　　3. 家庭生活管理。

　　4. 兒童的教養。

　　5. 身體的保養。

　　6. 情緒的調適。

　　7. 智能的發展。

㈤工場活動

　　1. 電工。

　　2. 水管工。

　　3. 家屋的維護。

　　4. 庭園的維護。

　　5. 汽車工。

(六)社會研究

1.生物學的背景

如對種族、家族史、家族延續等問題之探討。

2.自我

探討自我的起源、生物、生理、人格、心智、情緒等因素。

3.行為的瞭解

包括生存、安全、歸屬、自我實現等的需要。

4.社會機構

如家庭、教會、政府等。

五、職業發展階段

(一)第一年可能包含的單元

1.入學指導。

2.旅行的指導。

3.儀容修飾。

4.測量。

5.與他人相處之道。

6.金融機構的運用。

7.約會。

8.分期付款。

9.暑期活動的安排。

10.職業分析。

(二)第二年可能包含的單元

1.駕車訓練，含汽車的維修、購買、保險等。

2.你與老闆。

3.應對禮節。

4.生活常識。

5. 申請表格。

6. 求職面談。

7. 預算的製作。

8. 社區公共服務設施。

9. 園藝活動。

10.職業分析，強調求職指導。

㈢第三年可能包含的單元

1. 家庭生活。

2. 信用制度。

3. 財務管理。

4. 就業失敗。

5. 行為的法律問題。

6. 休閒活動的問題。

7. 個人成敗的問題。

8. 職業分析，強調面談指導。

生活單元教學的時間，一般都安排在午後，這是一個讓智能不足學童有更多參與與互動的時刻，Kolstoe（1976）就列出典型的初小階段（primary level）日課表，其中的單元活動就排在下午：

　9:00～　9:10　課前準備

　9:10～　9:40　算術

　9:40～10:10　讀書

10:10～10:40　體育

10:40～11:10　寫字或說話間日實施

11:10～11:30　音樂或美勞間日實施

11:30～12:30　午餐

12:30～　2:30　有關鄰里、社區等的單元活動

2:30～ 2:45　整潔活動、評鑑，與計劃

當然上列的初小啓智班的日課表，因國情的不同，吾人不必抄襲，但如實施生活單元教學，則各項活動時間先後的安排，也有足資借鏡之處。

叁·生活單元教學活動的編製過程

每一生活單元教學活動的編製，其過程概如下述：

(一)單元的選擇與名稱之決定

所選取的單元應：(1)實際而有意義；(2)與全部課程能夠貫串配合；(3)能引起兒童的興趣並顧及他們的成熟水準；(4)考慮有關教學資源取得的可能性；(5)富有變化。單元名稱之決定，則以生動而饒富趣味爲主。

(二)單元研究

搜集各種資料，以深入瞭解與本單元有關的問題。

(三)列舉與本單元有關的目標或概念

首先可列舉所有有關的主題。其次合併或刪除某些不適用的部分。再將留下可資使用的主題或目標組成一邏輯序列，最後再在各主題或目標下細分出若干分項主題或分項目標。這些分項目標則儘可能以行爲目標的方式來敍寫。分項目標也鉤畫出爲完成每一主題或目標的活動架構。

(四)各技能領域

如溝通、數量、社交、健康、安全、藝術、休閒、職業等，將單獨或數種技能領域組合在一起，以構成每一目標活動的內涵。

(五)教師爲完成每一教學目標，設計可行的教學方案

其內容可能包括：(1)經驗故事的敍寫；(2)學習活動的引發；(3)教學程序；(4)學生之活動；(5)教學資源之搜集與應用；(6)單元活動成果之展現；(7)學習評鑑等。

在某一生活單元教學活動結束後，為瞭解教學活動的得失，以作為未來單元教學設計的參考，認真地回答下列各問題，將有助於瞭解已完成的單元教學之優缺點（Ingram, 1960; Kolstoe, 1976）：

1.這一單元是否來自實際生活經驗？

2.這一單元是否適合兒童的社會、生理，與能力發展水準？

3.這一單元是否與整個課程相互配合？

4.學生是否對這一單元感覺興趣？

5.這一單元是否能促進個體與團體的成長？

6.這一單元是否能提供發展良好社會生活習慣與態度，以及獲得適當知識與技能的機會？

7.這一單元是否能使所發展的興趣、技能、習慣，與態度，得以遷移至學校以外之生活環境？

8.這一單元是否顧及不同能力的平衡發展？

9.這一單元是否能提供實際應用從工具科目所學得技能的機會？

10.這一單元是否顧及邏輯的發展序列？

11.這一單元是否充分利用社區資源？

12.這一單元之實施，在時間上是否許可？

13.這一單元是否具有挑戰性，而又不會過分艱深？

14.這一單元是否討論到某一重要的主題？

生活單元教學的發展歷史雖不算短，但如編製不當，最可能發生之缺失，厥為各單元之間的缺少貫串與聯繫。為彌補這方面的困難，遂有學者（Huang, 1980）提出以生涯教育（career education）為主旨的核心進路（core approach）式課程編製法。這種課程企圖以生涯教育，把各單元的教學聯絡貫串在一起，各單元看來呈螺旋狀的銜接。這種理念實有其價值，惟如何進一步應用到實際的教學活動上，尚有待斯界同仁繼續努力。

參考 文獻

Huang, A. (1980). **Personal communication.** Greeley, Colorado.

Ingram, C. P.(1960). **Education of the slow−learning child.** New York: The Ronald Press.

Klein, N. K., Pasch, M., & Frew, T. W. (1979). **Curriculum analysis and design for retarded learners.** Columbus: Charles E. Merrill.

Kolstoe, O. P.(1972). **Mental retardation: An educational viewpoint.** New York: Holt, Rinehart and Winston.

Kolstoe, O. P. (1976). **Teaching educable mentally retarded children.** New York: Holt, Rinehart and Winston.

Peter, L. J. (1965). **Prescriptive teaching.** New York: McGraw−Hill.

Public Law 94−142. (1975). Washington. D. C.: U. S. Government Printing Office.

Spitz, H. H. (1963). Field theory in mental deficiency. In N. Ellis (Ed.), **Handbook of mental deficiency.** New York: McGraw−Hill.

Part Four

處遇篇

智能不足教育的正常化原則

壹·前　言

在人類中，智能不足者（the mentally retarded）的出現，可能與人類的歷史同樣久遠。但智能不足現象的受到重視，與乎相對教育設施的提供，卻是近兩百年的事。Gearheart（1979）曾將智能不足教育的發展史，劃分成下列五個階段：

1.早期的歷史

迷信期。

2.十九世紀

養護機構（institution）期。

3.二十世紀早期

公立學校特殊班（special classes）盛行期。

4.一九五〇至一九六〇年代

大衆關切及立法期。

5. 一九七〇年代以後

正常化及充分立法期。

　　Gearheart這一智能不足教育史的劃分，雖然多少帶有美國在這一領域教育發展過程的色彩，但對智能不足者的由被漠視迫害、關心保護、以迄人性尊嚴的重視之發展軌跡的描述，則無二致。

　　最近十多年來，智能不足教育的發展甚速，興革也多，這固然由於社會大衆的關心、專業人員的推動、立法者的努力，與政府的支持。但促使這一教育產生「質」的改變的，卻是正常化原則（ normalization principle ）這一教育哲學的受到斯界人士的重視。筆者將在本章分別說明此一原則的歷史淵源、定義、實施結果，與可能的影響，以供研究智能不足教育同仁之參考。

貳·歷史淵源

　　正常化之觀念用之於智能不足者，最早是由於丹麥人 N. E. Bank-Mik-kelsen 的提倡（ Wolfensberger, 1972 ）。Bank-Mikkelsen 並協助將該原則融入丹麥一九五九年的律令（ the 1959 Act ）中。該法律注意到對智能不足者及其他殘障者的照顧，並授與智能不足者應享之民權（ civil rights ）；智能不足者的各種服務設施，且成爲該國社會事務部（ Ministry of Social Affairs ）所轄的半獨立組織（ semi-independent Organization ）（ Bank-Mikkelsen, 1969 ）。該法律表示要「爲智能不足者製造一種近於正常生活的生存環境」。Bank-Mikkelsen 此種革新的理念，主要緣於不再把智能不足的理論，視爲一種靜止的終生狀態，而認定智能不足是可經由教育與訓練而影響的動態情況。這是由保護主義（ protectionism ）到正常化運動，在觀念上的轉捩。正常化原則在一九六九年之前，尚鮮爲人知，雖然在一九六七年的瑞典法律，對

智能不足者的服務設施，也採取該原則的精神，但真正為文介紹的，要屬 B. Nirje。Nirje 是瑞典智能不足兒童協會的總幹事。他在一九六九年由美國總統智能不足委員會（President's Committee on Mental Retardation）所贊助出版名為「改變智能不足者的住宿型態」的專集中，發表「正常化原則及其在人類管理上的含意」一文，對正常化原則的精神與內涵大加闡發，另外在那本專集中，他也發表一篇名為「一個斯堪的那維亞的訪者看美國的養護機構」，對當時美國一般養護機構中，種種不人道與非人的生活情況，多所指摘。該專論一出，固然喚起美國國內智能不足教育界的震撼與反省，也引起有關國家的注意。Nirje 的這篇正常化原則專文，不僅在英文中是第一篇，它更是被翻譯成斯堪的那維亞文的第一篇文獻。此後，美加兩國到北歐參訪智能不足服務設施的人士，可謂絡繹於途，再經 W. Wolfensberger 等人的大力鼓吹，正常化原則逐漸成為智能不足教育的主流。但由於談論的人多，爭論在所難免，吾人對此一原則的意義與內涵，實有進一步探討的必要。

叁·正常化原則的定義

關於正常化原則的意義，我們可以舉出下列幾個較具代表性的見解。Bank–Mikkelsen 認為，正常化是（Bank–Mikkelsen, 1969）：

> 讓智能不足者，儘可能獲得近於常人的生活。

而 Nirje 則視正常化原則為（Nirje, 1969, p. 181）：

> 提供智能不足者，儘可能近於社會主流之常模與型態的每日生活樣式與情況。

Wolfensberger 則對正常化原則，提出以下之定義（Wolfensberger, 1972, p. 28 ）：

儘可能運用有如文化常態的方法，以建立或保持儘可能有如文化常態的個人行爲與特徵。

根據上述三位正常化原則運動之先驅的看法，以及有關文獻對此一原則的闡發，我們可對正常化原則之意義歸納出下面幾個要點：

1. 正常化原則主要著眼於對於智能不足者提供可能的正常生活環境與教育環境，並採用可能的常態方法，去實施教育與服務。儘管如此，正常化原則之應用，將無法「使智能不足者成爲正常」（Nirje, 1976, p. 232 ）。

2. 正常化原則是要讓智能不足者，享有正常的住宿、教育、工作，與休閒之條件，並享有公民應有之人權與法權（Bank–Mikkelsen, 1976 ）。它所根據的是平等的觀點。

3. 常態是依據統計而非道德的意義。文化因其常模而有別，是故正常化原則是與文化攸關的（Wolfensberger, 1972 ）。

4. 對正常化原則之接受，並不否定殘障狀況，而在充分運用智能不足者在身心方面可能的長處（Gearheart, 1979 ）。

5. 正常化原則的基本目標，在於智能不足者社會適應行爲的發展（Clark & Clark, 1970 ）。因此，日常生活能力的養成，要比學術科目（academic subjects ）來得重要。

6. 人類的行爲受個人心智能力與其所處環境的期待所左右。智能不足者會因與不良環境之互動，而感受不利的影響（Baroff, 1974 ）。充實的環境（enriched environment ）雖無法改變因機體因素而造成的智能不足，卻可促進彼等獲得更爲適應的社會行爲。這或許是正常化原則的功能所在。

7. 正常化原則雖主張儘可能採用常態的方法，但並不否定智能不足者

有接受特殊教育或服務之權利。只不過特殊服務方案之提供，應根據彼等之需要，而非只是他們為智能不足這個理由（Bank–Mikkelsen, 1976）。因而，就教育型態而言，混合（integration）與隔離（segregation）都只是執行的方法，只要它們可各自符合各種智能不足兒童的需要，以達成正常化的目標，實可並行不悖。

　　8.正常化原則可適用於所有年齡，及各種障礙程度與環境的智能不足者（Nirje, 1976）。

肆 · 正常化原則的內涵

　　上面已對正常化原則作概念上的詮釋，至於其實際內涵或實施後的可能結果，仍有待進一步的說明。筆者擬先介紹 Nirje 和 Wolfensberger 等人的看法，最後再作一總結。

　　Nirje（1976）認為正常化原則的實施，應符合下列八個要項：

(一)每日生活的正常規律

　　每天舉凡食、衣、住、行生活中的各個層面，都要合乎正常人的規律，不因其為智能不足而另作特殊安排。

(二)每週生活的正常規律

　　舉凡居住、教育、休閒環境的安排，都應符合常人世界的準則，三者皆分別安排在合適的場所，而不是三者湊合在一處，以擴大智能不足者的經驗世界。

(三)每年生活的正常規律

　　如節日與家人生日的慶祝，假期的旅遊，因時令而變化的戶外運動等，都具有調劑身心的效果。

四人生各個發展階段的正常經驗

1.兒童早期

如溫暖的環境氣氛，充實的感官刺激和調適的教養環境。

2.學校教育期

學校對孩子能力的培養、自信心與自我觀念的發展等都有重大的影響力；而社會經驗則提供刺激個人發展的另一門徑。智能不足者應與正常孩子接觸，而不要把他們「物以類聚」地局限在一起。

3.成年期

應培養智能不足者社會生活的技能，以讓他們有過獨立生活的機會，並感受到他們的生活情境較之孩童時代，已有顯著地改變。

4.老年期

吾人應讓智能不足者，繼續生活於他們所熟悉的環境，因為這些環境是他們生命歷程中的重要部分，對他們而言，也最富意義。

五對個人正常需欲的尊重

這也包括對那些難以表達自己者的尊重。舉凡私人衣物的購置，代表或委員會的成立，有關福利的討論等，都應受到尊重。

六生活在兩性的世界

基於正常人的社會型態，而不擅對異性加以隔離，將因社會學習動機的提高，而形成有利的氣氛，以導致良好行為的產生。尤有甚者，他們更有結為連理的機會。

七正常的經濟標準

如各種社會福利津貼的享有，最低工資的規定，零用錢的給予等，都有助於培養他們的自信心、成就感，與選擇的能力。

八正常的環境標準

舉凡學校、工作場所，或居處，其設備大小都要順應正常社會的標準，而建築物之座落，也不應與正常社會隔離。

另一方面，對於正常化原則的施行，Wolfensberger（1972）主要採取

統整混合（integration）的觀點。他認為混合的過程「包括那些增進個人最大的潛能，以參與文化主流的作為和方法」（1972, p. 8）。然而這一目標的達成，卻有賴物理與社會的整合，茲分別說明於下：

㈠物理的整合

物理的整合（physical integration）指的是那些建築物或那些有助於社會整合的設施。它可包括四部分：

1.地點

位置的孤立應該避免，而與正常社會有交流的機會。

2.環境關係

所提供的服務設施，其所在地應與周遭環境協合一致。如職業訓練中心設於工業區是。

3.遠近

應注意距離不遠，或交通便捷等因素。

4.大小或分散

周圍的社會服務設施需足以消納智能不足者所需的服務。

㈡社會的整合

社會的整合（social integration）不僅有賴於物理的整合，更與其他的因素習習相關。

1.服務方案的特色

如殘障兒童應與普通班級混合接受教育，或乘坐公車上學，而不仰賴專車接送。

2.標幟(labelling)

對於所提供的教育或服務設施和對智能不足者等，所加予的稱號，都會把他們塑造成「異常」的形象。

3.對建築物的知覺

對建築物的外觀或內部的格局，如設計不當，會引起社會大眾對使用這一建築的人，產生不良的影響。如某一智能不足教育機構，假使門牆數

佾，則人們對該機構內的智能不足者之知覺，就可想而知了。

上述 Nirje 與 Wolfensberger 兩氏對正常化原則的主張，雖都含有整合的色彩。但綜觀 Nirje 的看法，實偏向於人性自然律則的運用，而 Wolfensberger 則積極地想藉物質與社會條件的改變，如建築物的座落與設計、人員的安置、標幟稱號的善用，與行政措施的配合等，來塑造智能不足者的「正常」形象。他們的見解，似為其各自所處社會文化背景的反映。蓋正常化原則起自北歐，自有其歷史淵源，誠非一朝一夕所能構設；北美地區在正常化原則的運用上，雖然急起直追，但較之北歐先進，顯然落後一步。這就難怪 Wolfensberger 的作法講究具體實效了。不過這也給吾人一種啟示，即任何一種特殊教育哲學的應用，不應是漫無限制，而該考慮本國的社會文化特色。這也許是 Wolfensberger 所強調的，正常化原則是具有文化特殊性（culture specific）的。

正常化原則係與保護主義正相反對的新興教育哲學，十多年來，此一原則因不斷地被傳播、闡揚、應用與實施，其內涵也不斷地被充實。然而，無論此一原則被應用於智能不足教育或服務設施的那一方面，總離不開在發揮自然、常態、平等、整合的精神，以使智能不足者享有人的尊嚴，並在身心方面得到最大可能的發展。

伍·對正常化原則的評估

擁護正常化原則的人，對正常化過程的潛在優點，不外認為它可以（Nirje, 1969）：

1. 獲致個人的獨立與社會的統整。
2. 得到平等的教育、訓練，與發展的權利及機會。
3. 建立自尊、自信、自制的自我形象。
4. 導致個性的充分發展。

5.獲致社會對智能不足者態度的正常化。

6.使機構中的工作人員，因服務設施的正常化，也使工作情況正常化，而享有較高的地位，獲得自尊與工作效率的提高。

7.改善智能不足者父母親的處境，使他們對安置問題更具有自由選擇的餘地。

事實上，目前許多運動，如非機構化（deinstitutionalization）與回歸主流（mainstreaming）的觀念，以及聯合國一九七一年的智能不足者權利宣言，也都與正常化的精神相符，可見正常化原則的價值是被肯定的。不過正常化原則到底是手段還是目的？也有人提出質疑（MacMillan, 1977）。Throne（1975）即接受正常化為吾人應努力的目標，而不認此原則為達成目標的手段；他認為正常的程序對常人最是有效，但對智能不足者，則顯得成效不彰，而應把特殊化的程序列為優先考慮。比較持平的看法，或許是將此原則訂為智能不足服務設施的目標，取法乎上，至少可以得乎其中；但也應將此原則列為實施手段的重要選擇策略，不必排除特殊化教育或服務方案使用的可能性。因為無可否認的，同樣是智能不足者，也有個別差異存在。價值取向的導引是需要時間的，社會制度的改變也多是保守而漸進的。

陸·摘　要

正常化原則起源於北歐，流行於北美，也引起各有關國家的重視。這一原則要求：

1.幾乎全部的服務設施在正常的社區提供。

2.教育與訓練方案與正常人儘可能混合在一起。

3.居住設施採取有如「家庭」的小團體模式。

4.成年的智能不足者在日常的生活中，儘量與正常成人接觸。

5. 更完全地參與兩性的生活世界。

6. 工作處所與非智能不足者緊鄰。

7. 教育或服務設施的座落與設計，要儘量符合常人的標準。

8. 不要過度保護，給予表現冒險之尊嚴（dignity of risk）的機會。

雖然正常化原則已成爲智能不足教育的主流，但它的應用也不該漫無限制，它的推廣是需要時間，並注意社會文化本身的特殊性。

|參考 文獻|

Bank—Mikkelsen, N. E. (1969). A metropolitan area in Denmark: Copenhagen. In R. Kugel & W. Wolfensberger (Eds.), **Changing Patterns in residential services for the mentally retarded.** Washington: President's Committee on Mental Retardation.

Bank—Mikkelsen, N. E. (1976). Denmark. In R. Kugel & A. Shearer (Eds.), **Changing Patterns in residential services for the mentally retarded** (Rev. ed.). Washington: President's Committee on Mental Retardation.

Baroff, G. S. (1974). **Mental retardation: nature, cause, and management.** Washington, D. C.: Hemisphere Publishing Corporation.

Clark, M. J., & Clark, K. (1970). Scandinavian Programs for the retarded: how they work. **ERIC Document Reproduction Service,** No. ED 054587, Washington, D. C.

Gearheart, B. R.,& Litton, F. W. (1979). **The trainable retarded: a foundations approach.** St. Louis: The C. V. Mosby Company.

MacMillan, D. L. (1977). **Mental retardation in school and society.** Boston: Little, Brown and Company.

Nirje. B. (1969). The normalization principle and its human management implications. In R. Kugel & W. Wolfensberger (Eds.), **Changing Patterns in residential services for the mentally retarded.** Washington: President's Committee on Mental Retardation.

Nirje, B. (1976). The normalization principle. In R. Kugel & A. Shearer (Eds.), **Changing patterns in residential services for the mentally retarded** (Rev. ed.). Washington: President's Committee on Mental Retardation.

Throne, J. M. (1975). Normalization through the normalization principle: Right ends, wrong means. **Mental Retardation, 13**(5), 23–25.

Wolfensberger, W. (1972). **The principle of normalization in human services.** Toronto, Canada: National Institute on Mental Retardation.

怎樣開辦資源教室

壹·前言

　　教育制度的發展，無疑地受到各時代教育哲學與社會思潮的導引。特殊教育設施的演變，也充分反映出這種價值取向的色彩。即以智能不足者教育為例，Mercer 與 Richardson（1975）就視智能不足為一種社會的問題，它在不同的時代，有不同的定義過程（definitional process）。因此智能不足者所受到的處遇也就有所差異。從整個特殊教育設施的發展看來，過去向採隔離政策，因而特殊學校與特殊班遂盛極一時。最近十多年來，回歸主流（mainstreaming）雖受到多數特殊教育工作者所認同，然而要從原先隔離（segregation）的制度，立刻轉變成特殊兒童與普通兒童完全混合（integration）的教育，事實上仍有其難處。為了避免特殊兒童的特殊教育需要受到忽視，一些輔助的教育設施遂應運而生。其中尤以資源方案（resource program）的採行，最受人矚目。而資源教室（resource room）則為

資源方案中，最爲普遍的輔助教育設施。

　　我國的特殊教育雖然起步較晚，但教育設施的運作，頗能急起直追，順乎潮流，繼特殊學校與特殊班的設立之後，最近幾年又有資源教室之設。惟資源教室之內涵，非僅止於「教室」而已，爲發揮其應有的功能，筆者願從行政上的溝通、資源模式與人員的選擇、資源教室的設置，與課表的編排等，以討論資源教室的開辦應考慮的事項。

貳·行政上的溝通

　　由於資源教室並非學校中獨立自足的一個單元，本身又需具備變通性（flexibility）與適應性（adaptability）兩個特質，因此它與學校中其他單位與人員，如教務、訓導、總務、輔導人員等，其可能的互動關係，至爲明顯。這種互動的關係，並不僅止於資源教室創辦之初，而是存在於其整個運作過程。因此我們可以說除了資源教師（resource teacher）是直接隸屬於「資源教室」外，其他如輔導教師（counselor）、普通班級教師、心理學家、醫師等，都只是與資源教室間接相關的人員。資源教室與其他單位或人員的聯繫，最明顯的在於轉介（referrals）與課表的編排（scheduling）上面。爲保證資源方案的成功，有效的溝通管道的建立是很必要的。

　　在資源教室成立之初，校長應利用機會就資源教室之特色、功能、服務對象與方式、資源教師的角色等，讓全校教職員有所認識，以方便日後業務的配合。此外，亦應成立一「資源教室工作會議」，其組成份子爲校長、資源教師、有學生在資源教室的普通班教師，及學校輔助人員（ancillary school personnel）等，以校長爲主席，資源教師之一則任「執行秘書」之類的角色，這樣會議中的決策，在推動上比較有希望貫徹，同時資源方案的業務，也有人專司其責。至於在會議中討論與決定的事項，則可包括被轉介學生的接受與否，對學生可能採取的教育方案，普通班教師需

要何種支援，與定期檢討學生的進步情形等。在會議中除了對學生的有關
事項作決定外，諸如學校中不當的資源服務、現行課程的修正、家長的支
援等事項，也可加以討論。這樣資源教室不僅成為學生的教育支援中心，
同時對學校的許多設施，也具有改變的力量（Wiederholt, 1974）。

叁·資源模式的選擇

　　資源方案模式之選擇，除了要配合教育行政機關的編班與經費核撥之
規定外，最主要的考慮還在於：(1)何種學生將列為資源服務的範圍，(2)將
以何種方式來提供資源服務，(3)將供給什麼樣的服務。基於上述三個因素
之全部或部分的考慮，資源方案目前存在著五種可供選擇的模式，茲簡述
如下：

㈠分類的資源方案

　　學生的接受資源服務，是基於身心特殊情況的診斷或分類。在分類的
資源方案（the categorical resource program）這種模式中，可能有好幾個資源
教室的設立，有專為智能不足學生而服務的，也有專為視覺障礙、聽覺障
礙、語言障礙，甚或資賦優異學生等分別設置的資源教室。

㈡泛分類的資源方案

　　在泛分類的資源方案（the cross–categorical resource program）這種模式
中，對學生的發展情況也加以分類。資源教師所服務的對象，可能來自兩
種或兩種以上缺陷類別的兒童。或許，在第一節課，他對可教育性的障礙
學生提供教學；而在第二節，則對情緒障礙兒童服務；甚或不管兒童的障
礙類別如何，只要他們具有相近的學習水準或需要，照樣可以集合在一
起，同時提供教學。

㈢不分類的資源方案

　　不分類的資源方案（the non–categorical resource program）此一模式資源服

務的提供，並不以兒童的分類或標記爲前提，只要學生有特殊的教育需要，都可接受資源服務。換句話說，它的服務對象，包括了殘障與非殘障的學生。

㈣特殊技能的資源方案

特殊技能的資源方案（ the specific skill resource program ）這種類型的資源教室，堪稱「能力」或「學科」本位的服務方案。它的主要著眼在於各種特別能力領域的訓練，如讀書、說話、寫字、算術等之特別敎學。這種方案的資源敎師，通常與普通學生及其敎師接觸的機會較多，但偶而也對殘障學生提供服務。

㈤巡迴的資源方案

巡迴的資源方案（ the itinerant resource program ）這種方案的特色，頗有「服務到家」的性質。換句話說，並非學生到固定的資源敎室接受服務，而是資源敎師直接去接觸或造訪需要特殊敎育服務的學生或其敎師。在另一種情況，也可能把資源敎室設置在一活動車上，巡迴提供敎學服務。

至於在開辦「資源敎室」時，該採取那一種類型的資源服務，則需視服務對象的範圍、服務內容的性質、經費支援的可能，以及資源敎師的專業準備等因素，加以全盤性的權衡斟酌。當然上述之五種資源方案，只供抉擇時的參考，各校視其本身的條件與需要，應可創造出自己合適的運用模式。

肆 · 資源敎師的選擇

無疑的，資源敎室方案的成敗，與資源敎師的能力與擔當，有著密不可分的關係。資源敎師本身應有策劃資源方案的能力，他應能與其他學校成員，保持良好的工作與人際關係，並可對一般敎師提供諮詢服務。至於他對接受服務的學生，則需有提供診斷、發展敎材、編排課表、個別化敎

學（individualized instruction），與學習結果評鑑等方面的知能。因此，說資源教師為教師中的教師，實不為過。

在國內的師資培養機構中，教師養成方案與資源教師應具備的能力要求，最為接近的是師範院校的特殊教育系。其畢業生所受的特殊教育專業訓練，應是資源教師較為理想的人選。

伍・資源教室的設置

資源教室係資源服務提供的教育環境，其設置與配備當然與其功能的發揮息息相關。D'Alonzo 等人（1979）曾列舉設置資源教室需要考慮的有關因素，茲分述如下：

㈠**座落**（location）

由於接受服務學生的行為特質具有很大的異質性（heterogeneity），資源教室應遠離師生流量繁忙的處所。教室本身的出入口應有一處以上，讓師生有所選擇。並且教室設置的地點，應儘量接近資料中心、洗手間、飲水器、會議室與其他輔助設施等。

㈡**大小**（size）

資源教室的大小可以與一般教室相同，惟至少不可小於一般教室大小的一半。包括在資源教室內，或與其緊鄰的，應有會議室、辦公室和儲藏間等。

㈢**特別的設施**（special modifications）

教室中的特殊設施，可就實際需要，包括下列項目：

1. 為行為不良者而設的「隔離」（time out）區。

2. 配置特殊教材的學習站（learning stations）或學習中心（learning centers）。

3. 可減少干擾，而供個人作業或閱讀之用的有隔板之座位。

4.活動牆板，以供必要時將教室分區使用。

5.其他因應殘障學生身心需要的特別措施。

㈣其他的環境因素（additional environmental variables）

1.溫度

室內氣溫的適度，空氣的流通，都是良好的學習環境所必需。

2.噪音

如何減低教室內的噪音。讓學生有個恬靜的學習處所，是很重要的。

3.光線

應注意室內合適的採光，反光的現象應該避免。窗戶的高度，應在眼睛的視線之上，以免因外在的環境刺激而分心。

4.教室的色彩

教室色彩的不當，可能極易造成學生活動過多（hyperactivity），或引發不良的行為。因此教室的油漆，應避免使用大紅大綠，或其他過分強烈的色彩。反之，柔和的色彩之使用，則令人有鎮靜安詳的感覺。

5.電化器材的配備

如錄音機、教學機、投影機、放映機等，都可能有用到的機會。

6.固定的設備

如揭示板、粉筆板、書架、儲藏櫃等，都可針對教學的需要與學生的身心狀況，而作適當的調整與設置。

以上所列舉的是設置資源教室，所應考慮的因素，至於在實際規劃時，可針對學校資源教室的功能，就上列有關因素之配置情形，預擬平面圖（floor plan），再徵求建築與室內設計專家的意見，並作必要的修正，使資源教室的設置與裝備，能盡符實際的教育需要。

陸・課表的編排

　　資源教室的經營，一開始常遇上的難題，即為如何為接受資源服務的學生編排課表（scheduling）。當然接受特殊服務學生的類型與人數越多，課表編排的困難，會相對的增加。因此資源教室開辦之初，接受特殊教育服務的學生及其類型，不宜太多，等到經過一段時間，資源教室漸漸發揮其成效，則可逐步吸收較多的學生，提供必要的服務。一般而言，在同一資源教室裡面，同一時間不要有四個以上的學生接受資源服務，而同一個學生如每天需要三小時以上的資源服務，則可考慮將其轉介至自足式（self-contained）的特殊班級（Reger, 1973）。因為如果學生每天待在資源教室的時間，佔了一半以上，則資源教室豈不成了特殊班，此與資源方案的旨趣，實大相逕庭。在課表的編排上，資源教師尤其需要教務處的配合與協助，因此資源教室課表的編排構想，應儘早在教務處正常的排課作業之前提出。最理想的資源教室課表編排方式，是每一接受資源服務的學生，當他在資源教室學習時，他原來的班級也正上同樣科目的課。不過要達到這樣圓滿的安排，是要付出相當心力的。

柒・結　語

　　資源教室在協助特殊學生回歸主流的努力上，應有其功能，但它不應被視為一劑萬應靈丹（Adelman, 1972）。它也無法完全取代其他特殊教育設施的存在。吾人對資源教室的態度應是：它可做為特殊教育設施中的一項變通選擇方案。至於它是否能達成預期的成效，實有賴於吾人在開辦之初作妥善的籌劃，諸如教育人員間意見的溝通、資源教室模式與資源教師

的選擇、資源教室本身的設計與設備的充實，以及爲適應個別化教學，而
作的課表之編排等，都值得吾人注意與考慮。

|參考 文獻|

Adelman, H. S. (1972). The resource concept: bigger than a room! **The Journal of Special Education, 6**(4), 361–367.

D'Alonzo, B. J., D'Alonzo, R. L., & Mauser, A. J. (1979). Developing resource rooms for the handicapped. **Teaching Exceptional Children, 11**(3), 91–96.

Mercer, J. R., & Richardson, J. G. (1975). Mental retardation as a social problem. In N. Hobbs (editor). **Issues in the classification of children,** Vol. II. San Francisco: Jossey–Bass, 462–496.

Reger, R. (1973). What is a resource room? **Journal of Learning Disabilities, 6**(10), 611–614.

Wiederholt, J. L. (1974). Planning resource rooms for the mildly handicapped. **Focus On Exceptional Children, 5**(8).

父母參與特殊兒童教育

壹・前　言

　　晚近特殊教育的實施，尤其是殘障兒童的教育，父母參與教育與輔導的重要性，已逐漸受到注意。特殊兒童的教育，已不再單純是學校或教養機構教師、保育人員，及其他相關專業人員的責任，特殊教育要想發揮其預期的功能，特殊兒童的家長也實在責無旁貸。

　　父母在特殊兒童教育工作中，其地位之所以日形重要，其原因主要有三：

　　1.特殊兒童家長對其子女教育權利的自覺。由於殘障兒童接受適當教育機會的受到忽視或未能普及，目前殘障者的家長，有逐漸以組織化的行動，以爭取其子女教育權利之趨勢。國內中重度智能不足兒童家長團體，對最近中重度啓、益智班設立的推動，實有其一定的影響力。國外類似的例子，也誠然不勝枚舉。

2.教育法令對父母參與特殊兒童教育的要求。我國有關教育法令對父母參與其子女特殊教育的規定似不多見，也欠具體。然以美國的94-142公法（一九七五年之全體殘障兒童教育法）而言，該法即規定特殊兒童之家長，必須參與其子女個別化教育方案（ individualized education program，簡稱 IEP ）之訂定。學校對其子女教育決策是否得當，該法也賦予家長申訴權。其他如英國與加拿大等，對家長參與特殊兒童教育決策的權利，也有相似於美國的規定。

3.許多研究文獻指出，父母參與特殊兒童教育比沒有父母參與者效果要好（ Kneedler, Hallahan and Kauffman, 1984 ）。當然父母之參與其特殊子女的教育，是需要接受適當訓練的，而許多這類訓練的內容，皆與行爲改變技術（ behavior modification techniques ）有關。

父母對其特殊子女的教育之所以需要參與，除了上述三個原因外，一般也多有下列之認知（ Karnes and Lee, 1980 ）：

1.對特殊兒童教育有所認識的家長，對特殊教育方案的擴充與延續，將會成爲強而有力的支持者。

2.家長是特殊教育經費直接或間接的支助者，他們當然有權表達其對子女教育的看法。

3.殘障兒童的家長在教養子女方面，比一般兒童的家長所負的責任更多，時間也更長，因此他們比一般兒童的家長需要更多的親職教育。

4.家長如能當教師的教學助理，對個別化教學的實施將大有助益。

5.父母的參與特殊兒童教育，將可望將其所學得的輔導技能遷移至其他子女身上，對其他子女的教育應可產生正面的影響。

6.家長在班級中的出現，可提供班上兒童與成人的交往經驗。這些經驗對兒童未來成人角色與人際關係的發展是十分重要的。

7.兒童如欲將教室中的學習遷移至家庭或其他環境時，家長將可扮演積極而有效的催化角色。

8.父母對於其特殊子女的瞭解應勝於任何其他的人，因此在教學目標

的選擇方面，父母將可提供寶貴的意見。此乃個別化教育計劃之研訂，應有家長參與的理由。

9.家長的參與特殊兒童教育，將有助於學校與家庭關係的建立。而學校與家庭之間的溝通，卻是使殘障兒童的教育需要得以滿足所必需的。

10.家長對特殊兒童的課程與教學，將是重要的資源人士。他們所能提供的支援，並不限於才智與經驗，甚至彼等所擁有的資料與器材等也可與學校的師生分享。

11.家長的參與將可強化其特殊子女的學習效果。

總而言之，為提升特殊兒童教育的成效，家長的積極參與是絕對必要的。而欲使家長能適當而有意義地參與其特殊子女的教育，特殊教育人員似亦應發揮其催化與輔導的功能。

貳·父母參與特殊兒童教育之型態

父母在參與特殊兒童的教育活動時，就親子互動關係與教育安置環境的性質而言，各可分為若干不同的型態，茲分別說明於下。

一、親子互動之類型

Lillie（1981）認為父母參與特殊兒童教育時，其親子互動關係常見的有下列三種型態：

(一)行為改變的模式

在「行為改變的模式」（behavior modification model）中，家長學習運用獎懲的原理，來規約其特殊子女在家庭中的行為。為使用行為改變技術，他們通常必須學習如何觀察、記錄，與圖示其子女在行為方面的進步情形。行為改變技術的使用是相當結構化的。其應用對象從輕度至重度殘障者皆有之，是廣受重視的一種親子互動模式。

㈡心理參透模式

此「心理參透模式」（ psychological insight model ）強調去瞭解兒童行爲背面所存在的內在心理世界。因而其性質是相當心理分析導向的。親子之間的衝突問題，常成爲親職教育討論的課題。親職效能訓練（ parent effectiveness training ）即是極爲膾炙人口的一種心理參透模式。此一模式的運用，兒童本身心理的參透能力，常是重要的考慮因素。因此，這一模式的採用，也以具有行爲問題的輕度殘障兒童之父母居多。

㈢經驗模式

「經驗模式」（ experiential model ）強調父母應儘可能提供其特殊子女充實的生活與學習經驗。因此其性質是發展導向的。家長需努力輔導其子女，按正常兒童的發展序階，而實現其自我。經驗模式最常用於具有輕度或中度學習問題的兒童。

上述的這三種親子互動模式，固可單獨運用，也可兼採並施。至於互動方式的選擇，其所需考慮的除特殊兒童的類型外，障礙程度也應加以注意。例如就一般而言，行爲改變模式即多用於殘障程度較爲嚴重的個案。

二、教育安置之類型

父母參與特殊兒童教育之型態，亦可從其接受教育方法訓練所處的環境，與家庭情境相類似的程度，而區分成下列五種類型（ Stanhope and Bell, 1981 ）：

㈠診所本位輔導方案

早期有多數的家長參與特殊子女的訓練活動，皆採取診所本位輔導方案（ clinic based programs ）。在此一類型的輔導方案中，家長常與其子女一道接受諮商或訓練。在診所本位的輔導方案中，親子間的互動情形，有時可借助錄影而提供檢視與評量家長參與效果之用。因此，本方案對親子間的互動關係常能作有效的控制。惟輔導與訓練活動係安排於特意設計而非問題發生的自然情境（如家庭或學校）中，則是其可能的限制。

㈡模擬的家庭環境

父母雖然仍到診所參與其特殊子女的輔導，但診所的布置與設施和一般的家庭環境實無二致。設置「模擬的家庭環境」（simulated home environment）之目的，乃在提供親子間有個正常的互動情境，但仍可保有在診所接受輔導的優點。

㈢診所和家庭混合的輔導

「診所和家庭混合的輔導」（combination clinic–home）此一類型的輔導之特色，乃是家長在診所接受如何教育其子女的輔導，然後將他們所習得的訓練技巧回到家庭而施之於其子女。因此是家長學之於診所，而用之於家庭的一種方式。

㈣學校與家庭之混合方案

「學校與家庭之混合方案」（school–home programs）這一類型的輔導大抵與前述的「診所與家庭混合的輔導」相似。只不過指導家長的單位由診所換成學校而已。

㈤家庭本位的輔導方案

「家庭本位的輔導方案」（home–based programs）之輔導安置方式的特色，是將專業輔導人員請到有特殊兒童的家庭。主張採取這種作法的理由有三：(1)由於輔導活動係在家中進行，家長可免除學習遷移的困難；(2)輔導的內容可針對每一家庭環境的特質來設計；(3)在家庭中所有的成員皆有機會參與輔導活動（Baker, 1976）。

叁·輔導父母參與特殊兒童教育時應有的考慮

目前家長對其特殊子女教育的參與莫不充滿個別化的色彩。因為惟有參與計劃的個別設計，方有可能滿足個別家長對其子女教育的獨特關注與需求。雖然家長對其特殊子女教育的參與方案需個別加以設計，但特殊教

育人員在輔導父母從事這種教育參與時，尚應具備一些基本認識、注意家長可能的反應、善選家長的參與途徑、適當地設計參與計劃、並與家長保持良好的溝通，才有可能使家長參與其特殊子女教育的效果，得以發揮出來。以下將就特殊教育人員在輔導父母參與特殊兒童教育時應有的考慮事項分別加以討論。

一、特殊教育人員應有的基本認識

特殊教育人員在輔導特殊兒童的家長參與其子女的教育與訓練時，必須有下列的基本體認（Karnes, Zehrbach, and Teska, 1972; Karnes and Lee, 1980）：

1. 父母對其殘障子女的身心發展是十分關注的，他們也有去獲取有效的教學技能以促進其子女成長的需要。

2. 父母具有意願與能力去學習輔導其殘障子女的技能。

3. 父母有能力在班級中對其殘障子女從事有效的輔導。

4. 只要父母所參與的活動他們覺得是有意義的，就自然會想安排時間去參與。

5. 當親職教育的內容是具體而實用時，家長就會充分地去參與。

6. 如果家長的目標與價值觀和學校所主張者能相互包容時，他們也就更易於去參與其子女的教育活動。

7. 如果家長對教育決策所能參與的程度越高，則對其子女教育活動的參與意願也越高。

8. 如果家長在參與子女的教育活動後，能獲知其子女的進步情形，則其繼續參與輔導的意願也會提高。

9. 如果家長能獲得特殊教育人員的尊重，則他們參與其子女教育活動的意願將會提高。

10.當特殊教育人員在如何輔導特殊兒童的家長方面曾受過適當的訓練時，則家長將更會去參與其子女的教育活動。

11.在輔導家長參與其子女的教育活動時，如能考慮家長本身的能力與興趣，則家長參與的意願將會提高。

12.當家長參與其子女的教育活動獲致成功的經驗時，他們參與的態度將更趨積極。

13.當家長獲得更多有效的輔導知能時，則他們在教育其特殊子女時，向特殊教育人員求助的需要將會減低。

14.家長如能有效地教育其特殊子女，他們將自然成為其他家長親職教育的指導者。

特殊教育人員如能具備上述的基本認識，則對輔導父母參與其特殊子女教育活動的設計，將能作更周延而妥適的規劃。

二、注意家長可能的反應

人類在面對危機時，常會有劇烈的反應。尤其在出生或診斷出特殊子女時，對大多數的家長更是一種危機。但家長之所採取的反應，大部分視其個人特質、生活經驗、教育與文化背景、期待，及個人、社會，與經濟資源而定（Chinn, Winn, and Walters, 1978）。同時家長的反應，亦因其子女的障礙程度，以及他們視擁有正常子女的重要性而異（Hoff, 1978）。家長在發現其子女具有身心障礙時，一般會經歷各種不同的情緒反應階段，例如否認（denial）、憤怒（anger）、罪感（guilt）、羞愧（shame）、責難（blame）、過度保護（overprotection），及情緒調適（emotional adaptation）等皆可能出現在多數家長身上。特殊教育人員在面對家長的各種不同的情緒反應時，應善加接納並給予擬情的瞭解（empathy），且應因勢利導，協助家長及早將消極的情緒反應轉化成積極的面對行動，使殘障兒童得以因父母的接納與對其教育活動的參與，而在身心方面獲得最大可能的發展。

三、善選家長的參與途徑

在殘障兒童教育計劃中的每一個層面，幾乎皆有可以讓家長參與之處，其可能的差異只是角色責任的輕重與參與範圍的大小而已。特殊兒童的父母在參與其子女的教育活動時所可扮演的角色甚多，諸如參與學校特殊教育方針與目標的訂定、特殊兒童教育經費之爭取、實際教學工作之承擔、課程編製之協助、其他家長親職諮商之提供，以及特殊兒童教育方案成效之評鑑等，可謂不勝枚舉。特殊兒童的家長在其子女的教育活動中，究可扮演何種角色，實與其興趣、學經背景、可供使用的時間等具有密切的關係。然而，不管如何，特殊兒童的父母在參與其子女的教育活動前，先接受適切的訓練或輔導，仍是十分必要的。

四、適當地設計參與計劃

特殊教育人員對特殊兒童父母參與其子女教育活動的輔導，實需考量父母在此項參與活動的興趣與需求，並據以訂定適切的輔導目標。這些輔導目標似乎不外乎培養父母教養子女的技能、增進家長對學校教育方案的瞭解與支持、家長自我觀念的改善，以及家長與家長間關係的促進等。在確定輔導目標之後，接著便需擬定適宜的活動計劃，用以達成這些輔導目標。在輔導活動完成之後，且需進一步評核有關活動之成效，以作為研擬未來輔導計劃的參考。

五、與家長保持良好的溝通

不管家長是以何種方式來參與特殊兒童的教育，特殊教育的成效如何，實與家長和特殊教育人員間是否能合作無間有密切的關係。而這種合作關係的建立，實又以彼此之間保持良好的溝通為前提。特殊教育人員多曾接受過專業訓練，在與家長的溝通過程中，更應扮演主動、積極的角色。特殊教育人員如欲與家長保持良好的溝通，不只對家長必須以尊重、

接納，及瞭解的態度待之，並且對與兒童有關的資料也必須適時與之分享和解釋，同時對彼此之間在價值、目標、教養方式等方面觀點的歧異，尤需及時加以澄清與化解。由此觀之，特殊教育人員的職責，在今日言，已不限於對特殊兒童的教育與復健而已，特殊兒童家長的輔導，已成爲另一重要課題。如何將此一角色需求，反映到大學院校此方面專業教育課程的設計之中，似值得吾人深思。

|參考 文獻|

Baker, B. L. (1976). Parent involvement in programming for developmentally disabled children. In L. L. Lloyd (Ed.). **Communication assessment and intervention strategies.** Baltimore: University Park Press.

Chinn, P. C., Winn, J., & Walters, R. H. (1978). **Two—Way talking with parents of special children: A process of positive communication.** St. Louis: C. V. Mosby.

Hoff, L. E. (1978). **People in Crisis.** Menlo Park, CA: Addison—Wesley.

Karnes, M. B., & Lee, R. C. (1980). Involving parents in the education of their handicapped children: An essential component of an exemplary program. In M. J. Fine (Ed.). **Handbook on parent education.** New York: Academic Press.

Karnes, M. B., Zehrbach, R. R., & Teska, J. A. (1972). Involving families of handicapped children. **Theory into Practice, 11,** 150–156.

Kneedler, R. D., Hallahan, D. P., & Kauffman, J. M. (1984). **Special education for today.** Englewood Cliffs, NJ: Prentice—Hall.

Lillie, D. (1981). Educational and psychological strategies for working with parents. In J. L. Paul (Ed.). **Understanding and working with parents of children with special needs.** New York: Holt, Rinehart and Winston.

Stanhope, L., & Bell, R. Q. (1981). Parents and families. In J. M. Kauffman & D. P. Hallahan (Eds.). **Handbook of special education.** Englewood Cliffs, NJ: Prentice—Hall.

智能不足兒童性教育問題研究

壹・緒　論

　　人類生命有兩個重要的功能，一爲維持，另一爲綿延。爲期生命的維持，故有飲食、呼吸等行爲。而生命的綿延，則必須建立在親密的兩性關係之上。隨著性生理與心理的發展，兒童與靑少年對性的好奇，似爲司空見慣，極其自然之事。面對彼等對性的好奇與求知的動機，敎師與爲人父母者，就很自然地成爲兒童主要的性知識提供者，與性態度的指導者。換句話說，性敎育（sex education）是自動產生的（Vockell and Mattick, 1972）。其問題應在讓性敎育偶然出現，抑或刻意加以安排而已。一般兒童的性敎育，似乎並非該不該實施，而是它所受到的重視程度，以及如何加以實施的問題。

　　爲了對兒童與靑少年實施適當的性敎育，則對其在性知識、態度、與行爲方面的發展情形的瞭解，即常成爲重要的研究課題。因爲對兒童與靑

少年在性知識、態度與行爲的發展狀況之瞭解，正可作爲規劃彼等性教育
方案的基礎。就國內已發表的研究報告顯示，在我國不管是一般社會靑年
（黃國彥，民71；黃國彥、陳宏銘、王青祥、李力康，民74）或國民中學
的學生（林芸芸，民67；江漢聲，民74），皆普遍呈現性知識缺乏，而渴
望接受適當性教育的現象。不過由於國人對「性」的敏感、性教育師資的
不健全，以及文化傳統的保守，一般兒童與靑少年的性教育在國內似仍無
法作全面有效的推行（劉焜輝，民70）。

　　智能不足兒童在性生理的發展，與普通兒童並無二致（Vockell and
Mattick, 1972; Edith, 1976; Sengstock and Vergason, 1970），他們也跟一般人一
樣有性的需要與感受，而非有些人所想像的幼稚無知，無慾無念。Meyen
與Carr（1967）即指出，可教育性智能不足兒童在社會與性的需求方面，
基本上與智力普通的兒童是一樣的。儘管有許多智能不足者也許無法瞭解
複雜的生殖系統，也無法預知不當性行爲的後果，然而性感的圖片與煽情
的言語，對許多智能不足的男女性，仍然具有激情作用（American Associa-
tion for Health, Physical Education, and Recreation, 1967）。基於上述的這些事
實，智能不足兒童對性的教育與輔導的需要是可以理解的。在Brantlinger
（1985）的研究中，即充分顯現智能不足兒童對性教育的積極態度傾
向。由於智能不足者對性認知的有限，很容易成爲性方面的受害者，也格
外引起有些家長與教育人員的關切，而注意到對智能不足者施以性教育的
重要性（Kirk and Gallagher, 1983）。儘管如此，不過就一般而言，傳統上
卻有些社會大衆對智能不足者採取「反性」（de-sexualization）的態度
（Perske, 1973）。因此，「絕育」（sterilization）措施即可能在社會優生的
名義下，用來預防智能不足者可能出現的性問題。有些特殊兒童的家長對
其子女的性教育也可能有孩子知道得越少，越不致出錯的偏執想法；而有
些教育人員甚至認爲讀寫算的教學問題已夠多了，又那有時間去談性教育
這種敏感的話題（Gordon, 1971）。Maddock（1974）更指出，社會上對特
殊兒童的性教育之所以有消極的態度存在，實出於對特殊兒童的養護心態

（custodial mentality），以及對其性衝動與生育可能無法節制和控制的憂慮。晏涵文（民71）即認為社會對殘障者態度的消極，以及家長對其殘障子女在接受性行為與否這件事上做決定的能力表示憂慮、不安，和掛念，常會導致對殘障者的性教育，抱持反對的意見。由此可見，正如普通兒童的性教育一樣，贊成與反對智能不足兒童性教育的勢力是同時存在著的。不過從研究者與智能不足兒童教育班及教養機構的教師與保育人員的接觸中，發現他們對智能不足兒童的性教育多十分關切，同時對這些兒童性教育的實施也深感興趣。事實上性的問題，即是人類關係的問題。性教育的目標，即在促進兩性生活的調和、生活經驗的順暢與充實，以及人際關係的和諧。因此其本質即是一種人格教育或人生教育。準是以觀，智能不足兒童之需要性教育，是毫無疑問的。

　　言及性教育的規劃與實施，除應注意性教育所潛存的問題外，尚須就其實施內容與實施方法妥加考慮。在性教育方面常論及的問題，除前面提及的青少年在性知識上極端欠缺、社會對性教育的態度消極而保守、性教育師資的未能健全等之外，最近色情錄影帶的氾濫，也深為有心人士所憂慮（洪清海，民72）。

　　在性教育內容方面，大致上應反映兒童與青少年身心發展上的需要。往往學習者的身心發展水準不同，其所需要的性教育內容也會有所差異。例如國內若干有關的研究即發現，許多社會青年所渴望知道的不外是和異性交往及結婚生育等方面的性知識（黃國彥，民71；黃國彥等，民74），而一般國中學生則對性成熟的徵象、性器官的解剖與生理，以及和異性交往的知識等深感興趣（林芸芸，民67；江漢聲，民74）。連明剛（民71）也指出，依智能不足兒童發展上的差異，其性教育內容在程度上，亦應有所不同。例如對於程度在小學或小學以下者，性教育的內容可包括身體器官的認識、嬰兒從那裡來、動物的生長、認識友誼、家庭—社會的基本單元，與認識遺傳等部分。而對於程度在中學或中學以上者，性教育的內容，則可包括認識愛的意義、男性生理、女性生理、懷孕與生育、避孕與

節育、基因研究、性病、自慰行爲、同性戀,與社會規範等單元。由此可知,性教育的課程,除性知識外,與性有關的態度、價值、道德等,皆應該是性教育的重要內涵(Kilander, 1970; Karmel, 1970)。因此,性教育實需涵蓋性的生理、心理、社會等層面,以提高受教者正確的性知識,發展適當的性態度,並培養其合宜的性行爲。

以言性教育的實施,其實施階段有謂在兒童時期,即應及早開始者(沈楚文,民66),當然也有主張在屆臨青春期時,再予施教者。不過無論如何,性教育的內容與方法需考慮兒童的身心發展水準,似爲一共通的理念(Bernstein, 1976; Sengstock and Vergason, 1970)。在性教育的教學時間方面,有主採隨機教學者,亦有認爲採固定之教學時間爲宜者,似無定論。就性教育的課程組織而言,或可分成專門科目教學與併於有關科目教學兩個重要的取向。就與有關科目合併教學論,「健康教育」則是常被提及的重要科目(晏涵文,民70)。至於性教育的教學人員,一般所注重的不僅是施教者必須有充實而完整的性知識,開放、體諒,與健康的態度,也是適切的性教育所不可或缺的(Renshaw, 1973; Dickman, 1975;劉仲冬,民70)。在性教育的教學分組方面,有關的文獻似較少論及男女合班或分班教學的問題,不過性教育需兼顧團體教學與個別輔導的方式,似已成爲一共同的趨勢(連明剛,民71; Reich and Harshman, 1971)。

目前國內一般兒童的性教育固然尚在萌芽階段,智能不足兒童的性教育更可說仍是一片沙漠(愚庵,民75),值得吾人寄予關切。本研究之目的,即在運用調查法以探討:(1)智能不足兒童的性教育中,究有那些問題值得吾人加以注意?(2)什麼是智能不足兒童性教育應有的內容?(3)智能不足兒童的性教育課程究應如何實施?至盼對上述三個問題的解答,能夠有助於我國智能不足兒童性教育的規劃與實施。

表 15-1　接受問卷調查之國民中、小學啓、益智班教師

學 校 別	性	別	總　數
	男	女	
國 民 中 學	6	24	30
國 民 小 學	53	96	149

貳·方　法

一、研究對象

　　本研究調查的對象，是民國七十五年三月下旬至五月上旬之間，參加國立臺灣教育學院所辦理的「個別化評量——教學專題研習會」之臺灣省國民中、小學啓、益智班教師。這項研習會曾對全省國民中、小學設有啓、益智班的學校作全面性的邀請，要求各校選派啓、益智班教師代表一人參加研習。除極少數學校未派教師參加外，接受調查的國民中、小學啓、益智班教師共有一百七十九人。此項研究對象的學校組別與性別資料如表 15-1 所示。

二、研究工具

　　本研究所用之工具爲研究者自編的「性教育問卷」。此一問卷之編擬，除參考有關文獻外，並請在國立臺灣教育學院進修部特殊教育系五年級進修的中、小學普通班與啓、益智班教師共計五十名，分別就下列五個問題提供書面意見：

　　1.學校性教育存在的問題。

　　2.學校性教育應有的內容。

3.學校性教育應有的課程安排。

4.性教育的實施時機。

5.性教育應採的教學方法。

接著，研究者即綜合有關文獻資料及中、小學教師的書面反應，擬出此一問卷之初稿；並請數位啓（益）智班教師根據問卷初稿內容的適合性，提出修正意見。最後定稿的「性教育問卷」計包括下列三大部分：

1.智能不足兒童性教育需要關心的問題。此一部分共包含十四個題項。每一題項就「不需關心」、「尚需關心」、「需要關心」、「甚需關心」，及「最需關心」五個選答，由受試者擇一反應。

2.智能不足兒童性教育內容的重要程度。這一部分共含有十七個題項。每一題項則就「不重要」、「尚重要」、「重要」、「很重要」、「極重要」五個選答，由受試者擇一填答。

3.智能不足兒童性教育課程之實施。此一部分計包括何時開始實施、教學時間、課程組織、施教人員、教學分組等題項。每一題項又按其內容呈現數目不等的若干選項。

三、資料蒐集與處理

本研究所用之「性教育問卷」，於前述研究對象至國立臺灣教育學院參加研習會時，由研究者當面分發作答。填答完畢後，並當場收回。

問卷資料的處理，對第一部分的題項，由「不需關心」至「最需關心」五個選項，分別賦予一至五分。智能不足兒童性教育問題需要關心的程度，即以每一題的平均分數而定。平均分數愈高，即表示需要關心的程度亦愈高。第二部分的題項，則對「不重要」至「極重要」五個選項，分別賦予一至五分。性教育內容的重要程度，即以每一題項在全體受試者的平均分數爲準。平均分數越高，即顯示其重要性亦越高。第三部分的題項，則以百分比顯示反應的情形，並藉「卡方檢定」考驗其顯著性。

表 15-2　國小啓智班教師對智能不足兒童性教育問題需要關心程度的看法
　　　　（N＝149）

項　　　　　　　　　目	平均分數	次　序
色情影片的氾濫	4.1275	1
智能不足者易被利用爲性犯罪之工具	4.0201	2
學生缺乏性的知識	3.7517	3
學校缺乏完整的性教育實施計劃	3.7007	4
過分重視生理知識，而忽略正當性態度之培養	3.5906	5
家長與學校在性教育上聯繫不足	3.5168	6
家長之觀念保守不便實施性教育	3.4966	7
教學方法不當	3.4354	8
性教育的教材不足	3.4094	9
性教育之參考資料不足	3.3624	10
教師忽略不教	3.3624	10
教學內容未能滿足學生的需要	3.3108	12
教師在性教育之訓練不足	3.1905	13
男女合班教學不便	2.3311	14

叁・結果與討論

一、智能不足兒童性教育需要關心的問題

　　就國小啓智班教師的調查結果而言，智能不足兒童性教育中的問題，如按需要關心的程度而排列，則如表 15-2 所示。而國中益智班教師對同樣問題的反應情形，可從表 15-3 看出。如將表 15-2 與表 15-3 對照而觀，吾人可以發現國小與國中教師認爲最值得關心的五個智能不足兒童性教育問題中，有三個是共通的。這三個問題分別是「智能不足者易被利用爲性犯罪之工具」、「學生缺乏性的知識」，及「學校缺乏完整的性教育

表 15-3 國中益智班教師對智能不足兒童性教育問題需要關心程度的看法
（N＝30）

項　　　　　　　　　　目	平均分數	次　　序
性教育的教材不足	4.1000	1
學生缺乏性的知識	4.0333	2
智能不足者易被利用爲性犯罪之工具	3.8667	3
學校缺乏完整的性教育實施計劃	3.8333	4
家長與學校在性教育上聯繫不足	3.6000	5
過分重視生理知識而忽略正當性態度之培養	3.5667	6
教師忽略不教	3.5333	7
教學內容未能滿足學生的需要	3.5333	7
教學方法不當	3.4333	9
性教育之參考資料不足	3.3667	10
教師在性教育之訓練不足	3.3000	11
家長之觀念保守不便實施性教育	3.2000	12
男女合班教學不便	2.4000	13
色情影片的氾濫	1.2667	14

實施計劃」。就「智能不足者易被利用爲性犯罪之工具」的看法言，似與一般人所關切的頗爲相符（Kirk and Gallagher, 1983）。而「學生缺乏性的知識」與「學校缺乏完整的性教育實施計劃」，皆說明我國智能不足兒童的性教育，到目前爲止仍然是受到忽視的，有待智能不足兒童的教育工作者採取積極的作爲，以補這方面教育的不足。另外國中教師將「性教育的教材不足」，視爲最值得關切的問題，亦與智能不足者性教育未受重視有所關聯。而國小教師將「色情影片的氾濫」，列爲最需關心的問題，適與洪清海（民72）所提及的目前色情錄影帶的氾濫對青少年所造成的精神污染不謀而合。社會上這一股影響正常性教育的歪風之存在，實值得吾人加以注意。無論是國小或國中教師對問卷上所列的十四個性教育有關的問題，其反應平均分數絕大部分皆在三分以上，顯見大部分的這些性教育問題皆是吾人需要加以關心的。

表 15-4　國小啓智班教師對智能不足兒童性教育內容重要程度之看法
（N＝149）

項目	平均分數	次序
女性安全防衛之知識	4.4899	1
性的衛生知識	4.0537	2
正確婚姻觀念之認識	4.0336	3
正確性態度之指導	4.0270	4
性關係的責任之認識	3.9732	5
與異性交往之道的指導	3.9597	6
與生育有關的知識	3.9329	7
避孕方法之指導	3.9262	8
青春期身心變化之認識	3.8993	9
性病之認識	3.7785	10
性生理知識	3.7047	11
性別角色之學習	3.6510	12
可公開或當隱藏之行爲的指導	3.5850	13
性問題諮詢途徑之認識	3.5705	14
變態的性行爲之認識	3.4295	15
性行爲的知識	3.4094	16
兩性心理差異之知識	3.3020	17

二、智能不足兒童性教育內容之重要程度

　　就國小啓智班教師的調查結果而言，智能不足兒童性教育有關的內容，如按其重要程度而排列其順序，則如表 15-4 所示。而國中益智班教師對這些問題的反應情形，則可見諸表 15-5。

　　無論就國小啓智班教師或國中益智班教師的反應情形來看，他們在問卷上所列的十七項性教育內容所作的反應平均分數全部在三分以上，可見所有這些性教育內容在國小與國中啓（益）智班教師的心目中，皆是重要的。同時國小啓智班與國中益智班教師的反應中，其各自平均分數最高的六個項目中有五個是共同的。這五個項目分別是：「女性安全防衛之知

表 15-5　國中益智班教師對智能不足兒童性教育內容重要程度之看法
（N＝30）

項　　　　　　　　目	平均分數	次　序
正確婚姻觀念之認識	4.4333	1
女性安全防衛之知識	4.4000	2
性關係的責任之認識	4.2333	3
性的衛生知識	4.2000	4
與異性交往之道的指導	4.1333	5
性生理知識	4.1000	6
避孕方法之指導	4.0667	7
與生育有關的知識	4.0333	8
正確性態度之指導	3.9667	9
性問題諮詢途徑之認識	3.8333	10
青春期身心變化之認識	3.8333	10
性行為的知識	3.7000	12
可公開或當隱藏之行為的指導	3.7000	12
性病之認識	3.7000	12
性別角色之學習	3.6000	15
兩性心理差異之知識	3.4667	16
變態的性行為之認識	3.1000	17

識 」、「性的衛生知識 」、「 正確婚姻觀念之認識 」、「 性關係的責任之認識 」，及「 與異性交往之道的指導 」。可見無論是國小或國中教師，多體認在對智能不足兒童實施性教育時，性知識、性的態度與責任的培養是同等重要的；同時為了安全的理由，女性防衛知能的指導，其重要性亦極為突出（ 國小教師組為第一位，而國中教師組為第二位 ）。上述這些見解，與國外學者（ Sengstock and Vergason, 1970; Vockell and Mattick, 1972 ）的看法似頗為一致。此外，性教育其他各項目的內容，在國小啓智班與國中益智班教師心目中，所顯示的重要程度之先後，亦可供教師在選擇性教育教材之參考。

表 15–6　國中、小啓（益）智班教師對性教育起始階段的看法

起　始　階　段	國　中　教　師		國　小　教　師	
	人　數	%	人　數	%
學　齡　前	0	0	11	7.38
小學低年級	1	3.57	17	11.41
小學中年級	2	7.14	31	20.81
小學高年級	13	46.43	71	47.65
國中一年級	9	32.14	12	8.05
國中二年級	3	10.71	4	2.68
國中三年級	0	0	1	0.67
高中階段以後	0	0	2	1.34
總　　　計	28	100	149	100

$\chi^2 = 21.80$　　df＝7　　P＜.005

三、智能不足兒童性教育課程之實施

㈠性教育的起始階段

　　國民中、小學啓、益智班教師對「智能不足兒童的性教育從何時開始實施為宜」這一問題的看法，可見諸表 15–6。從表上的資料顯示卡方檢定的結果達.005的顯著水準，此即表示在性教育起始階段的反應情形和教師類別（國中或國小教師）具有密切的關係。換句話說，國小與國中教師對起始階段的反應，並不一致。比較共通的一點是多數的國中教師（46.43%）與國小教師（47.65%），似有贊成從小學高年級起對智能不足兒童施以性教育之傾向。這項看法可能與兒童自小學高年級起即逐漸進入青春期有關。此一觀點與有些學者的見解似乎有所出入。曾有學者（Sengstock and Vergason, 1970）認為性教育應出現在每一個年級的課程裡面。而Bernstein（1976）則主張兒童性教育的實施，需配合其可能的理解能力；換句話說，針對兒童不同的發展水準，應給予不同的教導方式。

表 15-7　國中、小啓（益）智班教師對性教育教學時間的看法

教　學　時　間	國　中　教　師		國　小　教　師	
	人　數	%	人　數	%
隨　機　教　學	22	75.86	123	82.55
固定之教學時間	7	24.14	26	17.45
總　　　計	29	100	149	100

$\chi^2=0.72$　　df＝1　　P＞.05

表 15-8　國中、小啓（益）智班教師對性教育課程組織的看法

課　程　組　織	國　中　教　師		國　小　教　師	
	人　數	%	人　數	%
採專題教學	3	10.34	15	10.20
併於有關科目而教學	26	89.66	132	89.80
總　　　計	29	100	147	100

$\chi^2=0.0004$　　df＝1　　P＞.05

㈡性教育的教學時間

　　根據調查的結果，國民中、小學啓（益）智班教師對「性教育教學時間」的觀點，可從表 15-7 看出。這項反應資料經卡方檢定並未達顯著水準。這表示在性教育教學時間的選擇與教師類別並無相關存在。大部分的國小與國中啓（益）智班教師皆傾向支持採取性教育隨機教學的作法，贊成以固定時間來教學者所佔的百分比還是比較低的。

㈢性教育的課程組織

　　從表 15-8 所顯示的調查結果，吾人可以發現教師的類別和對課程組織的反應，並無關係存在。國小與國中啓（益）智班教師在課程組織的選擇上有相當一致性的反應。大多數的國小啓智班教師（89.80%）與國中益智班教師（89.66%）還是贊成將性教育併於有關科目而教學的。本題的反

表 15–9　國中、小啟（益）智班教師對適合附帶實施性教育之科目的看法*

科　　目　　別	國　中　教　師		國　小　教　師	
	人　數	%	人　數	%
健 康 教 育	24	92.31	96	72.73
公民與道德(生活與倫理)	7	26.92	39	29.55
輔導活動（團體活動）	11	42.31	33	25.00
自 然 學 科	3	11.54	12	9.09
其　　　　他	0	0	2	1.52

國中教師之總人數為 26 人

國小教師之總人數為 132 人

*本題可選答一項以上

應結果與前題「性教育教學時間」的調查結果是相通的。主張性教育併於有關科目的教學中，應可視為一種隨機的教學方式。

㈣適合附帶實施性教育的科目

需回答這一題項的僅限於前述「性教育的課程組織」選答「併於有關科目而教學」者。國民中、小學啟（益）智班教師在此一問題上所持的觀點，可從表 15–9 看出。無論就國中或國小教師而言，如需將性教育併於有關科目而教學時，選擇「健康教育」這一科目的，皆同樣佔有多數。在國小教師方面，選答「輔導活動」（團體活動）者，也佔有相當比例。這些反應傾向，皆值得作為吾人在編製智能不足兒童性教育課程之參考。

㈤性教育的施教人員

對「學校性教育之實施，應由何人負主要責任」之問題，教師類別與對施教人員的選擇之間，經統計考驗後，顯示並無相關存在，此項資料可見諸表 15–10。從表上的資料，吾人可以看出絕大多數的國中（86.67%）與國小（69.80%）啟（益）智班教師，認為學校如實施智能不足兒童性教育，應該負主要責任的是教師本身。在國小教師方面，有相當比例的人數（佔21%左右），認為需由護士來負主要的責任。這與國民小學注重兒童

表 15–10　國中、小啓（益）智班教師對性教育應由何人施教之看法

施　教　人　員	國　中　教　師		國　小　教　師	
	人　數	%	人　數	%
教　　　師	26	86.67	104	69.80
醫　　　師	1	3.33	9	6.04
護　　　士	3	10.00	32	21.48
其　　　他	0	0	4	2.68
總　　　計	30	100	149	100

$\chi^2 = 3.79$　　df＝3　　P＞.05

表 15–11　國中、小啓（益）智班教師對性教育的教學分組之看法

分　組　方　式	國　中　教　師		國　小　教　師	
	人　數	%	人　數	%
男女合班	10	33.33	89	59.73
男女分班	20	66.67	60	40.27
總　　　計	30	100	149	100

$\chi^2 = 7.04$　　df＝1　　P＜.01

衛生保健，護士角色功能有顯著的發揮不無相關。

㈥性教育之教學分組

　　針對性教育之教學分組，究應採男女合班，或男女分班上課的問題，表 15–11 的資料顯示對性教育教學分組之選擇，似與教師的類別有密切的關係。換句話說，國民中、小學啓（益）智班教師，對此一問題似有不同的態度取向。國小教師比較偏向贊成男女合班之作法，國中教師則以贊成男女分班者居多。形成此種態度取向之差異，可能與下列兩個因素有關：⑴「男女合班」與「男女分班」通常分別是國民小學與國民中學普遍性的作法；⑵兒童進入國民中學後，即逐漸邁入青春期，國中教師主張男女分班，或許是基於教學便利之理由。而國小階段之兒童，按 S. Freud 之

理論，屬於性心理發展的潛伏期（latent stage），亦可能使多數的國小教師認爲性教育之實施，男女合班上課應無不妥。

肆·結論與建議

一、結　論

使用「性教育問卷」，對一百四十九名國小啓智班教師及三十名國中益智班教師，所作的智能不足兒童性教育問題之調查研究，大致可歸納出下列的重要結論：

1.在智能不足兒童性教育中，比較需要關心的有「智能不足者易被利用爲性犯罪之工具」、「學生缺乏性的知識」、「學校缺乏完整的性教育實施計劃」、「性教育的教材不足」、「色情影片的氾濫」等問題。

2.智能不足兒童性教育的內容，被認爲比較重要的是「女性安全防衛之知識」、「性的衛生知識」、「正確婚姻觀念之認識」、「性關係的責任之認識」、「與異性交往之道的指導」、「性生理知識」、「正確性態度之指導」等。

3.智能不足兒童性教育課程之實施，多數的國民中小學啓（益）智班教師，有下列相當一致性的看法：(1)認爲宜從小學高年級開始教學；(2)性教育應採隨機教學；(3)性教育以併入有關科目而教學爲佳；(4)選擇以「健康教育」這一科目附帶實施性教育者的比例較高；(5)教師必須負主要的性教育責任。然而有關性教育之教學分組，國小啓智班教師多主張採男女合班，而國中益智班教師則以贊成男女分班者居多。

二、建　議

1.本調查研究所獲之結論，對智能不足兒童的性教育確具有實質的含

意。爲了避免智能不足兒童的性教育受到忽視，教師不僅對智能不足兒童性教育的需要應與家長作適當的溝通，同時在性教育的課程與教學方面也需作完整而有系統的規劃。無論在課程組織、教學時間、施教人員、教學分組等方面，也需作妥善的安排。由於智能不足兒童可能具有偶發學習（incidental learning）的缺陷，在容易受到忽視的性教育方面，作刻意而系統化的教學尤爲必要。

2. 在性教育的實施方面，固應斟酌性教育內容的重要性而適當地選擇教材。除此之外，兒童在性生理與心理的發展水準，也是吾人在安排性教育的教材與教法時所應考慮的。然而，國內有關智能不足兒童性生理與心理的發展資料，仍付之闕如。爲有效實施智能不足兒童的性教育，這方面的知識空間，似值得吾人加以塡補。

3. 由於過去國內在智能不足兒童性教育方面，尚缺乏有系統的作法，以致怎樣的實施方法才是適當而有效的，仍然不得其解。因此，有關智能不足兒童性教育方面的實驗研究，確有推動的必要。

參考 文獻

江漢聲（民 74）：少年可識「性」滋味？──鄉村國中生性生理衛生之調查
分析。健康世界，114 期，46–49 頁。

沈楚文（民 66）：兒童的性教育。大眾醫學，28 卷 1 期，5–9 頁。

林芸芸（民 67）：臺北市立國民中學三年級學生的性知識、態度、行為調查
研究。學校衛生，3 期，1–24 頁。

洪清海（民 72）：少年維特的新煩惱──正視色情錄影帶對青少年的污染。
健康世界，93 期，11–13 頁。

連明剛（民71）：智能不足或肢體殘障者的性教育。健康教育，49 期，29–
31 頁。

晏涵文（民70）：家庭生活與性教育──意義及做法。健康教育，48 期，11
–14 頁。

晏涵文（民71）：殘障者的性教育。特殊教育季刊，4 期，1–4 頁。

黃國彥（民71）：社會青年的性知識、態度與行為之初探。教育與心理研
究，5 期，115–176 頁。

黃國彥、陳宏銘、王青祥、季力康（民 74）：工廠青年性知識、態度與行為
之調查研究。教育與心理研究，8 期，115–156 頁。

愚庵（民75）：痴兒的性與愛。臺灣新聞報，75 年 11 月 11 日第八版。

劉仲冬（民70）：也談性教育。大眾醫學，31 卷 6 期，265–268 頁。

劉焜輝（民70）：談性教育與家庭生活。健康教育，48 期，15–17 頁。

American Association for Health, Physical Education, and Recreation (1967). **A resource
guide in sex education for the mentally retarded.** New York: AAHPER.

Bernstein, A. (1976). How Children learn about sex and birth. **Psychology Today, 6,**

31-34, 66.

Brantlinger, E. A. (1985). Mildly mentally retarded secondary students' information about and attitudes toward sexuality and sexuality education. **Education and Training of the Mentally Retarded, 20**(2), 99-108.

Dickman, I. R. (1975). **Sex education for disabled persons,** The Public Affairs Committee.

Edith, P. S. (1976). Human sexuality and the handicapped. **Personnel and Guidance Journal, 54**(7), 378-380.

Gordon, S. (1971). Missing in special education: Sex. **The Journal of Special Education, 5**(4), 351-354.

Karmel, L. J. (1970). Sex education no! Sex information yes ! **Phi Delta Kappan, 52**(2), 95-96.

Kilander, H. F. (1970). **Sex education in the schools: A study of objectives, content, methods, materials, and evaluation.** New York: Macmillan.

Kirk, S., & Gallagher, J. (1983). **Educating exceptional children.** Boston: Houghton Mifflin.

Maddock, J. (1974). Sex education for the exceptional person: A Rationale. **Exceptional Children, 40**(4), 273-278.

Meyen, E. L. & Carr, D. L. (1967). **A social attitude approach to sex education for the educable mentally retarded.** Special Education Curriculum Development Center, The University of Iowa, ERIC ED 025 872.

Perske, R. (1973). About sexual development: An attempt to be human with the mentally retarded, **Mental Retardation, 11**(1), 6-8.

Reich, M. L., & Harshman, H. W. (1971). Sex education for handicapped children: Reality or repression. **The Journal of Special Education, 5**(4), 373-377.

Renshaw, D. C. (1973). Sex education for educators. **The Journal of School Health, XLIII**(10), 645-650.

Sengstock, W. L., & Vergason, G. A. (1970). Issues in sex education for the retarded. **Education and Training of the Mentally Retarded, 5**(3), 99–103.

Vockell, E., & Mattick, P. (1972). Sex education for the mentally retarded: An analysis of problems, programs, and research. **Education and Training of the Mentally Retarded, 7**(3), 129–134.

在家教育學生之服務需求研究

壹·緒　論

　　身心障礙者之教育所以被稱之爲特殊教育，除了這些受教者有其特殊的教育需求外，彼等所接受的教育安置之殊異性，亦往往是使其教育的特殊性更爲彰顯的因素。爲了滿足身心障礙者的特殊教育需求，一般皆認爲應提供彼等連續性的變通安置方式（the continuum of alternative placements）。這些變通的教育安置方式，常見的有普通班輔以諮詢服務、巡迴輔導制、資源教室、自足式的特殊班、特殊學校、醫院或在家教育等（Gearheart and Weishahn, 1980; Gearheart, 1980；何華國，民82）。其中以學生仍留在家中的「在家教育」尤爲特殊。不過在家教育同爲身心障礙學生可能的變通安置方式之一。

　　所謂的在家教育（homebound education）或在家教學（homebound instruction），Kirk 與 Gallagher（1989）認爲係針對那些需長期留在家中的生

理障礙（ physical handicaps ）兒童，爲避免彼等的教育遲滯，由經特別訓練的巡迴教師（ itinerant teachers ），在他們休養期間，登門教導的一種教育方式；通常在家教育的學生其學區所屬的學校，也視學生的能力狀況，可能會遣派教師每天給予一個小時或更多時間的輔導。其他如Heward與Orlansky（ 1988 ）及Salend（ 1990 ）等人也皆認爲需要在家教育的對象，多是那些特別重度的生理障礙、健康問題、正由手術或疾病休養恢復中之類的學生；這些學生幾乎皆有一項共同的特性，即是具有接受醫療服務的需要。大多數的在家教育固然是由教師巡迴輔導教學，而由巡迴輔導教師負主要的責任。不過在實施的方式上仍有變通。例如有的巡迴輔導教師可能扮演聯繫、溝通與輔導的角色，因此其留給學生的作業就與學校普通班級教師的要求無異，而學生所完成的作業也由其攜回給學校班級的教師批改（ Salend, 1990 ）。另外，雙向對話系統（ two—way telephone communication ）的採用所提供的電傳教學（ teleteaching ），也可以讓在家教育的學生得以身歷其境地聆聽與參與學校教室內之討論活動，而和其他學生有更多互動的機會。通常這類的電傳教學皆在上午實施，教師再於下午進行訪視，以收集學生作業並提供個別輔導（ Brady, 1988 ）。

在家教育安置方案固然是以極重度或多重障礙的學童作爲主要的輔導或教學的對象，不過爲了擴大殘障者在家教育的效果，在美國許多學齡前殘障者早期處遇（ early intervention ）家庭本位方案（ home—based programs ）所強調的家長訓練的作法（ Turnbull, 1983; Neisworth and Bagnato, 1987; Lewis and Lynch, 1988 ），仍常被用之於在家教育個案的家長與家人，以幫助彼等面對孩子殘障所衍生的問題，且有助於強化殘障個案在家教育的功能（ Heward and Orlansky, 1988 ）。比較不同的是，家庭本位早期處遇方案的巡迴輔導者除特殊教育人員（ special educator ）外，亦可能包括職能或物理治療師（ occupational or physical therapist ）、說話與語言治療師（ speech and lan-guage therapist ）、護士、心理學家、社會工作者等專業人員（ Lynch, 1988 ）。而在家教育的輔導人員似仍以巡迴輔導的特殊教育教師爲主。

不過不管在家教育的學生彼此在輔導內容或方式上有任何歧異，Dykes與 Venn（1983）卻認為在家教育方案不應視為保護殘障個案、安撫家長，或免除學校提供所需教育服務的權宜之計。他們認為殘障學生在家教育需有時間限制，且應符合特定目的。換句話說，我們應期待大部分在家教育的學生能盡快回歸他們的學校，才是此一教育安置方案最終的目標。

　　在家教育在我國教育法令上特別稱之為「在家自行教育」，目前也是我國特殊教育安置型態之一。根據「強迫入學條例」第十三條之規定：「智能不足、體能殘障、性格或行為異常之適齡國民，由學校實施特殊教育，亦得由父母或監護人向當地強迫入學委員會申請同意後，送請特殊教育機構施教，或在家自行教育。其在家自行教育者，得由該學區內之學校派員輔導。」「強迫入學條例施行細則」第十五條也指出：「父母或監護人向當地鄉（鎮）、（市）、（區）強迫入學委員會申請同意在家自行教育者，由該學區內之學校派員輔導，必要時聯絡鄰近學校特殊教育教師協助輔導。」「特殊教育法施行細則」第二十條並規定重度智能不足者於特殊教育學校或社會福利機構附設之特殊教育班就學，或在家自行教育；另外第二十三條對重度肢體障礙者也有類同的規定。而第二十四條更指明在家自行教育得申請當地主管教育行政機關指定學校派員輔導。由此可見，我國在家自行教育的對象多屬重度智能不足、體能殘障、性格或行為異常之學齡國民。在家自行教育資格的取得尚需由父母或監護人向當地政府強迫入學委員會申請同意，且可請求主管教育行政機關指定學校派員輔導。因而殘障學童如在家接受教育，實未必由其家長或監護人「自行」負其全責，主管教育行政機關仍需擔負部分輔導的責任。且這項輔導工作目前仍由學校教育人員承擔，而未有醫療復健、語言治療、心理學家等專業人力介入之設計。

　　就在家自行教育學生的人數而言，國立臺北師範學院特殊教育中心在民國七十七年所做的調查，發現當時臺灣地區各縣市申請在家自行教育的人數共有六百六十六名，而巡迴輔導的教師人數合計四十一人（林貴美，

民78a）。我國第二次全國特殊兒童普查曾發現，總數達七萬五千五百六十二人的特殊兒童中計有五百九十五人（佔0.79%）係有學籍申請在家自行教育者。而這些在家自行教育的學生又以智能不足（二百五十一人）及多重障礙（二百五十四人）最多（教育部特殊兒童普查工作執行小組，民81）。另外，第二次全國特殊兒童普查身心障礙失學兒童教育安置現況的統計中，也顯示已有二百三十五名過去失學的身心障礙兒童已有學籍申請在家自行教育。且這些兒童的障礙類型仍以多重障礙與智能不足最多（教育部特殊教育學生鑑定、安置、輔導工作推動指導小組，民83）。

在家自行教育目前旣已成爲身心障礙學生可能的變通安置方式之一，則此一教育安置方式的實施狀況與成效，似值得關注。爲了配合輔導在家自行教育學生的需要，教育部曾於民國七十六年委託當時的省立臺北師範學院辦理國民小學啓智教育巡迴輔導員研習班，招收已修習部訂特殊教育智能不足組教師登記規定科目及學分之教師，再接受六週的研習，以修讀中、重度殘障兒童教材教法（三學分），教育診斷與教學計劃（二學分），中重度殘障兒童病理與復健（二學分），障礙兒童親職教育（三學分）及教育實習（二學分）共十二學分，以儲備各縣市的在家自行教育巡迴輔導師資（林貴美，民78b）。由此吾人應可瞭解目前在家自行教育輔導教師的專業背景似以啓智教育爲重，且又係以教學服務爲主，而較少及於醫療、復健知能之提供。

爲了瞭解在家自行教育的實施情況，教育部曾於七十六學年度辦理臺灣地區二十三縣市的訪視工作，根據蔡克容與林貴美（民78）所作的訪視報告，發現負責在家自行教育學童輔導的啓智教育輔導員到家輔導的內容，主要在教導家長輔導與訓練兒童的生活技能（80%）、開導及安慰家長（60%）、教導兒童讀、寫、算（44%）及訓練兒童生活自理能力（44%）。負責在家自行教育巡迴輔導工作的郭苑娟（民78）亦指出，其所實施的輔導內容分爲生活自理、動作、認知、語言、社會適應，以及感官訓練等六部分。這類輔導課程在其他的巡迴輔導員（如陸雪鈴，民78；

林正鎰，民78；林賜麟，民78）所實施者，也有相類似的情形。由此可知，目前在家自行教育學生的輔導內容，實深受輔導教師本身所具教育背景的影響，而有教學取向的色彩。另外，蔡克容與林貴美（民78）的訪視報告也指出，接受訪視的在家自行教育個案，輔導員每週到家輔導的次數從○至二次者皆有；且輔導員每次輔導時數亦介於○至四小時之間；每名輔導員輔導學生人數有高達六十名者（臺北縣），也有低至二名者（嘉義縣、花蓮縣）；輔導員的工作內容除到家巡迴輔導外，有許多尚需兼任行政工作；至於巡迴輔導教師在工作上曾遭遇的困難依次有：(1)輔導區域範圍太廣時感疲於奔命，(2)缺乏適當的交通工具和設備，(3)本身專業知能缺乏不能有效輔導及解決問題，(4)家長不配合，及(5)行政雜務太多影響正常工作運行。這一訪視報告對於輔導成效按各縣市的反應資料，表示顯著者佔39%，不顯著者佔45%，認為毫無進步者則佔5%，另有11%未填答。這一訪視報告似乎突顯了當時臺灣地區在家自行教育輔導欠缺制度化的考量與作為，且所提供的輔導並未見得與在家自行教育學生的服務需求相互配合，以致實施的成效遭受較多的質疑。而這些質疑尤其可從許多實際從事巡迴輔導教師的感觸與建言中彰顯出來。這些對在家自行教育的感觸或建言最常見的似有下列幾方面（鄭兆斌，民78；杜美雲，民78；張至人，民78；鄭慶源，民78；林惠珠，民78；郭苑娟，民78）：

1.許多在家自行教育的個案需要復健訓練的服務，並非巡迴輔導教師所能提供。且有時個案需要醫療復健更甚於教師的教學輔導。

2.在家自行教育輔導辦法並不明確，令輔導教師無所適從。

3.輔導教師在現有教學或行政工作之外所能給予每一個案的輔導時間與次數均屬有限，以致輔導成效不彰。

4.家長最期待的是其子女能進入學區內特殊班就讀或有適當機構加以接納。因此輔導工作應重在「轉介」，以幫助被輔導的個案獲得適當的安置。

5.家長對於教師的教學與輔導往往未能配合，以致輔導成效相當有

限，教師的挫折感因而產生。

因此，在家自行教育巡迴輔導方案自實施以來，成效一直未能彰顯應該是事實。而輔導效果的難以產生，實與輔導制度的設計未能因應在家自行教育學生的服務需求有密切的關聯。最近陳榮華（民83）對特殊教育義務化，及教育、衛生與社會福利主管機關應相互合作支援的主張，應該是在強調身心障礙學生不只應有接受教育的機會，同時其所接受的教育與服務也應滿足其身心發展的需求。而爲了滿足身心障礙學生教育與服務的需求，則常有賴於教育、衛生及社會福利等體系的相互支援合作。因爲身心障礙學生的服務需求，可能不限於就學方面，其他如就醫、就業、就養方面的需求如何皆值得我們注意。爲了讓殘障者在就醫、就學、就業、就養方面獲得合理的輔導與安置，我國殘障福利法第十二條即規定政府應有殘障者職能評估制度之建立。透過對個別殘障者所做的職能評估，以瞭解其復健服務需求，必有助於爲其提供適當的輔導或安置。由於接受在家自行教育輔導的學生多屬極重度或多重障礙者，彼等的復健需求不僅是教育的問題，更可能涉及醫療、社會福利服務等範疇。因此如何在輔導方案的提供之前，對其服務需求先加以評估，是十分重要的。

就微觀的角度而言，爲了給予個別在家自行教育學生適當的輔導，吾人固應實施職能評估，以掌握彼等可能的服務需求。同樣的，若以宏觀的視野而論，健全的在家自行教育輔導體制的建立，也應以這羣特殊教育學生的服務需求趨向爲依據。本研究的目的，即擬透過對在家自行教育學生的服務需求進行調查評估，以供爾後設計彼等教育與復健服務方案的參考，同時對於未來輔導人力的培訓，也可藉此瞭解其確切的方向。具體而言，本研究對在家自行教育學生的服務需求所欲評估者，計有下列五方面的問題：

1. 在家自行教育學生的身心功能與問題如何？
2. 在家自行教育學生接受在家教育的條件如何？
3. 在家自行教育輔導工作的現況如何？

4.目前在家自行教育輔導工作存在的問題爲何？

5.家長對在家自行教育輔導的成效評估與期望如何？

貳·方　法

本研究同時運用問卷調查與個案訪視的方法，以蒐集與研究問題有關的資料。兩種方法中，又以問卷調查爲主，個案訪視爲輔。回答研究問題所需的資料，已在調查問卷中涵蓋。個案訪視的實施，旨在進一步瞭解在家自行教育學生的身心狀況，以及接受輔導的情形。茲將本研究的對象、研究工具，及資料蒐集與處理的方法分敍於後。

一、研究對象

本研究的對象包括在家自行教育的輔導教師、學生家長或監護人，以及學生本人。爲了確定研究對象之所在，研究者首先請臺灣省二十一縣市政府、臺北市與高雄市政府，及福建省金門與連江縣政府的教育局提供八十二學年度的在家自行教育學生名單。這份名單計得在家自行教育學生合計共二千二百四十七名。其次再依各縣市在家自行教育學生各自的名單中，以系統抽樣法（systematic sampling approach）每十名學生抽取一名，如總人數不足十名仍抽取一名，而得各縣市作爲研究對象的學生共計二百二十八名。研究者即依據此一名單，透過各縣市政府教育局轉請學生的輔導教師針對個別學生塡答「服務需求調查問卷」。研究者再從回收的問卷，掌握學生的住址、家長或監護人的姓名、輔導教師的姓名與通訊地址等資料。作爲研究對象的二百二十八名學生中，由輔導教師所塡答的「服務需求調查問卷」最後計回收二百一十份，回收率達 92.11%。

由回收的二百一十份「服務需求調查問卷」，扣除正接受啓智班、社政機構安置、病逝等三十八名個案後，提供了一百七十二名家長或監護

人，以及一百三十六名輔導教師的名單。這一百七十二名家長或監護人接
受由研究者直接寄發的「輔導狀況調查問卷」，計收回八十二份，回收率
爲 47.67%。研究者亦另直接寄給這一百三十六名輔導教師「輔導意見調
查表」，最後收回一百一十七份，回收率則爲 86.03%。

　　此外，研究者也以臺北市、高雄市及臺灣省各縣市爲單位，每直轄市
及縣市由寄回的「服務需求調查問卷」中抽選一名在家自行教育的學生作
爲家庭訪視的對象，接受家庭訪視的個案共計二十三名。

二、研究工具

㈠服務需求調查問卷

　　本問卷之編製，旨在蒐集與在家自行教育學生的服務需求直接有關的
資料。問卷之編擬除參考重度與多重障礙者評量與教育之相關文獻外，亦
參酌若干在家自行教育輔導教師的意見。問卷初稿曾請四位資深在家自行
教育輔導教師預試並做評鑑，以做爲修正的依據。修正定稿的問卷，除包
括填答問卷之簡要說明外，計分爲基本資料與服務需求評估兩大部分。基
本資料部分所要蒐集的包括個案姓名、性別、出生日期、殘障類別與等
級、住址、家長或監護人姓名、輔導教師姓名與地址等。服務需求評估部
分則再分爲基本能力、健康狀況，與居家服務三部分。其中基本能力部分
係在評估學生的粗大動作（八題）、精細動作（三題）、生活自理（六
題）、溝通能力（五題）、認知能力（四題），與社會行爲（五題）六個
領域合計三十一項（題）的能力。輔導教師需就受評估學生的目前狀況，
從「完全不會」（給一分）、「需協助才會」（給二分），及「自己會」
（給三分）作一選擇，以顯示受評學生的基本能力狀況。基本能力的這三
十一個題項，以本研究有效的一百七十二份問卷加以分析，發現總量表內
部一致性信度達 Cronbach α 係數.9595，顯示此一基本能力量表各題性質
相當一致。以同樣這些資料，使用最大變異正交轉軸因素分析的方法考驗
此一基本能力量表的建構效度（Norusis, 1986），計可抽取特徵質在1以上

的因素四個，佔總變異量72.5%。各因素按其所屬題目性質，可分別命名
爲：(1)粗大動作，包括1、2、3、4、5、6、7、8共八題；(2)自我照顧，
包括9、10、11、12、13、14、15、16、17共九題；(3)社會溝通，包括
18、19、20、27、28、29、30、31共八題；(4)語言與認知，包括21、
22、23、24、25、26共六題。健康狀況部分則列擧十二項在家自行教育
學生可能出現的健康問題，由輔導教師按受評個案情況鉤選。至於居家服
務部分則包括六個用以評估與學生在家自行教育本身條件有關的題項。

(二)輔導狀況調查問卷

輔導狀況調查問卷的運用，目的在透過在家自行教育學生家長或監護
人的反應，以蒐集其子弟接受在家自行教育輔導情形的資料。本問卷之編
擬，先由研究者透過電話訪問若干在家自行教育的學生家長或監護人，以
瞭解其子弟接受教育輔導的大致情況，再由研究者撰擬問卷初稿。經由四
位資深在家自行教育輔導教師對問卷初稿的試用與評鑑後，研究者再對問
卷初稿作最後的修正而定稿。定稿後的輔導狀況調查問卷除作答說明外，
計有五個題項。其中需用文字表述的題目有三，分別涉及每次接受輔導平
均相隔時間、每次接受輔導平均持續時間，及未來希望獲得的輔導協助。
另有兩題則爲選擇題，一爲接受輔導活動的內容（可複選），二爲接受輔
導後的受益情形。

(三)輔導意見調查表

輔導意見調查表的使用，除了在瞭解在家自行教育輔導教師的身分背
景外，另一個目的即在掌握彼等對在家自行教育輔導工作的看法。本調查
表初稿的撰擬，除參考相關的文獻資料外，也經由對若干在家自行教育輔
導教師的訪談，以蒐集他們對在家自行教育的輔導意見，以供草擬初稿之
參酌。初稿研擬完成後，曾請四位資深在家自行教育輔導教師先行試用並
加評鑑，研究者參酌試用與評鑑意見，再對調查表作最後修正而成定稿。
定稿後的輔導意見調查表主要包括填答者基本資料與輔導意見兩部分。在
填答者基本資料的部分，包含性別、年齡、現職、最高學歷、特殊教育專

業背景、特殊教育教學年資,與普通班教學年資七個題項。至於輔導意見的部分,計有輔導的個案所需要的服務,可以提供輔導的個案之服務,在家自行教育輔導工作存在的問題。本調查表除年齡與選項爲「其他」者需用文字表述外,填答主要係採選擇的方式。

㈣個案訪視要點

爲了配合實地訪視個案,以瞭解其身心狀況及接受輔導的情形,研究者亦預擬「個案訪視要點」,以作爲訪視時蒐集資料之參考。這一訪視要點包括:(1)個案身心功能,(2)居家環境,(3)接受輔導狀況,及(4)家長或監護人對輔導協助的評估與期望。

三、資料蒐集與處理

本研究所需資料之蒐集,係先請臺灣省各縣市、臺北市與高雄市,及福建省金門與連江縣共二十五縣、市政府之教育局提供轄區內在家自行教育的學生名册。研究者根據此一名册抽樣選出二百二十八名學生作爲研究對象。接著將「服務需求調查問卷」寄給各縣市政府教育局,洽請作爲研究對象之學生的輔導教師填答。研究者從回收的「服務需求調查問卷」掌握到學生家長(或監護人)與輔導教師之姓名與通訊地址後,即據以再分別寄給家長與輔導教師「輔導狀況調查問卷」和「輔導意見調查表」,請其填答並寄回。至於在家自行教育個案的實地訪視,則由研究者擔任。訪問之前研究者皆與被訪對象之家人先用電話聯繫,再依約定日期與時間前往訪視。訪視過程中,研究者除實地觀察、交談外,並作必要的書面記錄。

在研究資料的處理方面,本研究所運用的三個問卷,除與時間有關的變項及「服務需求調查問卷」中服務需求評估的基本能力部分,係以平均數加以表示外,各問卷的其他部分屬於選擇式的反應題項,則以次數與百分比加以處理。本研究所提出的五個主要研究問題的解答,其所需資料來源係以三個問卷爲主,而以個案訪視所獲資料爲輔。

　　對於研究問題一「在家自行教育學生的身心功能與問題如何」之解答，服務需求調查問卷中服務需求評估的基本能力與健康狀況部分將提供重要的資料。全體受評學生在各項基本能力除以平均數顯示其大致水準外，也將透過能力水準之排序，以顯示整體而言最需要輔助的能力所在。至於有問題的健康狀況，將以次數和百分比加以顯示，以提供目前在家自行教育學生一般性的健康資料。

　　服務需求調查問卷中，服務需求評估的居家服務部分所獲資料，將解答研究問題二「在家自行教育學生接受在家教育的條件如何」之問題。這部分的資料，將以次數與百分比顯示，並以卡方檢定加以處理。

　　與研究問題三「在家自行教育輔導工作的現況如何」有關者，包括輔導意見調查表中的填答者（輔導教師）基本資料、輔導的個案所需要的服務與可以提供輔導的個案之服務兩個題項，以及輔導狀況調查問卷中反映在家自行教育個案接受輔導情形的有關題項。這些問卷資料將提供目前輔導人力、在家自行教育學生所需的服務、輔導教師可提供的服務，以及學生實際所接受服務等方面的大致狀況。這些問卷資料除輔導教師的年齡、個案接受輔導平均相隔與持續的時間係以平均數表示外，其他部分的資料概以次數與百分比顯示。

　　研究問題四「目前在家自行教育輔導工作存在的問題為何」之解答，則借助輔導意見調查表中輔導教師所提供的意見。這部分資料將以次數與百分比加以表示，並按問題受到關心的程度加以排序，以顯示問題嚴重程度的不同。

　　至於研究問題五「家長對在家自行教育輔導的成效評估與期望如何」之解答，其所需的資料，主要來自家長對輔導狀況調查問卷中「孩子接受輔導後的受益情形」與「未來希望獲得的輔導協助」這兩個題項的反應。前者係選擇性的題項將以次數、百分比，及卡方檢定處理。後者則為開放性的反應題項，將以家長的反應內容加以分類，並以次數及百分比顯示。

　　對於個案訪視所作的書面記錄，則運用「校正分析歸納法」（modified

analysis）與「持續比較法」（constant comparative method）加以處理（何華國，民81），以提供解答研究問題所需的補充資料。

叁·結果與討論

　　本研究針對在家自行教育學生、輔導教師，及學生家長或監護人為對象，運用服務需求調查問卷、輔導狀況調查問卷、輔導意見調查表，和個案訪談要點為工具，所蒐集到的資料經處理後，將就學生身心功能與問題、在家教育的條件、輔導工作的現況、輔導工作存在的問題，及家長對輔導工作的成效評估與期望，分別提出結果與討論。

一、學生身心功能與問題

　　本研究所回收的二百一十份服務需求調查問卷，扣除三十四名正接受社會福利機構教養服務（即每月所領取的教育代金為四千五百元，而非三千五百元），一名已進入啓智班就讀，兩名已病逝，及一名行踪不明後，屬於真正在家自行教育學生的可用問卷共計一百七十二份。本研究對於在家自行教育學生身心功能與問題的描述與分析，即以此一百七十二名學生的資料為依據。這一百七十二名學生中，男性有一百零九名（63.4%），女性為六十三名（36.6%）。年齡最大者為十六歲，最小者為六歲，全體平均年齡為十點六五七歲，標準差為二點五九六歲。至於其殘障類別則如表16–1所示，以多重障礙、智障和肢障居多。

　　在家自行教育學生的身心功能與問題，係由服務需求調查問卷中，服務需求評估所提供的學生基本能力與健康狀況部分所反映的資料去瞭解。就一百七十二名學生的基本能力評估而言，若按各項能力項目得分平均值依由小至大排列，則有如表16–2之情形。

　　從表16–2之數據顯示，一百七十二名在家自行教育學生基本能力項

表 16-1　學生的殘障類別

殘　障　類　別	人　數	百分比
智能障礙	63	36.6
視覺障礙	1	.6
肢體障礙	19	11.0
多重障礙	87	50.6
自　閉　症	1	.6
缺失資料	1	.6

目得分平均值列於「完全不會」者（即平均得分在1-1.5者），計有洗澡、指認顏色、使用筷子、刷牙、指認圖形、說出短句、指認數量、洗臉、穿脫衣褲九個項目。其餘的二十二個題項也皆屬於「需協助才會」者（平均得分在1.5-2.5）者。在所有三十一個基本能力的評估項目中，並無任何一項平均值達到「自己會」（平均得分在2.5以上）的程度。就完全不會的九個能力項目之性質而言，多屬生活自理與認知能力的範疇。

　　另外就一百七十二名學生基本能力領域的平均得分由小至大加以排列，則如表 16-3 所示。在基本能力的六個領域中同樣顯示認知能力與生活自理為最弱。其他如精細動作、溝通能力、社會行為，與粗大動作能力方面，也顯示需要大小不同程度的協助。

　　其次，就在家自行教育學生的健康狀況而言，其健康問題出現的情況，則如表 16-4 所示。從表 16-4 所顯示的資料，吾人可以發現，受評估的一百七十二名在家自行教育學生，有一半以上存在著不會說話、肢體動作障礙、身體平衡、無法控制大小便之類的問題。而其他如情緒問題、經常生病、活動過多等現象出現的比例亦不低。顯示這些學生似有接受醫療服務的迫需性。

　　從研究者實際對二十三個縣市在家自行教育學生二十三個個案所作的訪視，發現有 69.57% 的學生（十三名）皆有腦部傷害所衍生的症候，諸

表 16-2 學生基本能力項目平均值之排序

能　　　力　　　項　　　目	平均值
洗澡	1.304
指認顏色（紅、黃、藍）	1.371
使用筷子	1.380
刷牙	1.388
指認圖形（○，□，△）	1.388
說出短句	1.402
指認數量（1，2，3）	1.408
洗臉	1.424
穿脫衣褲	1.459
原地跳	1.518
大小便處理	1.525
說出單一字詞	1.568
跑	1.600
向別人打招呼	1.625
指認身體部位（眼，口，鼻）	1.627
和別人一起玩	1.735
表達需要	1.750
滾翻	1.751
投擲	1.776
握筆塗鴉	1.795
進食	1.853
走	1.859
別人跟他說話能保持視覺接觸	1.888
別人打招呼有反應	1.905
聽懂吩咐	1.918
握住湯匙	1.930
站	1.959
指認家人	2.071
爬	2.165
叫名字會反應	2.271
坐	2.379

表 16-3　學生基本能力領域平均值之排序

能　　力　　領　　域	平均值
認知能力	1.4485
生活自理	1.4922
精細動作	1.7017
溝通能力	1.7818
社會行為	1.8448
粗大動作	1.8759

表 16-4　學生健康問題出現狀況（可複選）

健　康　問　題	出現次數	%
聽力問題	26	15.1
視力問題	34	19.8
觸覺敏銳問題	40	23.3
身體平衡問題	100	58.1
癲癇	36	20.9
無法控制大小便	99	57.6
不會說話	117	68.0
情緒問題	62	36.0
活動過多	43	25.0
肢體動作障礙	117	68.0
經常生病	60	34.9
其他	43	25.0

如肢體動作、語言、身體平衡、生活自理、認知能力等方面的問題。這些學生的基本能力與健康方面所顯現的問題，似與經由輔導教師所提供的問卷調查評估資料十分脗合。由於在家自行教育學生在基本動作、溝通、生活自理、認知等方面能力的欠缺，且附帶多方面的健康問題，因此教育主管部門的在家自行教育輔導似不易找到協助的著力點。換句話說，學生醫療復健的需求如未先獲得滿足，輔導教師的教學即難以下手，且不易產生

表 16-5　學生在家中生活起居所獲照顧

	完善	尚可	差	合計
f	51	108	12	171
%	29.8	63.2	7.0	100

$\chi^2 = 81.789$　　p= .000

實效。因此，在家自行教育學生的輔導如純由教育部門擔綱，難免孤掌難鳴，如何結合衛生部門共襄盛舉，提供必要的醫療復健支援，以使在家自行教育學生在身心發展上獲得實質的幫助，似為吾人需努力以赴的課題。

二、在家教育的條件

在家自行教育學生在家接受教育的條件，主要係經由服務需求調查問卷對學生居家服務狀況的評估而獲得瞭解。以下將把學生居家服務狀況的評估結果，逐題提出討論。

㈠學生在家中生活起居所獲照顧

接受評估的學生（共一百七十一名，另有一名學生資料缺失）在家中所獲生活起居的照顧情形如表 16-5 所示。表 16-5 的資料顯示有 63.2% 的學生在家中生活起居所獲照顧尚可的情形為最多。各種照顧狀況顯示的百分比亦不一致，且達顯著差異。

㈡學生在家自行教育的環境

表 16-6 的資料顯示，受評估的學生其在家自行教育的環境明顯的參差不齊，不過大多數的學生（59.7%）在家自行教育的環境仍具普通水準。

㈢學生的家庭經濟能力是否能負擔其居家服務

表 16-7 的評估結果顯示，在家自行教育學生的家庭經濟能力優弱互見，且未達統計上的差異水準。顯見雖有 55.4% 的學生家庭有能力負擔居家服務的費用，但仍有 44.6% 的學生家庭經濟能力尚差，有提供救助的需

表 16–6　學生在家自行教育的環境

	良好	普通	差	合計
f	30	102	39	171
%	17.5	59.7	22.8	100

$\chi^2 = 54.000$　　p= .000

表 16–7　學生的家庭經濟能力是否能負擔其居家服務

	是	否	合計
f	92	74	166
%	55.4	44.6	100

$\chi^2 = 1.952$　　p= .162

表 16–8　家長或監護人對子女自行教育的能力

	足夠	尚可	不足	合計
f	17	82	71	170
%	10.0	48.2	41.8	100

$\chi^2 = 42.718$　　p= .000

要。

㈣家長或監護人對子女自行教育的能力

　　表 16–8 的資料顯示，家長或監護人對在家子女自行教育的能力似有差異，且達統計上的顯著水準。其中有足夠能力自行教育者僅 10%，48.2% 者能力尚可，而自行教育能力不足者則達 41.8%。顯見有相當高百分比的學生家長或監護人仍有待加強親職教育輔導，以提升其自行教育子女的能力。

㈤家長或監護人對外來協助的態度

　　家長或監護人對外來協助其子女所顯現的態度如表 16–9 所示。表 16

表 16-9　家長或監護人對外來協助的態度

	熱切	普通	冷漠	合計
f	105	63	2	170
%	61.8	37.0	1.2	100

$\chi^2 = 94.671$　　p= .000

表 16-10　家長或監護人對外來輔導的配合程度

	良好	尚可	差	合計
f	98	63	6	167
%	58.7	37.7	3.6	100

$\chi^2 = 77.473$　　p= .000

-9 的統計資料顯示，家長或監護人對外來協助其子女的態度並不一致，且達顯著水準。大部分（61.8%）的家長或監護人具有熱切的態度，態度中庸者亦達 37%，很少（1.2%）家長或監護人是冷漠的。

㈥家長或監護人對外來輔導的配合程度

表 16-10 的資料顯示，家長或監護人對外來輔導或協助其子女的配合程度並不一致，且達統計上的顯著水準。其中配合程度良好者最多（58.7%），尚可者其次（37.7%），配合程度差者最少（3.6%）。這些結果與前述家長或監護人對外來協助的態度，似相互呼應。

根據研究者對各縣市在家自行教育學生的訪視所獲印象，受訪視的個案家庭泰半係小康之家，家長或監護人對受訪多持接納的態度，多數的個案也皆獲起碼水準以上的生活照顧。惟大多數家長或監護人對其子女的在家自行教育皆有心有餘而力不足的反應。給予子女適當的照顧可能係出自中國人的家庭倫理傳統使然。至於家長或監護人的心有餘而力不足，有可能係出於經濟能力不足或自行教育的能力不夠的情形。前面服務需求調查問卷對學生居家服務狀況的評估結果，也顯示學生的家庭經濟能力不夠與

家長或監護人對子女自行教育的能力不足，其出現的情形皆各在 40% 以上。由此可知，仍有相當高百分比的在家自行教育學生家庭需要獲得經濟能力，及其家長或監護人教育能力方面的協助。事實上，欲提供殘障學生具有品質的在家教育服務，其家長或監護人的經濟能力與教育能力因素，皆需加以正視。這也是評估在家自行教育學生的服務需求時，應該特別列入考慮的。

三、輔導工作的現況

在家自行教育學生輔導工作的現況所要探討的，包括目前輔導人力的背景、在家自行教育學生所需要的服務、輔導教師可提供的服務，與學生實際所接受的服務這幾方面的情形。其中輔導人力的背景、在家自行教育學生所需要的服務，及輔導教師可提供的服務，係透過輔導意見調查表由輔導教師提供資料。而學生實際所接受的服務，則主要透過輔導狀況調查問卷由學生家長或監護人反映意見。茲將這幾方面的研究結果分敘討論於後。

㈠輔導人力的背景

有關輔導人力的背景，在本研究所欲瞭解的，涉及在家自行教育輔導教師的性別、年齡、現職、學歷、特教專業背景、特教年資，及普通班教學年資。其中在家自行教育輔導教師的平均年齡為三十九點二二六一歲，標準差為九點二六六一歲。其他的性別、現職、學歷、特教專業背景、特教年資，與普通班教學年資這幾方面的調查結果，則分別如表 16–11、16–12、16–13、16–14、16–15 與 16–16 所示。

由表 16–11 至表 16–16 的資料，及前述的在家自行教育輔導教師的平均年齡，吾人可知目前在家自行教育輔導教師似女（59.8%）多於男（40.2%），且屬四十歲左右的中壯之年。輔導教師由普通班教師兼任者居多（佔41%），其最高學歷具有師範院校背景者最多，合佔 65%（師範院校大學部與師專合計）。這些輔導教師的普通班教學年資具十年以上者

表 16–11　輔導教師之性別

性　　　　　別	人　數	百分比
男	47	40.2
女	70	59.8
合　　　計	117	100.0

表 16–12　輔導教師之現職

現　　　　　職	人　數	百分比
專任輔導教師	17	14.5
特殊班教師兼任輔導教師	21	17.9
普通班教師兼任輔導教師	48	41.0
視障輔導員兼任輔導教師	3	2.6
其　　他	28	23.9
合　　　計	117	100.0

表 16–13　輔導教師之最高學歷

最　　高　　學　　歷	人　數	百分比
研　究　所	11	9.4
一般大學	22	18.8
師範院校大學部	44	37.6
師　專	32	27.4
一般專科學校	1	.9
師範學校	2	1.7
其　他	5	4.3
合　　　計	117	100.0

表 16-14　輔導教師之特殊教育專業背景（可複選）

特 殊 教 育 專 業 背 景	人 數	百分比
特殊教育研究所畢（結）業	7	6.0
特殊教育系畢業	6	5.1
初教系特教組畢業	1	.9
師專特教組畢業	6	5.1
修滿特殊教育二十學分	35	29.9
啓智教育巡迴輔導員研習班結業	7	6.0
未修特殊教育學分	45	38.5
其　　他	31	26.5

表 16-15　輔導教師之特殊教育教學年資

特 殊 教 育 教 學 年 資	人 數	百分比
不足一年	37	31.6
滿一年不足三年	29	24.8
滿三年不足五年	12	10.3
滿五年不足十年	15	12.8
十年以上	10	8.5
未曾教過特教班	2	1.7
缺失資料	12	10.3
合　　　計	117	100.0

表 16-16　輔導教師之普通班教學年資

普 通 班 教 學 年 資	人 數	百分比
未教過普通班	10	8.5
不足一年	2	1.7
滿一年不足三年	14	12.0
滿三年不足五年	7	6.0
滿五年不足十年	16	13.7
十年以上	66	56.4
缺失資料	2	1.7
合　　　計	117	100.0

表 16-17 　在家自行教育學生所需要的服務（可複選）

服　　務　　類　　型	f	%
1. 身心狀況評量	45	38.5
2. 提供教育、醫療與福利服務等資訊	100	85.5
3. 進行教學或訓練	60	51.3
4. 提供家長精神支持	76	65.0
5. 教導家長輔導與特教知能	90	76.9
6. 提供醫療復健	59	50.4
7. 轉介服務	59	50.4
8. 教育代金與有關補助的申請與發放	78	66.7
9. 其　　　他	1	.9

所佔的比率最高而達 56.4%。不過輔導教師中未修特殊教育學分者即達
38.5%，且特殊教育教學年資不足一年者亦高達 31.6%，相當值得注意。因
此，就目前在家自行教育整體輔導人力的背景而言，從師範教育體系出
身，且有豐富普通班教學經驗者似為主流。然而，在家自行教育學生身心
障礙的嚴重程度多數尤甚於能入學接受教育者，因此其輔導工作實可稱為
特殊教育中的特殊教育。在家自行教育輔導工作者應具有特殊教育專業素
養，似屬當然。不過，根據本研究的調查發現，目前的在家自行教育輔導
教師未修特殊教育學分及特殊教育教學經驗較少者仍佔相當高的比例。為
提高在家自行教育輔導工作的成效，輔導人力的慎選，以及不斷對現職的
輔導教師提供進修的機會，似皆為值得正視的課題。

(二)在家自行教育學生所需要的服務

　　接受問卷調查的在家自行教育輔導教師，認為其輔導的個案所需要的
服務如表 16-17 所示。

　　從表16-17的結果可以發現，表列的服務類型似或多或少為在家自行
教育學生所需要。其間需要百分比的不同，可能是學生身心狀況個別差異
的反映，而非需要性重要程度比重的不同。在這些服務類型中，在家自行

表 16-18　輔導教師可提供的服務（可複選）

服　務　類　型	f	%
1. 身心狀況評量	30	25.6
2. 提供教育、醫療與福利服務等資訊	60	51.3
3. 進行教學或訓練	55	47.0
4. 提供家長精神支持	97	82.9
5. 教導家長輔導與特教知能	65	55.6
6. 提供醫療復健	11	9.4
7. 轉介服務	37	31.6
8. 教育代金與有關補助的申請與發放	86	73.5
9. 其　　他	2	1.7

教育學生所需要的服務最多的是「提供教育、醫療與福利服務等資訊」（85.5%），其次是「教導家長輔導與特教知能」（76.9%）。此外，除「身心狀況評量」與「其他」類型外，其餘的服務類型被需要的程度皆在50%以上。可見表 16-17 所列的絕大部分服務類型，皆是在輔導在家自行教育學生時應該列入考慮的。

(三)輔導教師可提供的服務

在家自行教育輔導教師在回答輔導意見調查表時，認為其可提供的服務如表 16-18 所示。

從表 16-18 的資料可以看出，在家自行教育輔導教師可提供的服務比例最高的是「提供家長精神支持」（82.9%），其次是「教育代金與有關補助的申請與發放」（73.5%）。其他可提供的服務比例在50%以上者尚有「教導家長輔導與特教知能」（55.6%）與「提供教育、醫療與福利服務等資訊」（51.3%）兩項。這些輔導教師可提供服務的類型，其性質多屬對家長提供諮詢服務或行政作業的協助，而非對學生直接提供服務。在一些專業性較高的服務類型，如「提供醫療復健」（9.4%）與「身心狀況評量」（25.6%）則服務能力似乎較弱。這種情形似與前述輔導人力的專

表 16-19　學生實際所接受的服務（可複選）

服　　務　　類　　型	f	%
1. 教育代金與有關補助的申請與發放	57	69.5
2. 訪視瞭解	26	31.7
3. 身心狀況評量	23	28.0
4. 提供教育、醫療與福利服務等資訊	23	28.0
5. 進行教學或訓練	23	28.0
6. 提供家長精神支持	34	41.5
7. 教導家長輔導與特教知能	23	28.0
8. 轉介服務	9	11.0
9. 其　　他	26	31.7

業素養有待加強的狀況相互呼應。其中值得注意的是，表 16-17 曾指出在家自行教育學生需要「提供醫療復健」者有一半以上（50.4%），而輔導教師自認可「提供醫療復健」服務者則不到十分之一（9.4%）。輔導教師認為有多數在家自行教育學生需要提供醫療復健服務，這固和前述學生身心功能與問題的評估結果相當脗合，但卻少有人能提供是項服務，在前往輔導時的無奈感似可想見。

㈣學生實際所接受的服務

　　在家自行教育學生實際所接受服務狀況之描述，係根據八十二名學生家長或監護人對輔導狀況調查問卷中其子女每次接受輔導平均相隔日數、每次接受輔導平均持續時間，及接受輔導活動的內容三個題項的反應結果而來。就回收的八十二份學生家長或監護人的問卷而言，竟有42.7%（三十五人）指出並未有輔導教師前去輔導。而曾有輔導教師前往輔導的個案，其每次接受輔導平均相隔十四點四一天；每次接受輔導持續的時間平均為一一三點七五分鐘。至於學生所接受之輔導活動的內容，則可見諸表 16-19 所示。

　　從表 16-19 的資料看來，在家自行教育學生實際所接受的服務，似

以「教育代金與有關補助的申請與發放」（69.5%）及「提供家長精神支持」（41.5%）為最多。這一結果與表16-18所列輔導教師可提供的服務，同樣以這兩項的百分比為最高的情形來看，學生實際所接受的，也的確是輔導教師最能夠提供的服務了。換句話說，一般而論，輔導教師確已盡其所能。至於是否已給予學生所需，則另當別論。教育代金與有關補助的申請與發放係一種行政作業的協助；提供家長精神支持則側重對家長的心理建設；就學生而言，皆非直接的服務。在這兩種服務類型之外，其餘的服務類型除「轉介服務」外，大致有30%左右的學生曾有接受服務的經驗。可見表16-19所列的服務類型，或多或少皆有學生受到服務。此乃對有機會接受服務的學生而言。不過，有42.7%的家長或監護人指稱未有輔導教師前去輔導，倒是一個十分令人關注的問題。從研究者親自對各縣市在家自行教育的個案所作的訪視，就學生實際所接受的服務情形言，也發現約有30.43%（七人）被訪視的個案未曾有輔導教師前去輔導；而曾有輔導教師前去輔導的個案，其所接受的服務，與家長或監護人在輔導狀況調查問卷上的反應大致相似，多以家長或監護人為對象的間接服務為主，輔導教師所扮演的有點像是社會工作員（social worker）的角色。

四、輔導工作存在的問題

目前在家自行教育學生輔導工作所存在的問題為何，主要係透過輔導教師對輔導意見調查表的反應，以蒐集相關的研究資料。表16-20為一百一十七名輔導教師對目前在家自行教育輔導工作存在的問題所反應的意見。

從表16-20的資料可以看出，目前輔導工作存在的問題若按其嚴重性高低加以排列，最值得注意的六個問題依次是：

1. 個案均為重度或多重障礙，難以發揮教育功能。

2. 個案多需復健治療，輔導教師難以著力。

3. 對個案未能就教育、醫療、社會福利等層面作整合性的輔導。

表 16-20　輔導工作存在的問題（可複選）

問　　　題　　　性　　　質	f	%	問題排序
1.家長對孩子的關心不夠	16	13.7	16
2.家長欠缺正確的教育觀念	64	54.7	5
3.巡迴輔導交通往返耗力費時	40	34.2	10
4.兼辦行政工作影響個案輔導	56	47.9	7
5.缺乏適當的交通工具	11	9.4	18.5
6.缺乏適當的輔導服務設備或器材	72	61.5	4
7.本身專業知能不足不能提供有效的輔導	62	53.0	6
8.家長未能配合教師的輔導工作	26	22.2	13
9.輔導教師負責輔導的個案太多	24	20.5	14
10.教育行政單位不支持	12	10.3	17
11.輔導教師的角色與定位不明	41	35.0	8.5
12.個案多需復健治療輔導教師難以著力	91	77.8	2
13.巡迴輔導多隻身前往安全堪慮	29	24.8	12
14.對輔導教師的鼓勵不足影響工作士氣	34	29.1	11
15.對個案未能就教育醫療社會福利等層面作整合性的輔導	75	64.1	3
16.個案進步緩慢輔導教師沒有成就感	41	35.0	8.5
17.家長對輔導教師前往輔導認為沒有實際幫助	22	18.8	15
18.個案均為重度或多重障礙難以發揮教育功能	94	80.3	1
19.其　　　他	11	9.4	18.5

　　4.缺乏適當的輔導服務設備或器材。

　　5.家長欠缺正確的教育觀念。

　　6.本身專業知能不足不能提供有效的輔導。

　　上述這六個輔導工作問題，皆有 50% 以上的輔導教師認定確有問題存在。另外，在輔導意見調查表中要填答的輔導教師依序指出「最需要關心」的三個輔導工作存在的問題時，「個案均為重度或多重障礙難以發揮教育功能」、「對個案未能就教育醫療社會福利等層面作整合性的輔導」及「個案多需復健治療輔導教師難以著力」三個問題，皆同時在「最需要關心」的三個序位中，列為前兩個序位被提及百分比最高的三項；在第三

表 16-21　家長對輔導工作成效的評估

	非常有幫助	有幫助	不太有幫助	沒有幫助	合　計
f	1	29	20	11	61
%	1.64	47.54	32.79	18.03	100

$\chi^2 = 28.377$　　　p= .000

序位的問題被提及百分比最高的依次是「個案均為重度或多重障礙難以發揮教育功能」、「本身專業知能不足不能提供有效的輔導」，及「對個案未能就教育醫療社會福利等層面作整合性的輔導」三個問題。由在家自行教育輔導教師所提供的意見來看，吾人可以發現目前輔導工作的問題，似乎在於教育、醫療、社會福利等工作未作整合性的輔導，在輔導教師本身專業知能不足的情形下，對多需復健治療的重度或多重障礙在家自行教育學生，不只無法滿足其急需的復健醫療服務，且也難以發揮其欲求的教育功能。這些問題應該是比較基本的關鍵性問題。事實上，根據研究者對在家自行教育個案所作的實地訪視，發現問題也的確如此。吾人惟有從大處著眼，由這些基本的關鍵問題入手，建立完善的輔導制度，提升輔導與服務人員的專業素質，才能提供符合在家自行教育學生所需要的服務。基本與關鍵的問題如能獲得解決，其他存在的枝節問題之改善，應該不是困難的事。

五、家長對輔導工作的成效評估與期望

在家自行教育學生家長對輔導工作的成效評估與期望，所根據的主要是家長對「輔導狀況調查問卷」這兩方面有關題項的反應。在回收的八十二份家長問卷中，有二十一名家長未對「孩子接受輔導後的受益情形」作答，已作答的六十一名家長對輔導工作的成效評估情形如表 16-21 所示。

表 16-21 的資料顯示，家長對在家自行教育輔導工作的成效評估，

其意見並不一致，且達統計上的顯著水準。表 16-21 的數據如將具有正面反應的家長意見（非常有幫助與有幫助的部分）合併計算，似有 49.18%的家長肯定在家自行教育的輔導成效，但仍略低於具有負面反應家長意見（不太有幫助與沒有幫助合計）的 50.82%。何況這些數據僅代表有作答的家長之意見而已。寄回問卷的八十二名家長，仍有四分之一以上（25.61%）的家長未表示意見；這部分的家長極有可能對輔導工作的成效，並不傾向肯定的態度，或根本未受到輔導而無從回答。因爲從研究者對各縣市在家自行教育個案的實地訪視得知，學生家長被問到「孩子接受輔導後的受益情形」時，如有支吾其詞者，再進一步究問，其反應多半是消極的。研究者在訪視後也發現，家長認爲其孩子接受輔導後，沒有幫助者佔 65.22%（十五人），不太有幫助者佔 26.09%（六人），有幫助者佔 8.69%（二人），無人認爲非常有幫助。由此可知，整體而言，家長對在家自行教育輔導工作的成效評估，似有消極的評價傾向。

至於家長對未來輔導工作的期望，則可從家長對「未來希望獲得的輔導協助」這一問題的回答見到端倪。根據家長的文字反應內容所作的分析歸類，彼等未來對在家自行教育輔導工作的期盼狀況，可見諸表 16-22。從表 16-22 所彙整的家長對輔導工作的期望內容看來，吾人可以發現在家自行教育學生家長對其子女的獲得安置照顧、教育輔導、醫療復健、福利服務等之期盼似甚爲殷切。其中希望其子女獲得安置照顧的家長，無不表露當彼等無法再照顧其子女時誰來照顧他們的憂慮。其實這就是在家自行教育學生的安養問題。從研究者實地訪視所見，的確有相當多的在家自行教育之個案需要在生活上獲得特別的照顧。在受訪的家長中就有73.91%（十七人）希望其子女獲得生活自理的能力或得到安置照顧。因此，未來在家自行教育學生的安養問題的確值得注意。另外，表 16-22 也顯示有29.27% 的家長未對輔導工作的期望填答。這個百分比與前面未對輔導工作成效的評估表示意見者（25.61%）相近。這是否出諸對輔導工作的不滿，或甚少接受，甚或未曾受到輔導的消極反應，似乎相當值得關注。因

表 16-22　家長對輔導工作的期望（n＝82）

期　　望　　內　　容	f	%
獲得安置照顧	13	15.85
提供教育醫療與福利服務等資訊	10	12.20
提供教育輔導與訓練	17	20.73
提供醫療復健	6	7.32
提供身心狀況評量	4	4.88
教導家長輔導與特教知能	3	3.66
提供家長精神支持	1	1.22
提供轉介服務	1	1.22
提供經濟上之輔助	1	1.22
提供輪椅	1	1.22
提供教學書籍或相關圖書雜誌	3	3.66
積極提供所需輔導協助	5	6.10
順其自然	4	4.88
沒有希望	1	1.22
難以解答	1	1.22
未　填　答	24	29.27

爲從研究者的訪視工作所獲得的印象，目前多數的在家自行教育輔導工作已流於形式。這與四分之一以上的家長缺乏對輔導工作的成效評估與期望作答的興趣，或許有密切的關係。果若如此，則目前在家自行教育的輔導制度，就值得再加檢討改進了。

肆·結論與建議

一、結　論

本研究根據一百七十二名在家自行教育學生之輔導教師所填答的服務

需求調查問卷，八十二名學生家長或監護人填寫寄回的輔導狀況調查問卷，一百一十七名輔導教師所填答的輔導意見調查表，以及研究者運用個案訪視要點對二十三名在家自行教育個案所作的實地訪視，其結果大致可歸納成下列的結論：

㈠學生身心功能與問題方面

學生的殘障類別以多重障礙、智能障礙，與肢體障礙居多。在基本能力的六個領域中，以認知能力與生活自理為最弱，而在精細動作、溝通能力、社會行為，與粗大動作能力方面，也顯示需要不同程度的協助。學生的健康問題出現最多的為不會說話、肢體動作障礙、身體平衡與無法控制大小便。而其他如情緒問題、經常生病、活動過多等現象出現的比例亦不低。

㈡在家教育的條件方面

目前大多數在家自行教育學生皆能獲得起碼水準以上的生活照顧、在家自行教育的環境多在普通水準以上，家長或監護人對外來輔導協助多持接納的態度，且多能予以配合。惟學生的家庭經濟能力難以負擔其居家服務，以及家長或監護人對其子女自行教育的能力不足，其出現的情形皆各在40%以上。

㈢輔導工作的現況方面

就輔導教師的背景言，似女多於男，且屬四十歲左右的中壯之年；輔導教師由普通班教師兼任者居多（41%），且具有師範院校畢業背景者亦最多（65%）；有 56.4% 的輔導教師其普通班教學年資在十年以上，但特殊教育教學年資不足一年者達 31.6%，而未修特教學分的輔導教師亦高達 38.5%。在家自行教育學生所需要的服務最多的是提供教育、醫療與福利服務等資訊（85.5%），其次是教導家長輔導與特教知能（76.9%），其他需要的服務程度較高者尚包括教育代金與有關補助的申請與發放（66.7%）、提供家長精神支持（65%）、提供醫療復健（50.4%）、轉介服務（50.4%），與進行教學或訓練（51.3%）。輔導教師可提供的服務最

多的是提供家長精神支持（82.9％），其次是教育代金與有關補助的申請
與發放（73.5％），其他可提供的服務較多的尚包括教導家長輔導與特教
知能（55.6％）與提供教育、醫療與福利服務等資訊（51.3％）兩項；在一
些專業性較高的服務類型如提供醫療復健與身心狀況評量，則分別僅有
9.4％與25.6％的輔導教師自認可以提供服務。至於學生實際所接受的服
務，根據學生家長或監護人在輔導狀況調查問卷上的反應，有42.7％的家
長或監護人指出並未有輔導教師前去輔導；曾有輔導教師前往輔導者，其
每次接受輔導平均相隔一四點四一天，每次接受輔導持續的時間平均為一
一三點七五分鐘；而學生所接受的服務內容，似以教育代金與有關補助的
申請與發放，以及提供家長精神支持為最多。

㈣輔導工作存在的問題方面

　　輔導教師認為目前在家自行教育輔導工作所存在最值得注意的六個問
題是：

　　1.個案均為重度或多重障礙，難以發揮教育功能。

　　2.個案多需復健治療，輔導教師難以著力。

　　3.對個案未能就教育、醫療、社會福利等層面作整合性的輔導。

　　4.缺乏適當的輔導服務設備或器材。

　　5.家長欠缺正確的教育觀念。

　　6.本身專業知能不足不能提供有效的輔導。

㈤家長對輔導工作的成效評估與期望方面

　　整體而言，學生家長對在家自行教育輔導工作的成效評估，似有消極
的評價傾向。而家長對未來的輔導工作，則多期望其子女能獲得生活自理
的能力，適當的安置照顧、教育輔導、醫療復健，與福利服務。

二、建　議

　　根據本研究所獲致的結論，研究者擬提出下列的建議：

　　1.目前我國臺灣地區的在家自行教育學生所顯現的服務需求，似不限

於教育一端。由於在家自行教育學生多爲重度或多重障礙者，彼等皆存在著強烈的醫療復健需求；另外，也有許多在家自行教育學生的家庭經濟能力不足，有待給予必要的輔助。因此，在家自行教育學生的輔導，確需教育、醫療、福利等部門協同合作，才容易發揮實效。在目前政府內部教育、醫療、福利等部門分別行政的狀況，欲其協同合作似相當不易。因而，殘障者教育、醫療、福利等服務的整合是十分必要的。在這一整合目標下，中央、省（市）及縣（市）政府似可考慮成立超部門〔如中央的部會，省（市）的廳處局，縣（市）的科局〕的委員會，以利此項服務工作的整合。

2. 依據殘障福利法第十二條之規定，政府應建立殘障者職能評估制度，使殘障者獲得合理輔導與安置。在家自行教育學生目前所面臨的服務需求正是與就醫、就學、就養等有關的問題。當然每一學生在服務需求上仍存在著個別間的差異。因此透過職能評估，以瞭解每一個案的確切服務需求，再經由上述已整合了的殘障者教育、醫療、福利等服務行政體系，以提供彼等所需要的服務，應該是輔導在家自行教育學生時一個比較適當與制度化的作法。

3. 鑑於多數在家自行教育學生在醫療復健服務上的迫需，在上述殘障者教育、醫療、福利等行政整合尚未完成之前，教育主管機構似可主動協調聯繫並敦促衛生行政與醫療單位正視此一問題，必要時亦可透過合約購買的方式，洽請相關的衛生醫療單位，直接對在家自行教育的個案提供必要的協助。

4. 在家自行教育學生有些的確是屬於長年臥病床榻，且生活無法自理的極重度障礙個案，彼等在其家人無法或無力繼續給予照顧的安養問題，很值得政府主管部門加以重視。因此，相關養護機構的設置似不可免，以提供未來部分在家自行教育個案所需的安養照顧。

5. 目前的在家自行教育學生雖在認知與生活自理能力方面普遍較弱，同時有的在精細動作、溝通能力、社會行爲，與粗大動作能力方面，也顯

示需要不同程度的協助，不過除極少數長年臥病床榻的個案外，大多數的學生只要提供無障礙的環境與必要的輔助，其接受教育與訓練的潛力仍然是存在的。換句話說，學生的在家自行教育並非是必然的。在家自行教育者透過適當的輔助，仍可升級安置到限制較少的環境如特殊學校。最近國內陸續有許多特殊學校的新設，但特殊學校不應只像特殊班的多班化而已，它應為類如在家自行教育的多重或重度障礙學生，提供教育、復健等多功能的服務與無障礙的生活及學習空間。在家自行教育的個案之所以在家自行教育，有許多是因為只是缺乏生活自理能力而見拒於特殊學校。今後的特殊學校若能發揮其多元服務的功能，學生的缺乏生活自理能力也許即成為入學特殊學校的重要條件。到那時，在家自行教育學生就不一定在家自行教育了。

6. 從研究中發現，有許多在家自行教育的個案並未有輔導教師前去輔導，而家長對目前教育主管機關所提供的在家自行教育輔導，也傾向消極的評價。家長對在家自行教育輔導的消極評價傾向，有可能緣於沒有輔導教師前去輔導，對教育主管機關的不滿；也有可能是因為其子女所需要與實際所接受的服務有明顯的差距使然。因為多數的在家自行教育學生存在著接受醫療復健、教學訓練等直接的服務需求，而輔導教師所提供者又多以家長為對象的精神支持與行政作業的協助等間接的服務為主。因此，目前的在家自行教育輔導工作確有待檢討與改進。有許多在家自行教育學生沒有輔導教師前去輔導，使這項輔導制度形同虛設，此方面的行政督導固宜加強，而個中原因為何也應探明，以作為改進的依據。至於輔導教師對在家自行教育個案所提供的輔導，未盡符合其服務需求的問題，部分原因可能出自輔導制度的設計不夠完善。未來殘障者的教育、醫療、福利等服務制度若能獲得整合，這種問題可望紓解。不過目前輔導教師的角色與功能如何，似宜明確定位，以提振彼等提供輔導時的責任與信心。

7. 教育主管機關派遣輔導教師對在家自行教育學生所提供的輔導，就主管機關的立場言，應該是屬於教育取向的。不過從目前輔導教師有許多

未修特殊教育學分，特殊教育教學經驗不足，且多為兼任性質的情形來看，對於急切與優先需要醫療復健的個案，彼等固然可能力不從心；對於具有接受教學與訓練潛能的學生，他們也可能缺乏輔導的信心。因此，對於現職的輔導教師，教育主管機關固應透過在職進修之提供，以提高其專業素養；對於未來輔導教師的培訓與選拔，所應注重的專業素養除特殊教育外，其他如輔導諮商（guidance and counseling）、醫療復健、社會工作等也應有所涉獵，以便對在家自行教育個案及其家庭有全方位的瞭解下，提供適切的教育輔導。至於目前輔導教師以兼任者居多，對在家自行教育輔導工作品質的提升也可能產生不利的影響。今後似可以若干個案數為基準（如十人或十五人）任用專任的輔導教師，如此在專人任職的情況下，輔導服務的品質才有望逐步提升。

8. 本研究也顯示，許多在家自行教育學生家長或監護人在自行教育其子女時有能力不足的現象。這方面的親職教育，也許是目前在家自行教育輔導教師最具著力點的部分。輔導教師在提供是項親職教育時，除應注意與家長建立良好的合作關係外，也應採行適當的溝通管道與方式，使學生家長能在潛移默化中增強自行教育其子女的能力。

9. 目前在家自行教育學生並不全然是智能障礙。依本研究調查資料，智障者僅佔 36% 左右，因此目前將輔導教師稱為「智障輔導員」並不適當，或可改稱為「在家自行教育輔導教師」較為妥適。

|參考 文獻|

杜美雲（民 78）：「在家自行教育兒童輔導」的感想。輯於林貴美編：中重度障礙兒童在家自行教育輔導彙編，60–63 頁。臺北市：臺灣省立臺北師範學院特殊教育中心。

何華國（民 81）：資深啓智教育教師生涯發展之研究。國立臺南師範學院特殊教育學系。

何華國（民 82）：特殊兒童心理與教育。臺北市：五南。

林正鎰（民 78）：嘉義市身心障礙兒童在家自行教育概況。輯於林貴美編：中重度障礙兒童在家自行教育輔導彙編，103–104 頁。臺北市：臺灣省立臺北師範學院特殊教育中心。

林貴美（民 78a）：中重度障礙兒童「在家自行教育」措施的探討。輯於林貴美編：中重度障礙兒童在家自行教育輔導彙編，1–15 頁。臺北市：臺灣省立臺北師範學院特殊教育中心。

林貴美（民 78b）：啓智教育的新方向：國民小學啓智教育巡迴輔導員研習班的成立。輯於林貴美編：中重度障礙兒童在家自行教育輔導彙編，135–139 頁。臺北市：臺灣省立臺北師範學院特殊教育中心。

林賜麟（民 78）：花蓮縣在家自行教育巡迴輔導工作報告。輯於林貴美編：中重度障礙兒童在家自行教育輔導彙編，107–111 頁。臺北市：臺灣省立臺北師範學院特殊教育中心。

林惠珠（民 78）：在家自行教育巡迴輔導工作報告。輯於林貴美編：中重度障礙兒童在家自行教育輔導彙編，53–55 頁。臺北市：臺灣省立臺北師範學院特殊教育中心。

陳榮華（民 83）：當前國內特殊教育發展的困境及其因應之策略。發表於金

門社教館舉行之八十二學年度特殊教育學生鑑定、安置、輔導工作研討會暨業務協調座談會。

張至人（民78）：「申請在家自行教育輔導工作」淺見。輯於林貴美編：**中重度障礙兒童在家自行教育輔導彙編**，79–82頁。臺北市：臺灣省立臺北師範學院特殊教育中心。

郭苑娟（民78）：「巡迴輔導工作」記要。輯於林貴美編：**中重度障礙兒童在家自行教育輔導彙編**，112–115頁。臺北市：臺灣省立臺北師範學院特殊教育中心。

陸雪鈴（民78）：「適齡國民在家自行教育」輔導個案報告。輯於林貴美編：**中重度障礙兒童在家自行教育輔導彙編**，64–73頁。臺北市：臺灣省立臺北師範學院特殊教育中心。

教育部特殊兒童普查工作執行小組（民81）：**第二次全國特殊兒童普查結果簡報**。

教育部特殊教育學生鑑定、安置、輔導工作推動指導小組（民83）：**八十二學年度特殊教育學生鑑定、安置、輔導工作研討會暨業務協調座談會實施計劃**。

蔡克容與林貴美（民78）：七十六學年度在家自行教育訪視報告。輯於林貴美編：**中重度障礙兒童在家自行教育輔導彙編**，116–134頁。臺北市：臺灣省立臺北師範學院特殊教育中心。

鄭兆斌（民78）：輔導工作感言。輯於林貴美編：**中重度障礙兒童在家自行教育輔導彙編**，31–33頁。臺北市：臺灣省立臺北師範學院特殊教育中心。

鄭慶源（民78）：臺中市「在家自行教育巡迴輔導」概況。輯於林貴美編：**中重度障礙兒童在家自行教育輔導彙編**，83–86頁。臺北市：臺灣省立臺北師範學院特殊教育中心。

Brady, R. C. (1988). Physical and health handicaps. In E. W. Lynch and R. B. Lewis (Eds.). **Exceptional children and adults: An introduction to special education.**

Glenview, Illinois: Scott, Foresman and Company.

Dykes, M. K., & Venn, J. (1983). Using health, physical, and medical data in the classroom. In John Umbreit (Ed.). **Physical disabilities and health impairments: An introduction.** pp. 259–280. Columbus, OH: Charles E. Merrill.

Gearheart, B. R.(1980). **Special education for the '80s.** St. Louis: The C. V. Mosby.

Gearheart, B. R., & Weishahn, M. W.(1980). **The handicapped student in the regular classroom.** St. Louis: The C. V. Mosby.

Heward, W. L., & Orlansky, M. D. (1988). **Exceptional children.** Columbus, OH: Merrill Publishing Company.

Kirk, S. A., & Gallagher, J. J. (1989). **Educating exceptional children.** Boston: Houghton Mifflin.

Lewis, R. B., & Lynch, E. W. (1988). Services for exceptional people. In E. W. Lynch and R. B. Lewis (Eds.). **Exceptional children and adults: An introduction to speical education.** Glenview, Illinois: Scott, Foresman and Company.

Lynch, E. W. (1988). Mental retardation. In E. W. Lynch and R. B. Lewis (Eds.). **Exceptional children and adults: An introduction to special education.** Glenview, Illinois: Scott, Foresman and Company.

Neisworth, J. T., & Bagnato, S. J. (1987). **The young exceptional child: Early development and education.** New York: MacMillan.

Norusis, M. (1986). **SPSS/PC+.** Chicago: SPSS Inc.

Salend, S. J. (1990). **Effective mainstreaming.** New York: MacMillan.

Turnbull, A. P. (1983). Parent–Professional interactions. In M. E. Snell (Ed.). **Systematic instruction of the moderately and severely handicapped.** 18–43. Columbus, OH: Charles E. Merrill.

Part Five————•

師資篇

第 17 章

啓智教育教師所需特質
與專業能力之研究

壹·緒　論

　　我國特殊教育的發展，如以英國長老會牧師莫偉艮（William Moore）
爲教育盲童而首設於北平的「瞽目書院」爲起始，則至今已歷一百多年
（教育部社會教育司，民70）。教育之發展，識者皆認師資爲先。吾人從
師資的培養情形，亦可瞭解教育的發展狀況。我國早期的特殊教育師資培
育，雖可溯至美國籍梅耐德夫人（Annette Thompson Mills）於我國山東創辦
「啓瘖學校」，在民國前十年所附設的一年制聾人教師師範班，惟一直到
民國四〇年代爲止的這段時期內，則殊少有略具規模的特殊教育師資培訓
工作（相菊潭，民47；許天威，民71）。這段時期我國的特殊教育，也僅
有零星的興辦，而乏系統性的努力。惟有民國五〇年代以還，我國特殊教
育師資的培養，從初期以在職及職前訓練爲主，到目前對正式專業教育過
程的強調，在在皆可顯示我國特殊教育師資的養成，已逐漸步入正軌。相

對的，此一時期我國的特殊教育，其教育對象已由盲、聾兒童，漸次擴及智能不足、肢障、資賦優異、語言障礙、學習障礙、行爲異常等其他類別。隨著民國七十三年「特殊教育法」的頒布施行，特殊教育的推行已由點的散布，逐步邁向面的擴展。當前特殊教育的漸次擴充，也顯示對特殊教育師資有著漸增的需求。特殊教育師資的提供，不僅需注意量的充實，更應著眼於素質的提升，如此才能眞正發揮特殊教育所揭櫫的「有教無類」與「因材施教」的功能。

　　教育界常有「有怎樣的教師便有怎樣的學校」之說法。可見教育工作的成敗，教師著實是扮演著極爲重要的角色。正如Cain（1964）所言，那些準備從事特殊教育工作者，其本身的教育是十分重要的；如果吾人欲特殊教育發揮實效，則首先應加注意的是擔任此項教育工作的人力素質，因爲教育人員素質的提升，對特殊教育工作的推動與改進比什麼都來得要緊。這也是爲什麼特殊教育的推行，常與師資的培養相提並論的道理。我國特殊教育法及其施行細則固對特殊教育的推行作了許多重要的政策性宣示，對於特殊教育師資之養成、進修、登記、進用等也同時有所規定（特殊教育法第七、八條及特殊教育法施行細則第六條），此乃重視特殊教育師資素質的明顯例證。

　　爲了有效提升師資素質，許多與師資培養有關的問題之研究，已廣受國內外教育學者的重視。其中能力本位師範教育（Competency–Based Teacher Education）問題之探討尤受矚目。此一師資教育取向，所注重的厥爲教師專業能力的評定與培育，而以教師在教育與輔導學生的過程中所需要的知識、技巧，與態度作爲編製師資培育課程之依據（林孟宗，民68）。在特殊教育中，個別化教育（individualized education）幾乎已成了特殊教育的同義語。透過個別化的學習困難之診斷、教材提供，與學習結果之評鑑，學生的學習成效如何即不難洞察，此乃衍生了特殊教育中所流行的教師責任績效制度（teacher accountability）。由於教學責任績效的日益受到重視，特殊教育師資培養採取能力本位的教育方式，應是必然的趨勢。惟特殊教育

的對象不一，教師所需之專業能力容或有雷同之處，面對不同類別的特殊教育對象，教師對專業能力的需求，也難免存在著若干的差異。目前國內身心障礙的教育對象中，要屬以啓智類的學生爲數最多（吳武典、張正芬，民76）。當然啓智教育教師在整個特殊教育教師總人數中也必然佔有相當大的百分比。因此，如何瞭解啓智教育教師所需專業能力，以作爲是項師資培養課程的參照，似爲特殊教育師資培育計劃中值得正視的課題。除專業知識與能力之外，啓智教育教師是否尚需具備某些與專業能力有關的特質（ characteristics ），使其在從事啓智教育工作時得以表現得更爲適任，似亦爲一頗饒趣味的問題。這些身心特質是否可經由師資培育的過程加以養成，固爲一值得探討的課題。不過啓智教育教師所需特質的瞭解，對此類師資之培養與進用人選之抉擇，似亦應有其參考的價值。

　　國外雖不乏有關啓智教育教師所需特質或專業能力之研究，然國內與這方面有關的研究，則尚不多見。Shores、Burney，與Wiegerink（ 1976 ）曾指出特殊教育教師需具備的一系列之特質，包括自尊、自動自發、敏感、對挫折高度的容忍力、敏慧、情緒穩定、精力充沛、負責、對兒童具有積極的態度，以及開朗率直等。Smith（ 1974 ）認爲擔任啓智教育工作的教師需具備下列兩項重要的特質：(1)對學生些微的行爲改變仍會感到滿足；(2)教學方法的運用具有變通性。Younie與Clark（ 1969 ）指出中學階段的啓智教育教師最好應具備下列的個人條件：(1)具有就業的經驗最好是在服務業方面；(2)具教學經驗，尤其特殊教育、職業教育，或職業訓練爲佳；(3)有教導學業不振的學生之眞正興趣；(4)具有能引發成就低劣學生敬重與信心的個人特質；(5)具有將教室的學習活動擴展至社區的意願。

　　對於特殊教育師資的選擇，賈馥茗（ 民 59 ）認爲教師除應具有教育特殊學生的才能外，尚需具備從事特殊教育的興趣與意願，及教育特殊學生的品格如同情心、容忍力、民主態度、愛護學生的熱忱、百折不撓的毅力等特質。郭爲藩強調特殊教育教師應具備的品質包括和藹、友愛、有幫助學生解決問題的熱忱、教學認眞、情緒穩定、具耐心和較高的挫折容忍

力、樂觀、富幽默感、有崇高理想及研究興趣（林孟宗，民68）。邱上眞（民73）從普通班教師與益（啓）智班教師對益（啓）智班教師之角色所持觀點的比較研究，也發現具有耐心與愛心，及富有工作熱忱，是啓智教育教師應有的特質。另外從林孟宗（民68）的文獻分析中，曾被舉述的智能不足者之教師應具備的特質，計有對啓智教育感興趣、具有較高尚嗜好、獨創力、成熟及穩定性、健康與活力、耐心與容忍、愉快的身心、鎮靜、良好的適應力、多才多藝、合作態度等。

從國內外對啓智教育教師所應具備的特質之研究文獻看來，在觀點上各人或有若干出入，不過啓智教育教師需有從事智能不足者教育的意願與熱忱、情緒穩定、活力充沛、具耐心、容忍力、變通與創造的能力，似成為多數人的共識。

至於啓智教育教師所需之專業能力，Smith（1974）認為下列幾項甚為重要：⑴具有穩定而完備的哲學觀點，諸如能考慮個別差異的存在、個人價值、智能不足者在社會中的地位、教育智能不足者的合理目標與期待等；⑵能瞭解智能不足者一般與特殊的學習目標；⑶對學習的基本原理能有充分的瞭解；⑷具備教育診斷的知能，並能根據對智能不足兒童評量的結果，而適時變通課程與教學；⑸能安排有利的學習環境，並善用教學方法；⑹能對研究發現作適當的解釋，並將之應用於實際的教學活動；⑺能充當其他教師有關學習與教室管理問題的顧問。Davis（1982）調查四百二十名智能不足兒童的資源教師（resource teachers），徵詢彼等對所需具備專業能力的看法，結果在三十二項專業能力中被認為最重要的依次是：⑴個別學生的諮商技能；⑵能解釋標準化的教育與心理測驗的結果；⑶運用各種不同的方法以實施閱讀教學的知識與技能；⑷能有效處理與職位有關的個人與專業上的挫折問題；⑸運用多種方法從事數學教學的知識與技能；⑹能實施標準化的教育與心理測驗；⑺運用各種不同的技術以管理學生行為的知識與技能；⑻團體諮商的技能；⑼能發展與檢核個別化教育方案；⑽編製課程與教材的知識與技能。另外，Younie 與 Clark（1969）也指

出下列的專業能力對中學階段的啓智教育教師是相當重要的：(1)職業性向與潛能的知識；(2)與智能不足者在工作上用得到的學術技能有關的知識；(3)對靑少年的人格與智能不足在人格發展與社會適應的影響之瞭解；(4)能實施教育與職業診斷及補救教學；(5)能實施個人與社會問題方面的諮商工作；(6)能導引及維持與學校和社區資源的合作關係。Shotick（1971）認爲中學階段啓智教育教師，其專業能力需表現在人類發展（human development）、學習任務（learning tasks），與學習方法（modes of learning）的知識、評鑑、選擇，甚或參與、執行等方面；換言之，教師所應具備的乃是對智能不足者的身心特質與需求，及其課程與教材、教法的瞭解、評估，以及可能涉及到的計劃與執行的能力。

Blackwell（1972）對可訓練性智能不足的教師所需的專業能力曾加以研究，他發現成功的啓智教育教師必須具備以下七類的專業能力：(1)對個體或團體的控制，以協助學生發展自我控制的能力；(2)激發並維持學生學習的活動與興趣；(3)幫助學生建立自重感；(4)組織或指導學生學習活動的能力；(5)鼓勵人際間協調合作的能力；(6)提供學生學習的意向或注意；(7)激發學生自動提出個人意見或問題的能力（引自林孟宗，民68，142頁）。另外，根據 Russo 與 Stark（1976）的研究，美國有些州在頒給重度殘障者教師證書時，即強調教師需具備下列的專業能力：(1)成長與發展階段的知識，及指出異於常態的能力；(2)處理那些具有嚴重生理與醫療問題者行爲的能力；(3)診斷與處方教學的能力；(4)在語文、自我照顧，與動作發展方面從事教育規劃與課程發展的能力；(5)在學校或社區中與家長及其他教育同仁從事教育方案的規劃與協調的能力。

國內有關啓智教育教師所需具備專業能力的研究雖然不多，不過與此相關的論點與研究仍值得注意。郭爲藩（民64）曾指出特殊教育教師至少需具備以下的四項專業能力：(1)教學診斷能力；(2)教學設計能力；(3)完成教學目標的能力；(4)教學評鑑的能力。許天威（民63）曾對臺灣地區肢體殘障兒童之教師專長作過調查研究，發現在所列的七十項教學專長中

有六十八項被評爲需要具備者，其中且有十七項被評量爲極需具備者，此等專長則屬於下列三方面之知識或技能：(1)關於一般教育之基本修養者；(2)關於特殊兒童的社會與心理狀況的評鑑與解釋者；(3)關於特殊之教學方法與課程的採行者。林孟宗（民 68）對特殊教育師資專業能力之分析研究中，發現特殊教育教師最需具備的能力包括：(1)能理解兒童人格特質與發展；(2)能熟悉所授課程之內容；(3)能維持教學的愉快氣氛；(4)能對自己輔助的學生表示負責的態度；(5)能認識兒童心理不良適應的特徵；(6)能熟悉教材教法之基本原理；(7)能接受特殊兒童生活的態度及觀念；(8)能熱心處理殘障兒童生活上偶發事件。在邱上眞（民 73）所作的普通班教師與啓（益）智班教師對啓（益）智班教師之角色所持觀點的比較研究裡，她也發現啓（益）智班教師特別需要具備諸如自編教材、靈活應用各種教學方法、忍受工作壓力、維持良好的師生關係等各項專業能力。

　　吾人如從國內外學者對啓智教育教師所需具備的專業能力之觀點加以歸納，似乎可以發現儘管各專家學者對啓智教育教師應具備的專業能力的看法，或有不同的著重點，然究其內容，實不離乎一般專業能力、評量與記錄、課程與教學之實施、輔導能力、人際溝通與資源運用等幾個領域。這或可作爲進一步研擬啓智教育教師所需專業能力的具體內涵，及探討其優先順序或重要程度的基礎。

　　由上面對啓智教育教師所需特質與專業能力的文獻探討，吾人可以瞭解，啓智教育教師需要具備的特質與專業能力，各家所見或有共通之處，惟歧異的存在仍爲事實。而國內有關這方面的研究也不多見，實際狀況如何，實有待進一步的探究與釐清。此外，吾人從中外文獻常見到特殊教育教師的特質與專業能力應如何的論點，然考諸實際，特殊教育對象之類別不一，教師所需具備的特質與專業能力，其重要程度即可能有所出入。Carri（1985）的研究就發現學習障礙（learning disabled）與智能不足者的教師在專業能力的需要方面較爲類似，而行爲異常者（the behaviorally disordered）的教師對所需專業能力的評定，則與智能不足和學習障礙者的

教師有所不同。因之在國內針對智能不足者的教師所需具備的特質與專業
能力，作進一步的探討是十分必要的。因而本研究的目的，即在透過意見
調查的方式，蒐集相關的實徵資料，以嘗試回答下列的研究問題：

1. 表現優異與一般的啓智教育教師在若干預先選定的特質上是否顯現
差異？

2. 啓智教育教師所需之專業能力其重要程度之排序如何？

3. 國中與國小啓智教育教師在所需專業能力的重要程度排序上其意見
一致性如何？

4. 國中與國小啓智教育教師在各專業能力領域的需要性是否顯現差
異？

貳·方 法

一、研究對象

為了探討表現優異與一般的啓智教育教師在若干預先選定的特質上是
否有顯著的差異，研究者根據吳武典、張正芬（民 76）所編「臺灣地區
特殊教育暨殘障福利機構簡介」所列臺北市、高雄市、金門及臺灣省各縣
市現有國中與國小智能不足特殊班數之比例，經由國立臺灣教育學院函請
上述各地之教育主管單位（教育局或文教科）推薦各院轄市、縣、市等之
國中與國小最優秀的啓智班（含啓智學校）教師一至六名不等。其次再函
請這些最優秀啓智班教師所從出之學校，寄送各校所有啓智班專任教師之
名册，而這些列入名册之教師皆需有一半以上的授課時數，係以啓智班為
對象。最後則就各校所送之教師名册，從被推薦的優良教師以外的人選，
如有與優秀教師相同性別之其他教師，則隨機從中抽取與優秀教師相同人
數的啓智班教師，以作為與優秀啓智教育教師相配對的一般啓智教育教

表 17-1　優秀與一般啓智教育教師之樣本

	優　　秀		一　　般		總　計
	男	女	男	女	
國　中	11	19	10	20	60
國　小	11	26	9	28	74
總　計	22	45	19	48	134

師；否則即以一般的隨機取樣，從其他教師抽取配對參照的樣本。此一作法，主要的考慮無非想藉此儘量維持樣本配對時在性別上的同一性。優秀與一般啓智教育教師樣本人數之性別及學校等級的人數分配如表17-1所示。

　　至於爲探究啓智教育教師所需之專業能力，則以「臺灣地區特殊教育暨殘障福利機構簡介」（吳武典、張正芬，民76）上所列各啓智學校、國小與國中啓智班之「聯絡教師」合計共三百四十八人爲調查對象。各校之「聯絡教師」之所以被當作此項意見調查的對象，主要是聯絡教師一般不僅是啓智（校）班實際業務的負責人，同時對啓智教育亦多有較深入的瞭解，應可作爲啓智學校，及國小與國中設有啓智班之學校，對啓智教育教師所需專業能力之問題的代言人。本項調查計發出問卷三百四十八份，收回三百二十一份，回收率達 92.24%。

二、研究工具

㈠教師特質問卷

　　爲瞭解啓智教育教師所需之特質，研究者參考有關文獻及若干現職啓智教育教師之意見，列出一系列啓智教育教師可能需具備的特質項目，經專家評鑑及預試後，再作項目及文字的潤飾與增删，最後定稿的特質項目共有二十五個，本問卷在每個特質項目之右列有從1至9的數字，由評定者圈選一個數字，以顯示受評定者在該項特質所表現的程度。

　　本問卷在一百三十四名受試樣本所得的 Guttman 折半信度為 .96，已達十分顯著的水準，由此可見本問卷的內部一致性是相當高的。

㈡啓智教育教師所需專業能力調查問卷

　　為探討啓智教育教師所需之專業能力，研究者從有關文獻的探討中擬出「啓智教育教師所需專業能力調查問卷」初稿，經若干擔任特殊教育課程的教授及中、小學啓智班教師提供修正意見，並經預試，最後修正定稿的調查問卷除填答者基本資料的填答項目外，共得專業能力項目七十四個。這七十四個項目的專業能力可依其性質分為下列五個領域：

　　1. 一般專業能力（第1–13題）。

　　2. 評量與記錄（第14–26題）。

　　3. 課程與教學（第27–51題）。

　　4. 輔導能力（第52–60題）。

　　5. 人際溝通（第61–74題）。

　　問卷上在每一專業能力項目的右邊，皆以需要具備的程度列有「極需具備」、「甚需具備」、「需要具備」、「略需具備」，及「不需具備」五個選項。在七十四個專業能力項目之後，另留空白可由被調查者自由列舉啓智教育教師其他需要具備的專業能力。

　　為瞭解此一專業能力調查問卷的信度，研究者以回收之三百二十一份「啓智教育教師所需專業能力調查問卷」，分析本調查問卷之折半信度，其結果如表17–2所示。

三、資料蒐集與處理

　　啓智教育教師特質資料的蒐集，係由研究者將列為研究對象之優秀與一般啓智教育教師之姓名填入「教師特質問卷」，然後再郵寄給其任教學校的校長，請其針對這些教師在問卷上所列特質項目表現的程度予以評分，最後各校校長再將評妥之問卷以所收到的附回郵信封，寄還研究者。此一「教師特質問卷」上所列各特質項目，其被圈選的數字（從1至9）越

表 17-2　啓智教育教師所需專業能力調查問卷之信度

領　　　　　　　域	題　　數	Guttman 折半信度
一般專業能力	13	.8201
評量與記錄	13	.8997
課程與教學	25	.8708
輔導能力	9	.8861
人際溝通	14	.9632
全部問卷	74	.9882

大，則表示教師在該特質項目具備的程度越高。爲比較優秀與一般啓智教育教師在每一特質項目之差異，本研究係以優秀教師組與一般教師組在每一特質項目得分之平均數與標準差所作的 t 考驗加以處理。

　　啓智教育教師所需專業能力的資料，係由研究者將「啓智教育教師所需專業能力調查問卷」，附回郵寄給各啓智班（校）的「聯絡教師」，然後再由各聯絡教師將填答完成的問卷寄回給研究者而加以蒐集。全部問卷共有七十四個專業能力項目，每個項目各有「極需具備」、「甚需具備」、「需要具備」、「略需具備」，及「不需具備」五個選項。本研究對各選項依序賦予5、4、3、2、1之記分。各項專業能力重要程度在全部項目中的排序（rank）係由各項目之平均分數加以決定。國中與國小啓智教育教師在所需專業能力的重要程度排序上其意見的一致性如何，是以史皮爾曼等級相關（Spearman rank correlation）作爲指標，並作顯著性考驗。至於國中與國小啓智教育教師在專業能力領域的需要性是否顯現差異，則藉其在專業能力領域所得之平均數與標準差所作的 t 考驗加以處理與評鑑。

叁‧結果與討論

一、啟智教育教師所需具備的特質

　　本研究透過國民中小學校長運用「教師特質問卷」所作之評量對象，計包括優秀與一般啟智教育教師各六十七人。優秀與一般啟智教育教師在二十五個特質項目的得分所作的差異比較，其結果如表17-3所示。

　　由表17-3的資料吾人可知優秀教師組在「對啟智教育工作之意願」、「教學方法的變通性」、「精力充沛」、「同情心」、「具有教育理想」、「待人誠懇和藹」、「才能的多樣性」、「接納學生少許的進步」、「工作熱忱」、「智能卓越」、「成熟可靠」、「充滿自信」、「勇於擔當」等十三個特質項目的得分皆顯著高於一般教師組。這顯示要成為優秀的啟智教育教師，在上述的這十三個積極性特質方面，常比一般啟智教育教師表現得更為明顯而出眾。因此吾人如在培養或選拔啟智教育教師時，似可特別注意這些特質的涵育或具備的程度。在這十三項特質中，有大部分特質曾為一些學者所特別強調過的，如「對啟智教育工作之意願」與「同情心」（賈馥茗，民59）、「教學方法的變通性」與「接納學生少許的進步」（Smith, 1974）、「精力充沛」（Shores, Burney, and Wiegerink, 1976；林孟宗，民68）、「具有教育理想」與「待人誠懇和藹」（郭為藩；引自林孟宗，民68）、「才能的多樣性」與「成熟可靠」（林孟宗，民68）、「工作熱忱」（邱上真，民73），及「智能卓越」（Shores, Burney, and Wiegerink, 1976）等。而在本研究中，「充滿自信」與「勇於擔當」這兩項特質也被突顯出來，表示要做為一位優秀的啟智教育教師，仍需具備有為有守、勇於任事的形象。

　　除了以上所提的十三個特質項目，優秀啟智教育教師的得分顯著高於

表 17-3　優秀與一般啓智教育教師在特質項目之得分比較

特　質　項　目	優秀教師(n=67)		一般教師(n=67)		t 值
	平均數	標準差	平均數	標準差	
1. 對啓智教育工作之意願	7.96	1.16	7.10	1.38	3.86***
2. 教學方法的變通性	7.61	1.13	6.73	1.61	3.67***
3. 情緒穩定性	7.42	1.59	7.15	1.26	1.09
4. 精力充沛	7.70	1.22	6.78	1.52	3.89***
5. 淡泊名利	7.54	1.60	7.34	1.66	.69
6. 同情心	8.12	.99	7.73	1.02	2.23*
7. 對不同意見的容忍力	7.18	1.55	7.07	1.37	.41
8. 幽默感	6.88	1.39	6.67	1.41	.87
9. 具有教育理想	7.69	1.28	6.97	1.57	2.90**
10. 忍耐煩雜	7.25	1.64	6.76	1.59	1.77
11. 對挫折的容忍力	7.25	1.48	7.01	1.40	.96
12. 民主的處事態度	7.42	1.36	7.34	1.27	.33
13. 能合作共事	7.73	1.52	7.66	1.27	.31
14. 樂觀進取	7.63	1.17	7.24	1.40	1.74
15. 樂於助人	7.91	1.18	7.69	1.25	1.07
16. 待人誠懇和藹	7.99	1.15	7.55	1.27	2.07*
17. 開朗活潑	7.42	1.57	7.03	1.54	1.45
18. 才能的多樣性	7.63	1.19	6.81	1.65	3.30***
19. 善體人意	7.55	1.17	7.22	1.34	1.51
20. 接納學生少許的進步	7.96	.99	7.39	1.29	2.85**
21. 工作熱忱	7.97	1.07	7.15	1.42	3.78***
22. 智能卓越	7.54	1.21	6.96	1.48	2.49*
23. 成熟可靠	7.70	1.33	7.21	1.43	2.07*
24. 充滿自信	7.58	1.22	6.90	1.53	2.87**
25. 勇於擔當	7.84	1.30	7.07	1.41	3.26***

*P<.05　**P<.01　***P≦.001

一般啓智教育教師外，其他的十二個特質項目，兩組教師的得分差異雖未達統計上的顯著水準，但就其平均得分而言，優秀教師組仍然皆高於一般教師組。因此，吾人似可肯定的說，要做個啓智教育教師，尤其是優秀的啓智教育教師，是很不容易的。一般人或許有啓智班學生的程度較低，要擔任啓智班的教職並不難的誤解；也有人或許會認爲啓智班敎久了，教師本身的智能會跟著沈淪的悲觀想法。殊不知要做爲一個稱職而勝任愉快的啓智教育教師，不只要具有教育理想、從事啓智教育工作的意願、同情心、待人誠懇和藹、工作熱忱、成熟可靠、充滿自信、勇於擔當、接納學生少許的進步，而且要精力充沛、智能卓越、多才多藝，再加上在教學方法的需要不斷創新變通，則長久任教下來，教師本身智慧的不斷增長似可預期，焉有智能跟著沈淪之理！由於一般人對啓智教育教師有上述不正確的看法，因此，吾人在推行啓智教育時，如何塑造正確的教師形象，似爲一個重要的課題。

二、啓智教育教師所需的專業能力

本研究對啓智教育教師所需專業能力之探討，所採用之工具爲自編的「啓智教育教師所需專業能力調查問卷」，回收之問卷共計三百二十一份，其中小學啓智班教師所塡答者有二百四十四份，國中啓智班教師所塡答者有七十五份，另有兩份問卷未塡明其現職是小學或國中啓智班教師。不過在處理全體啓智教育教師（含國中與國小教師）樣本之資料時，仍將這兩份問卷列入。此項啓智教育教師所需專業能力之研究對象，其基本資料如表 17-4、17-5、17-6、17-7 與 17-8 所示。

從表 17-4 至表 17-8 所顯示列爲調查對象之啓智教育教師的基本資料，吾人可看出目前各校啓智班的「聯絡教師」，似以女性、出身師範院校、僅修習特教學分者居多。另外，這些教師在啓智班的教學年資也泰半在六年以下，而在普通班的任教年資也有相當高的比例（45.34%）是在十年以上的。這顯示這些「聯絡教師」多半確具教學經驗，否則不易承擔啓

表 17-4 啓智教育教師性別分析

現　　職	男		女		合　　計	
	n	%	n	%	n	%
國小教師	75	30.99	167	69.01	242	100
國中教師	32	43.24	42	56.76	74	100
合　計*	107	33.86	209	66.14	316	100

*全部問卷 321 份，資料漏填者 5 份，本表係以有效問卷作統計。

表 17-5 啓智教育教師最高學歷分析

現職	研究所		一般大學		師大(院)		師　專		一般專科		師範學校		高中(職)		其　他		合　計	
	n	%	n	%	n	%	n	%	n	%	n	%	n	%	n	%	n	%
國小教師	1	.41	7	2.89	46	19.01	182	75.21	1	.41	2	.83	2	.83	1	.41	242	100
國中教師	5	6.76	15	20.27	38	51.35	3	4.05	10	13.51	1	1.35	0	0	2	2.70	74	100
合計*	6	1.90	22	6.96	84	26.58	185	58.54	11	3.48	3	.95	2	.63	3	.95	316	100

*全部問卷 321 份，資料漏填者 5 份。

表 17-6 啓智教育教師所受特教專業訓練分析

現　　職	特教所		特教系		特教學分		師專特教組		其　　他		合　　計	
	n	%	n	%	n	%	n	%	n	%	n	%
國小教師	2	.85	16	6.78	180	76.27	21	8.90	17	7.20	236	100
國中教師	2	2.90	6	8.70	46	66.67	2	2.90	13	18.84	69	100
合　計*	4	1.31	22	7.21	226	74.10	23	7.54	30	9.84	305	100

*全部問卷 321 份，資料漏填者 16 份。

表 17-7　啓智教育教師啓智班教學年資分析

現　　職	0～3 年		4～6 年		7～9 年		10 年以上		合　計	
	n	%	n	%	n	%	n	%	n	%
國小教師	86	35.98	79	33.05	45	18.83	29	12.13	239	100
國中教師	21	28.00	15	20.00	11	14.67	28	37.33	75	100
合　計　*	107	34.08	94	29.94	56	17.83	57	18.15	314	100

*全部問卷 321 份，資料漏填者 7 份。

表 17-8　啓智教育教師普通班教學年資分析

現　　職	0～3 年		4～6 年		7～9 年		10 年以上		合　計	
	n	%	n	%	n	%	n	%	n	%
國小教師	48	19.92	43	17.84	40	16.60	110	45.64	241	100
國中教師	23	32.86	9	12.86	7	10.00	31	44.29	70	100
合　計　*	71	22.83	52	16.72	47	15.11	141	45.34	311	100

*全部問卷 321 份，資料漏填者 10 份。

智班在教學與輔導上的協調角色。因此，他們對啓智教育教師所需專業能力所表示的見解，應有其參考價值。

㈠啓智教育教師所需專業能力重要程度之排序

本研究使用「啓智教育教師所需專業能力調查問卷」，從三百二十一名國小與國中啓智班聯絡教師所蒐集到的意見調查結果，按國小教師、國中教師，與全體教師分組計量，根據每項專業能力獲分之平均數排出其序位，以顯示其重要程度之高低。此項調查結果如表 17-9 所示。

就表 17-9 所顯示的各項專業能力重要程度之排序來看，全體教師（含國小與國中教師）對「啓智教育教師所需專業能力調查問卷」上所列的全部七十四個專業能力項目，皆認爲需要具備（平均數 2.50 以上者）。其中被認爲「極需具備」者（平均值 4.50 以上者），則爲「能瞭解智能不足學生的身心發展」一項；被認爲「甚需具備」者（平均數在 3.50

表 17-9　各項專業能力重要程度之排序

項　　　　　　　　　　　　　　目	國小教師		國中教師		全體教師	
	平均數	序位	平均數	序位	平均數	序位
1. 能熟悉特殊教育之法規	3.734	47	3.635	57	3.709	49
2. 能作足以產生良好學習結果之安排與決策	4.236	4	4.230	2	4.233	2
3. 能瞭解智能不足學生的身心發展	4.545	1	4.453	1	4.526	1
4. 能瞭解普通學生的教學方法與技術	4.045	20	3.595	59	3.931	32
5. 能建立自己對智能不足學生的教育哲學	4.046	19	3.960	27	4.025	20
6. 能熟悉智能不足者的社會福利設施	3.901	36	3.853	37	3.884	36
7. 能發表自己的教學心得或研究報告	3.440	70	3.351	69	3.411	70
8. 對學習的基本原理有充分的瞭解	4.074	17	4.000	22	4.056	17
9. 能忍受工作的壓力	4.156	6	4.000	21	4.119	8
10. 對教學能力較弱的領域，能尋求進修的機會	4.148	7	4.227	3	4.162	5
11. 能從事臨床教學的研究	3.568	65	3.459	67	3.536	66
12. 能解釋與應用研究發現於實際的教學活動	3.716	51	3.613	58	3.684	54
13. 能說學生所使用之方言	3.492	69	3.320	70	3.449	69
14. 能根據教學目標，以編擬效標參照的評量題項	3.617	60	3.720	49	3.641	58
15. 能記錄與解釋師生間的互動關係	3.541	68	3.640	55	3.555	64
16. 能適當的選擇所需的評量工具	3.918	33	3.907	32	3.909	33
17. 對足以影響評量正確性的變項能作適當的控制	3.709	52	3.667	52	3.695	51
18. 對評量的結果能作適當的解釋	3.844	42	2.853	36	3.841	41
19. 能運用評量的結果以規劃個別化的教學方案	3.971	31	4.093	9	4.000	24
20. 能有系統地採行自我評鑑以改進教學計劃	3.820	45	3.920	31	3.841	42
21. 能連續與有系統的評量每一學生的學習成績	3.868	39	3.933	30	3.878	37
22. 能運用系統的評鑑資料，以作為決定目標、教材、教法的持續使用或更革的依據	3.852	41	3.973	24	3.875	40
23. 能評鑑教學方案的效能	3.701	53	3.640	56	3.685	53
24. 能適當地保管評量與教學的資料	3.652	58	3.520	64	3.617	60
25. 能建立學生的個案資料	4.143	8	4.107	8	4.131	6

表 17-9　各項專業能力重要程度之排序(續一)

項　　　　　　　　　　　　　　目	國小教師		國中教師		全體教師	
	平均數	序位	平均數	序位	平均數	序位
26.能使用重要的教育診斷工具	4.244	3	4.093	10	4.207	4
27.能運用工作分析技術以發展短程教學目標的邏輯序列	3.825	44	3.760	44	3.811	45
28.能有效的敍寫行爲目標	3.663	55	3.733	47	3.675	55
29.教學活動的安排能配合學生的發展需求	4.021	22	4.093	11	4.034	19
30.能有效地執行預定的教學計劃	3.877	38	3.960	28	3.888	35
31.對讀、寫、算等基本能力學科具有教學的能力	4.090	13	4.067	16	4.081	16
32.對自然學科具有教學的能力	3.635	59	3.560	62	3.611	61
33.對社會學科具有教學的能力	3.693	54	3.720	48	3.692	52
34.能具備最少一種藝能學科（如音樂、美術、勞作等）的教學能力	3.980	30	3.693	51	3.907	34
35.能有效地運用行爲改變技術	4.270	2	4.080	13	4.224	3
36.對學生的學習遷移能作有效的輔導	4.012	25	3.973	25	4.003	23
37.能在班級中對個別學生作有效的教學與輔導	4.082	15	4.147	4	4.097	12
38.能適當地選擇與運用所需的教材	4.016	24	4.027	19	4.019	21
39.能製作教學媒體	3.615	63	3.573	61	3.601	62
40.對教學媒體能作有效的運用	3.728	49	3.760	43	3.734	48
41.能爲學生安排休閒活動	3.541	67	3.493	66	3.523	67
42.能爲學生實施語言矯治	3.549	66	3.320	71	3.492	68
43.能運用偶發的學習情境以完成學習目標	3.658	56	3.587	60	3.641	57
44.能布置教室以切合教學需要	3.615	62	3.547	63	3.595	63
45.能對學生實施物理治療	2.855	74	3.467	74	2.762	74
46.能對學生實施作業治療	3.167	73	3.067	73	3.139	73
47.能對學生實施體育教學	3.426	71	3.253	72	3.380	71
48.能對學生實施職業輔導	3.242	72	3.693	50	3.346	72
49.能對學生實施生活教育	4.119	10	4.147	6	4.118	9
50.能編寫所需的教材	3.918	34	4.080	15	3.947	31

表 17-9 各項專業能力重要程度之排序(續二)

項　　　　　　　　　目	國小教師		國中教師		全體教師	
	平均數	序位	平均數	序位	平均數	序位
51.能靈活運用各種教學方法	4.045	21	4.053	18	4.044	18
52.能防範學生不當行爲之發生	4.082	16	4.133	7	4.090	14
53.能處理學生之問題行爲	4.123	9	4.147	5	4.125	7
54.能運用多方面的鼓勵措施以激發學生的反應	4.115	11	4.080	14	4.109	11
55.能對學生進行輔導與諮商	3.971	32	3.987	23	3.972	27
56.能有效實施教室管理	4.087	14	4.093	12	4.088	15
57.能激發並維持學生學習的活動與興趣	4.095	12	4.067	17	4.091	13
58.在教學上能採行足以激勵學生自發性學習行爲之活動	3.992	28	3.946	29	3.981	26
59.能培養某一學生的注意力	3.988	29	3.813	39	3.947	30
60.能培養班級學生的注意力	4.008	27	3.853	35	3.969	28
61.能與家長溝通有關的教育原理與目標	3.724	50	3.653	53	3.697	50
62.能從家長獲取有關家庭環境、家長的目標與需求等資料	3.775	46	3.853	34	3.785	46
63.能利用家長所提供的資料以安排學生的教育計劃	3.734	48	3.760	45	3.738	47
64.能實施根據個別家庭需要的繼續性視職教育活動	3.587	64	3.427	68	3.549	65
65.能與家長溝通其子女的學習需要	3.902	35	3.813	41	3.875	39
66.能建立良好的人羣關係	4.045	18	3.813	40	3.991	25
67.能與同事在教學上作充分的配合	4.020	23	3.973	26	4.009	22
68.能督導並有效地運用資源人士（如助理教師、義工等）	3.617	61	3.649	54	3.621	59
69.能與他人作有效的溝通	3.885	37	3.865	33	3.878	38
70.能爭取校內人員對啓智教育的支持	4.164	5	4.013	20	4.115	10
71.能爭取校外人士對啓智教育的支持	4.008	26	3.827	38	3.953	29
72.在安排課程時能充分地運用有關的資源	3.853	40	3.787	42	3.832	43
73.對個別學生的障礙狀況能尋求有關資源的幫助	3.828	43	3.747	46	3.828	44
74.能提供其他教師有關教學問題的諮詢	3.657	57	3.507	65	3.657	56

以上，4.50 以下），則有六十六項之多；而顯示「需要具備」者（平均數 2.50 以上，3.50 以下），共有七項。由此可見調查問卷上所列的各項專業能力，的確可作爲編製啓智教育師資培養課程的參考。若就問卷上所列的七十四個專業能力項目的序位而言，其排序在前十項的計有下列專業能力：

1. 能瞭解智能不足學生的身心發展（第 3 項）。

2. 能作足以產生良好學習結果之安排與決策（第 2 項）。

3. 能有效地運用行爲改變技術（第 35 項）。

4. 能使用重要的教育診斷工具（第 26 項）。

5. 對教學能力較弱的領域，能尋求進修的機會（第 10 項）。

6. 能建立學生的個案資料（第 25 項）。

7. 能處理學生之問題行爲（第 53 項）。

8. 能忍受工作的壓力（第 9 項）。

9. 能對學生實施生活教育（第 49 項）。

10. 能爭取校內人員對啓智教育的支持（第 70 項）。

由上述的這十項專業能力，吾人可知，啓智教育教師所最關切的，厥爲對智能不足學生身心的瞭解，是否能運用適當的評量工具以對智能不足者作正確的教育診斷，以及如何對智能不足學生實施有效的教育與輔導。另外，由於啓智教育的充滿挑戰性，是否能忍受工作的壓力、尋求進修的機會，和爭取其他同仁對啓智教育的支持，也被啓智教育教師所重視，而認爲是彼等需具備的重要專業能力。

如就平均數在 3.50 以下「需要具備」的專業能力而言，其重要程度排序殿後者，計有下列七項：

1. 能爲學生實施語言矯治（第 42 項）。

2. 能說學生所使用之方言（第 13 項）。

3. 能發表自己的教學心得或研究報告（第 7 項）。

4. 能對學生實施體育教學（第 47 項）。

表 17-10　國中與國小啓智教育教師對專業能力排序的等級相關

	國中教師	國小教師
人　　　數	75	244
排 序 項 目 數	74	
等 級 相 關 係 數	.8951	
t　　　值	16.9206***	

***P＜.001

5. 能對學生實施職業輔導（第 48 項）。

6. 能對學生實施作業治療（第 46 項）。

7. 能對學生實施物理治療（第 45 項）。

　　上列的這七項專業能力，雖皆被認爲同爲啓智教育教師所需具備，但其重要程度則似比其他項目稍次。這與此七項專業能力除方言的使用與研究報告的發表外，在目前的啓智教育與復健中，多委由特定的專業人員來實施應有相當大的關聯。不過由於有許多智能不足者仍有接受這些方面復健或服務的需要，同時這些專業人才也未見普及，因此一般啓智教育師資的培育，仍有必要提供這些專業能力的涵養課程。

(二)國中與國小啓智教育教師對所需專業能力的重要性在排序上的一致程度

　　國中與國小啓智教育教師對「啓智教育教師所需專業能力調查問卷」上所列的七十四項專業能力其重要性之排序，已可見諸表 17-9 所列之資料。而國中與國小啓智教育教師的反應在這項排序上的等級相關則如表 17-10 所示。

　　由表 17-10 的資料可知，國中與國小啓智教育教師對所需專業能力重要性之排序所顯示的等級相關係數（.8951），已達極爲顯著的高度相關水準。這表示國小與國中啓智教育教師對「啓智教育教師所需專業能力調查問卷」上所列的各項專業能力重要程度之排序，其意見是十分一致

表 17–11　國中與國小啓智教育教師在各專業能力領域需要性的比較

專業能力領域	國小教師 (n＝244)		國中教師 (n＝75)		t	p
	平均數	標準差	平均數	標準差		
一般專業能力	50.94	7.24	49.45	7.22	1.55	.12
評量與記錄	49.78	8.70	50.07	8.56	−.25	.80
課程與教學	93.43	15.20	92.80	14.49	.32	.75
輔導能力	36.38	6.29	36.07	5.61	.38	.70
人際溝通	53.70	9.75	52.59	9.61	.87	.39
全部專業能力領域	284.22	42.23	280.97	41.57	.58	.56

的。因此將國小與國中啓智教育教師的意見合併處理並無不可。全體教師
對各項專業能力排序的看法，應可同時反映國小與國中教師的見解。

㈢國中與國小啓智教育教師在各專業能力領域需要性的比較

　　「啓智教育教師所需專業能力調查問卷」上所列的七十四項專業能
力，可依次分成「一般專業能力」、「評量與記錄」、「課程與教學」、
「輔導能力」，及「人際溝通」這五個專業能力領域。國中與國小啓智教
育教師在這五個專業能力領域需要性的比較資料，可見諸表 17–11。

　　由表 17–11 吾人可知，國小與國中啓智教育教師對各專業能力領域
的需要，在統計上皆無顯著的差異。就全部專業能力領域合併而觀，也未
見有差異存在。這些結果和前述國小與國中啓智教育教師對各項專業能力
重要程度之排序意見相當一致的情形，應是相互呼應的。這些研究結果，
或可提供吾人一項重要的啓示，那就是就啓智教育師資的培養而言，國中
與國小教師所需要的專業能力具有相當大的共通性，因此嚴分國小與國中
啓智教育教師的培育管道，是否有其必要，似值得重新加以檢討與調整。

肆・結論與建議

一、結　論

　　本研究運用自編的「教師特質問卷」與「啓智教育教師所需專業能力調查問卷」，分別對一百三十四名啓智教育教師的特質作評量，及對三百二十一名啓智教育教師所作的意見調查結果，大致可歸納成下列的重要結論：

　　1.優秀的啓智教育教師在「對啓智教育工作之意願」、「教學方法的變通性」、「精力充沛」、「同情心」、「具有教育理想」、「待人誠懇和藹」、「才能的多樣性」、「接納學生少許的進步」、「工作熱忱」、「智能卓越」、「成熟可靠」、「充滿自信」、「勇於擔當」等十三個積極性特質方面，似比一般啓智教育教師表現得更爲明顯而出衆。

　　2.「啓智教育教師所需專業能力調查問卷」上所列的全部七十四個專業能力項目，皆被啓智教育教師認爲是彼等在教育智能不足兒童時所需具備的。其中「能瞭解智能不足學生的身心發展」，被公認是一項最重要的專業能力；被認爲「甚需具備」的專業能力計有六十六項，而其餘的七項則屬「需要具備」的層次。

　　3.國中與國小啓智教育教師對「啓智教育教師所需專業能力調查問卷」上所列的各項專業能力，在重要程度之排序方面，意見是相當一致的。

　　4.國中與國小啓智教育教師對「一般專業能力」、「評量與記錄」、「課程與教學」、「輔導能力」，及「人際溝通」各專業能力領域的需要，皆無顯著的差異。

二、建　議

1. 由於表現優異的啓智教育教師在若干特質方面，的確有別於一般的啓智教育教師，因此在決定啓智教育師資培養或任用的人選時，或可將這些特質因素列入考慮。另外，在師資養成的過程中，一般啓智教育知能的教授固然重要，但對教師所需特質的培育，也不應有所忽略。而這些教師特質的培養有很多是師範院校正式課程所無法顧及的。職是之故，如何透過適當的潛在課程（hidden curriculum），以對啓智教育未來的教師在某些積極性特質方面有所潛移默化，應是一個值得探究與努力的課題。

2. 由於啓智教育教師所需的專業能力，包羅甚廣，當非少數特殊教育學分所可涵蓋以善盡培養之功。因此啓智教育師資之培訓，當以大學正規的專業養成教育為主。這種正規的專業教育需將啓智教育教師所需之專業能力，分別納入有關的課程，循序漸進以造就適任的啓智教育師資。至於修習二十個特殊教育學分以取得啓智教育教師登記的在職訓練措施，就完整的專業能力培養之觀點而言，似仍嫌不足。教育主管當局或可考慮將啓智教育教師登記所需的特殊教育學分數擴增至四十個，使其專業能力之培育能更為周延與落實。

3. 從本研究發現，國小與國中啓智教育教師對各專業能力領域的需要，皆無顯著的差異；以及對各項專業能力在重要程度之排序上，意見趨於一致的情形看來，國小與國中啓智教育師資之培育，似可併合辦理。尤其目前中、小學教師之培養，皆提高至大學程度，在學歷方面並無差別。加以啓智教育教師所需之專業能力頗具「通才」的性質（中、小學啓智教育所需之特殊教育專業素養並無不同，且教師的教學內容也同樣偏向實用而生活化的教材，故稱教師所需者為通才教育），因而將中、小學的啓智教育師資合併培養，應是一個比較合理的作法。這種師資培育方式的可能結果，便是教師可選擇教小學或中學，同時中、小學的啓智教育教師亦可自由流通，因為無論中學或小學啓智教育教師，皆已同具啓智教育方面「全

人教育」的專業通才，智能不足學生的發展階段容或不同，但教師所具備的專業能力則是一致的。

4. 本研究對啓智教育教師特質之瞭解，係透過教師任教學校校長之評定，這種方法固可收旁觀者淸，以達客觀蒐集資料的效果，然而有許多個人的隱藏性資料，校長也未必全然知曉，因此未來對啓智教育教師之特質作研究時，或可嘗試採用「自陳式」（self–report）的自我評定法，以獲取有關的研究資料，這對啓智教育教師所需特質之知識的充實，或許有所助益。

5. 本研究對啓智教育教師所需專業能力之探討，所採取的方法，基本上是對啓智教育教師作意見調查，以蒐集所需的研究資料。教師對其所需專業能力應有相當程度的瞭解，是不容置疑的。但這種瞭解多少與其對啓智教育的認識及其在此一工作上的素養，似有密切的關聯。因此，未來爲增進對啓智教育教師所需專業能力之研究結果的效度，似可嘗試運用職業分析法（job analysis），就教師日常的教學工作中所需擔負的職責去分析，以歸納出其所需的專業能力。相信在研究方法的另闢蹊徑，必有助於吾人對啓智教育教師所需的專業能力，獲得更確切的瞭解。

參考 文獻

吳武典、張正芬（民 76）：臺灣地區特殊教育暨殘障福利機構簡介。臺北
市：國立臺灣師範大學特殊教育中心。

邱上真（民 73）：普通班教師與益（啓）智班教師對益（啓）智班教師之角
色所持觀點的比較研究。教育學院學報，九期，159–179 頁。

林孟宗（民 68）：特殊教育師資專業能力分析研究。新竹師專學報，五期，
125–212 頁。

教育部社會教育司（民 70）：中華民國特殊教育概況。

郭爲藩（民 64）：教育治療的策略。師大教育研究所集刊，十七輯。

許天威（民 63）：Survey of teacher Competencies needed and teaching problems en-
countered by teachers of the physically handicapped in Taiwan, the Republic of Chi-
na. 新竹師專學報，一期。

許天威（民 71）：近三十年來我國特殊教育師資之培養。國立教育資料館編
印：教育資料集刊，第七輯，153–194 頁。

相菊潭（民 47）：社會教育。臺北市：正中。

賈馥茗（民 59）：發展特殊教育的初步工作——師資準備。載於：特殊教育
研究，臺北：商務。

Blackwell, R. B. (1972). Study of effective and ineffective teachers of the trainable men-
tally retarded. **Exceptional Children, 39**(2), 139–143.

Cain, L. F. (1964). Special education moves ahead: A comment on the education of
teachers. **Exceptional Children, 30,** 211–217.

Carri, L. (1985). Inservice teachers' assessed needs in behavioral disorders, mental retarda-
tion, and learning disabilities: Are they similar? **Exceptional Children, 51**(5), 411–

416.

Davis, W. E. (1982). Inservice training needs of resource teachers working with retarded pupils. **Education and Training of the Mentally Retarded, 17**(3), 185–189.

Russo, T., & Stark, N. B. (1976). Teacher certification trends. **Mental Retardation, 14**(5), 24–26.

Shores, R. E., Burney, J. D., & Wiegerink, R. (1976). Teacher training in special education: A review of research. In L. Mann & D. A. Sabatino (Eds.). **The third review of special education**. New York: Grune & Stratton. pp. 199–216.

Shotick,, A. L. (1971). Model for the preparation of a secondary school teacher of the mentally retarded. **Education and Training of the Mentally Retarded, 6**(3), 122–126.

Smith, R. M. (1974). **Clinical teaching: Methods of instruction for the retarded**. New York: McGraw–Hill.

Younie, W. J., & Clark, G. M. (1969). Personnel training needs for cooperative secondary school programs for mentally retarded youth. **Education and Training of the Mentally Retarded, 4**(4), 186–194.

第 18 章

資深啓智教育教師
生涯發展之研究

壹·緒　論

　　隨著民國七十三年我國特殊教育法的制定及其後的積極執行，臺灣地區近年來特殊教育班、校的增設的確相當可觀，特殊教育教師的供給需求也相應迫切。雖然透過特殊教育系所與特殊教育專門科目學分的修習，各師範院校的特殊教育師資培育也能多少紓解這種教師需求的壓力。不過眞正的問題卻在教師異動的頻繁，其中尤以啓智教育教師爲最（蔡崇建，民74）。目前對啓智教育師資的需求，正如一個有缺漏的水桶，似乎一直添注不滿，的確令人關注。不過研究者過去所做的「啓智教育教師所需特質與專業能力之研究」（民78）及「啓智教育教師在職進修需求之研究」（民80），卻又發現在普遍抽樣的對象中，有相當比率的啓智教育教師（約18%左右），其任教啓智班的年資是在十年以上。由此可知，啓智教育教師的異動問題固然應寄予關切，而那些一直持志不懈任教啓智教

育班（校）的教師，也值得加以瞭解。啓智教育工作的成敗，教師著實是
扮演著極爲重要的角色。目前的啓智教育師資似離不開量的充分供應與質
的提升兩大問題。而這兩大問題又與教師的選拔、培訓、進修及輔導息息
相關。本研究擬探討服務啓智教育十年以上的資深啓智教育教師的生涯發
展狀況，冀能對啓智教育教師的選拔、培訓、進修，與輔導提出必要的建
議，而有助於啓智教育工作的健全發展。

　　生涯發展（career development）可謂人生一系列作抉擇的過程（Tolbert,
1974）。這種選擇的過程，也反映出一個人在生活與工作上的適應狀
況。不管啓智教育教師的高異動率是由於無成就感、專業知能不足，或工
作壓力重等因素（蔡崇建，民74；何東墀，民78），資深啓智教育教師
能走過漫漫十年以上的啓智教育長路，其生涯發展的心路歷程，應值得珍
視。有關教師生涯發展之研究文獻似不多見。其中直接探討啓智教育教師
生涯發展者則仍未見及。在一般探討教師生涯發展之文獻中，似多著眼於
生涯發展歷程及其影響因素之研究。

　　就教師生涯發展歷程而言，由於教育是一項專業性的工作，是以教師
的生涯發展即被視爲一專業人員的成長過程。有關教師生涯發展之研究，
亦多據此以探討教師在專業領域中的發展歷程（林幸台，民78）。從已
知的文獻觀之，大多數教師生涯發展歷程之研究，皆傾向將教師的教育工
作生涯分劃成若干階段，而憑以分劃生涯發展階段的變項或向度則有不
同。其中以教學適應或專業能力發展的角度作爲劃分依據者似乎較多，其
他如教師關注事項、教師態度、年齡階段等，也皆曾作爲分隔教師生涯發
展歷程的基礎。

　　從教學適應或專業能力的發展而言，Unruh與Turner（1970）指出教師
的生涯發展可能經歷最初任教期（the initial teaching period）、信心建立期
（the period of building security），與成熟期（the maturity period）三個階段。
Katz（1972）認爲學前教育教師四個發展階段依次是存續（survival）、強
固（consolidation）、更新（renewal），及成熟（maturity）階段。Gregorc

（1973）根據其對中學教師的觀察研究，指出教師生涯發展的四個階段是：(1)形成期（becoming stage），(2)成長期（growing stage），(3)成熟期（maturing stage），與(4)充分專業化（fully functioning professional）階段。Watts（1980）從專業發展的觀點，說明教師生涯可能會經歷初任教師的存續階段、對教師角色漸感自在的中間階段（a middle stage），與充滿信心的精通階段（stage of mastery）。Burden（1981, 1982a, 1982b）以深度訪談（focused interview）研究十五名小學教師對本身在生活及專業發展方面的看法，發現任教第一年的教師多處於應付專業職責及適應學校環境的存續階段（the survival stage）；任教第二、三、四年的教師是教學技能成長與信心日增的適應階段（the adjustment stage）；在第五年之後，大部分的教師則屬於在教學上皆能應付自如的成熟階段（the mature stage）。就教學成效而論，Ryans（1960）以為在五十歲之前，教師可達到教學效能的高峯，但在五十歲以後則相對地驟然疲弱。然DeMoulin與Guyton（1988）則認為教師達到其教學效能的高峯多與年齡無關，但一達高峯後便將盛極而衰，且此種情形常在五十歲或更早之前發生。此外，DeMoulin與Guyton也調查校長與教師對有效和無效的知識傳授（transfer of knowledge）之特質（characteristics）的看法，並用因素分析（factor analysis）歸納出教師生涯發展的四個階段為暫時（provisional）、發展（development）、過渡（transition），與減退（decelerating）。其中暫時與發展階段皆顯示教師在知識傳授的有效性，而在過渡與減退階段，教師在知識傳授的效能方面則日漸疲退。McDonald（1982）亦指出教師的專業能力發展可以分成：(1)過渡階段（transition stage），(2)試探階段（exploring stage），(3)創造及實驗階段（invention and experimenting stage），與(4)專業性教學階段（professional teaching stage）。

就教師關注事項的演變而言，Fuller（1969, 1970）提出教師的生涯發展會經歷的三個關注階段（three phases of concerns）依次是：(1)自我（self），(2)身為教師的自我（self as teacher），與(3)學生（pupils）。其後，

Fuller與Bown（ 1975 ）再進一步將教師生涯所關注者分成下列四個階段：
(1)任教前之關注（ preteaching concerns ），(2)早期對自我的關注（ early concerns
about self ），(3)教學情境的關注（ teaching situation concerns ），及(4)對學生的
關注（ concerns about pupils ）。另外，Peterson（ 1978 ）對五十名退休的中學
教師從事一項探索性的訪問研究，以瞭解彼等在整個教學生涯中教育態度
的變化情形。Peterson發現教師的教學生涯概可分成三個態度階段
（ attitudinal phases ）。其中第一個階段大約從二十至四十歲之間，其特色是
教師對教學的投入或士氣往往起伏不定；第二階段介於四十至五十五歲之
間，此一時期可謂教師專業發展的高峯，教學的投入或士氣也達於極致；
最後一個階段則從五十五歲以迄退休，教師的精力與教學熱情顯得逐漸疲
退，教育態度各有不同，但大部分從教育專業活動退隱卻是事實。

　　配合年齡階段以說明教師的生涯發展歷程，Newman（ 1979 ）曾作了
相當完整的描述。Newman針對十名已屬中年的公立中小學校教師進行訪
談研究，這些教師的任教年資從十九至三十一年不等，結果發現教師的生
涯發展可以在二十、三十，與四十歲各階段中再分別區分出早、中、後
期，再加上五十歲早期合計十個階段。在這十個階段中，不同的生涯向度
（ career dimensions ）演變的情形也有差異。例如，工作的異動多出現於三
十歲早期以前，其後則趨於穩定；退休的危機感多出現在五十歲以後；教
學技能的圓熟在三十歲中期左右即可能產生；在教學的體能方面似與日俱
衰；年齡越輕教學就越嚴格，年齡越大也越能給予通融；在與學生的關係
方面，年紀較輕時較爲正式，年紀越大也越會發展個人的關係；至於工作
的滿意度方面，在二十歲中期之前較高，二十歲中期之後至四十歲之前多
起伏不定，四十歲以後則漸走下坡。此外，McKenna（ 1982 ）對職業教育
人員（ vocational educator ）生涯發展階段的見解，也堪稱周延。McKenna認爲
職業教育人員的生涯發展可預期爲五個階段。任教的頭三年爲第一階段；
教師多充滿教學的理想與熱誠，並努力去配合現有工作的要求。在教師成
功地通過第一階段後，即進入第二階段；此時教師在尋求同儕的認許、工

作的持續與升進的機會時，會感受壓力。在第三階段，教師多會面臨生涯中期的問題（mid-career issues）；此一時期會出現兩種類型的教師。有一類教師因發展已達頂點或發展停滯，而感已到發展的盡頭；另一類教師因在專業方面持續成長，反而會比過去更覺得具有安全與成就感。第四階段也稱退休前期（pre-retirement stage）。在這一階段，教師在專業或職級方面多已達高峯。有的人可能會感覺欠缺專業的挑戰與工作上的滿足感，也有的人則顯得悠遊自得，全看他們距離退休有多久而定。一般而言，如果離退休尚有五年以上，則處於第四階段的教師對工作多較有不滿意的傾向。第五階段屬於退休階段。教師皆有可能出現滿意或不滿意的感受，全看他們是否能對退休生活作有效的規劃而定。

　　以上已就教師生涯發展歷程有關文獻作了扼要的敍述。從已知的文獻來看，有關教師生涯發展歷程的研究所探討的重點或向度容或有異，但階段性發展歷程的存在，似爲一共認的現象。此一階段性的發展歷程如從較廣泛的角度加以觀察，似與一般發展論者的主張（如Super, 1984）頗爲相似。亦即教師的專業發展是循序漸進的，在達到充分的成熟、圓融與適應之前，多會經歷一段掙扎、探索，與不穩的時期；另外，教師專業發展的盛極而衰，也常見諸有關的研究文獻。然而，從有關的研究文獻，吾人雖可歸納出一般教師生涯發展的軌跡，但教師個別間出現不同發展歷程的現象，似十分常見。此或緣於彼等生涯發展的影響因素之歧異。由此可知，影響生涯發展之因素的探討實有必要。

　　有關影響教師生涯發展因素之文獻，目前所知十分有限，多數仍傾向教師工作滿意度、壓力或倦怠感的研究（Pelsma, Richard, Harrington, & Burry, 1987）。林幸台（民78）曾歸納出影響教師生涯發展的因素可能包括社會環境、工作機構、家庭因素，以及個人的生理與心理背景等方面。Burden（1981）的研究也指出，會對教師的生涯發展產生影響的，包括專業環境、個人環境、督導措施等方面的因素。其中專業環境可能涉及其他教師、學校建築、學童、家長及社區、在職進修、學區、社會狀況、課程、

教師職責、組織，及課外活動，與教學專業。個人環境包括任教前與兒童接觸的經驗、從事教職的理由、師資訓練，與家庭生活的經驗；另外任教之後校外的興趣與活動、配偶、親戚、子女、朋友及其他教師、非教學性的工作，以及其他的生活環境，皆是可能的影響因素。至於在督導措施方面，多涉及督導人員的因素，其中在校長方面，則彼等的人格、專業性、協助性、支持性、親和性、獨斷性，與見識，皆有其影響力。由此可知，環境因素對教師生涯發展之影響作用。

　　Pucel、Jensrud，與 Persico（1987）曾研究非主修教育但只選修職業教育課程，且初次任教五年內之職業教育教師的生涯發展狀況，他們發現吸引這些教師從事教職最重要的兩個因素，是他們願意分享他們所知及與學生為伍；五年後仍在職的教師只有一半左右，而教師離職最主要的原因是出於升遷、資遣、工作時間的安排、薪津等因素。根據 DeMoulin 與 Guyton（1988）之研究，教師的教學效能如盛極而衰，可能係由於下列的一種或多種原因：(1)初任教前幾年具有負面的經驗，(2)對教學工作做了不當的生涯抉擇，以致對個人動機與工作滿意有所影響，(3)教育環境內外長期的壓力造成過度的倦怠感。另外，Wittkamper 與 Harris（1987）研究三十五名原先在工業界就職的職業教育教師之所以離開工業界的原因，包括經濟、理想，與個人方面的因素；其中以理想這一因素最為重要。至於何以彼等選擇教職，有絕大部分人聲稱係出自動機因素（motivation factors）。國內已有的研究（蔡崇建，民74；何東墀，民78）也指出特殊教育教師如由廳局分發及學校選派任教常造成高異動率，但如出於興趣理想而任教者，其工作滿意度也較高。由上述這些研究文獻看來，影響教師生涯發展除外在的環境因素外，個人任教的意願、動機、理想等內在因素，常能左右其對教育生涯的抉擇與俟後的發展。而個人的意願、動機、理想等皆屬自我觀念（self–concept）的範疇。此亦印證了 Super（1984）對自我觀念在生涯發展上重要性的強調。

　　除了環境、自我因素等對教師生涯發展可能產生影響外，其他如年

齡、性別、學歷、任教年資等人口變項，有些研究亦指出它們與教師生涯發展的相關性。林幸台（民 78）曾研究我國國小教師的生涯發展狀況，發現國小教師處於「挫折」狀態者佔樣本的 38%，次爲「遲滯」及「轉移」，各佔 26%，「投入」者約 7%，「學習」者最少，僅 2%。他也發現教師生涯發展狀況因性別、年齡、任教年資之不同而有不同；其中女性屬於遲滯組者較男性爲多，五十一歲以上教師及任教二十年以上教師屬於遲滯者之比例較其他組教師爲高。Pelsma 等人（1987）曾研究教師的工作壓力與滿意度，發現教師學歷越高工作滿意度越低，且年齡愈大所感受的壓力也愈多。Cohen（1982）對從事教學實習的一般大學年齡與年齡較長的成人學生所作的比較研究，發現年長學生的養育子女之經驗對彼等的教學實習具有最重要的影響，且年長的實習教師對教學的信心與投入方面，也較一般大學年齡之實習教師明顯地強烈。人口變項與特殊教育教師生涯發展的關係，最近國內也有若干研究加以探討。蔡崇建（民 74）對特殊教育教師所作的異動狀況分析，發現：(1)四十一至五十歲組教師異動率最高；(2)男性教師異動率高於女性教師；(3)研究所畢業者異動率最高，其次師範教育院校，而普通專科最低；(4)師專特教組畢業者異動率最高，其次特教研習班結業者，而大學特教系組最低；(5)特教年資三年以下者異動率最高。何東墀（民 78）對國民中學啓智班教師工作滿意、壓力，與倦怠之調查研究亦指出：(1)國中啓智班教師的年齡與工作滿意多呈正相關，而與工作壓力及工作倦怠多具有負相關；(2)國中啓智班教師爲特教系組畢業者其平均工作滿意度最低，而曾受短期特教研習班結業者之平均工作滿意度最高；(3)國中啓智班教師中，師範校院特教系組畢業者之工作倦怠強度最大；(4)國中啓智班教師任教滿一年不足三年者，其平均工作滿意度最高，而任教滿三年不足五年者爲最低；任教啓智班滿五年以後，平均工作滿意度則有稍微提高的現象。

　　由前述研究文獻觀之，年齡、性別、學歷、任教年資等人口變項與教師生涯發展的相關性，雖一再受到支持，但由於研究主題、對象等的歧

異，這些人口變項與生涯發展的關係型態也各具特色，難稱一致。因此就某些特定主題與對象而作的教師生涯發展之研究，仍具有其意義與價值。

前面已就教師生涯發展歷程及有關影響因素之文獻，分別作了扼要的陳述。這兩方面的問題皆將在本研究中有所探討。除此之外，資深啓智教育教師在經歷長期的啓智教育生涯後對啓智教育的觀感如何，也是本研究所欲瞭解的。具體而言，本研究之目的，乃在透過對資深啓智教育教師所作的問卷調查與個別深度訪談，蒐集相關的資料，以嘗試回答下列的研究問題：

㈠資深啓智教育教師生涯發展歷程之特性爲何？

1. 資深啓智教育教師的啓智教育生涯中，在專業知能、教學風格、教育態度、教學調適、對智能不足兒童關心的事項、生活型態，以及對自己的看法是否有所變化？

2. 資深啓智教育教師是否有不同的類型存在？

㈡導致資深啓智教育教師長期從事啓智教育之因素爲何？

1. 資深啓智教育教師之長期從事啓智教育是否有個人因素存在？

2. 資深啓智教育教師之長期從事啓智教育是否有環境因素存在？

㈢資深啓智教育教師對啓智教育的觀感如何？

1. 資深啓智教育教師對啓智教育教師應具備特質的看法如何？

2. 資深啓智教育教師對目前啓智教育存在的問題之看法如何？

貳·方　法

本研究同時運用問卷調查與個別深度訪談，以蒐集與研究問題有關的資料。兩種方法中，又以個別深度訪談爲主，而以問卷調查爲輔。其中問卷調查所蒐集的大都屬於可加量化處理的資料，而個別深度訪談則屬於質的研究（qualitative research）之範疇。所謂質的研究，王家通（民77）認爲

「其主要方法乃是透過『參與觀察與深層晤談』（ participant observation and in-depth interviewing ），來直接瞭解教育現象的眞實狀況。爲避免量化研究的缺失，質的研究採取一種描述性的而不是量化的方式，而特別注意事件產生的過程而不是最後的結果，同時爲了避免主觀意見的涉入，在觀察與晤談之前儘量不預先提出假設，而純粹根據研究過程中所得的資料來解釋事實，或建立理論。」（ p. ii ）此外，王文科（民79）也指出質的研究約有如下五種特徵：(1)以觀察自然環境中的行爲爲直接的資料來源；(2)蒐集描述性的資料；(3)關注過程與成果；(4)採歸納方式分析資料；及(5)關注的要點在於「意義」。就質的研究之訪問而言，歐用生（民78）特別指出質的訪問與調查訪問最明顯的區別，在於質的訪問比較屬於反省性的研究，且其所蒐集者除訪問結果外，尚需輔之以其他資料（如觀察到的資料）。本研究在從事個別深度訪談時，將盡力維持這些質的研究之特性。有關本研究之對象、工具，及資料蒐集與處理的方法分敍於後。

一、研究對象

　　本研究是以筆者在從事「啓智教育教師在職進修需求之研究」（何華國，民80），總數三百九十五名啓智教育教師的樣本中，任教啓智班十年以上的七十名教師爲對象。這七十名教師中，國小教師有二十二名，國中教師則有四十八名。這七十名教師將接受「啓智教育教師問卷」，以提供彼等的個人基本資料。作爲研究對象的七十名啓智教育教師，係分屬於十二所國民小學、十六所國民中學，及一所啓智學校（國小部）。每一學校所佔的人數從一人至六人不等。每一學校將有一名教師接受「個別深度訪談」。學校如有二名教師以上者，則採隨機取樣的方式，抽取一名教師接受訪談。所抽取的教師必須是仍在職，且其授課時數中至少有二分之一以上係在啓智班任教兩個要件，否則即再次抽樣，直至抽出合乎條件之人選爲止。因此，接受訪談的啓智教育教師預計總共爲二十九名。

二、研究工具

㈠啓智教育教師問卷

　　本問卷之編製，旨在瞭解資深啓智教育教師的個人基本資料，並作爲判別教師是否符合接受訪談的要件。問卷所包含者除填答問卷之簡要說明外，也包括性別、出生日期、問卷填答日期、婚姻狀況、子女人數、最高學歷、接受特殊教育專業訓練情形、目前現職、任教啓智班時數、普通班教學年資、啓智班教學年資、任教啓智班之理由、開始任教啓智班之年齡、聯絡電話等。

　　問卷初步編擬完成後，研究者即請在啓智班任教的國中教師二名及國小教師三名，分別嘗試填答，並提供修正意見。經過此一預試過程，研究者彙整有關修正意見，對問卷作最後修正後即成定稿。

㈡訪談題綱

　　配合本研究所擬之研究問題，爲期個別訪談能有效進行，本研究遂有訪談題綱（interview guide）之編製。此一訪談題綱中，非結構性（unstructured）與半結構性（semistructured）的題目皆兼而有之。訪談題綱共分十大題項。其中第一題係非結構性的，旨在請受訪教師敘述其在任教啓智班這段時間的生活與工作情形。其餘九個題項則屬半結構性的問題，請受訪教師分別敘述在啓智教育生涯中有關事項的變化情形、目前上下班時間的安排、目前對啓智教育的態度、目前個人最想實現的目標、持續從事啓智教育的個人與環境因素，以及對啓智教育教師應具備特質、選拔啓智教育教師應注意事項，與能長期從事啓智教育之教師在任教之前可能具備的特質之看法等。此外在訪談結束之前，研究者亦以「目前啓智教育的難題」請教受訪教師，以瞭解彼等對啓智教育現存問題之觀感。

　　訪談題綱之編擬，主要依據文獻探討的結果，以及研究者在啓智教育所接觸的經驗。題綱初稿完成後，研究者分別以二位國中及三位國小啓智班教師加以預試。其次根據預試結果，再對訪談題綱作必要的修正而成定

稿。

三、資料蒐集與處理

本研究資料之蒐集，係先從「啓智教育教師問卷」之調查開始，其後才進行個別訪談。「啓智教育教師問卷」之調查，係由研究者將該問卷直接寄給列為調查對象的七十名國民中小學的啓智教育教師。問卷發出約經三星期後，如仍未寄回者，則再追蹤補寄問卷。經補寄問卷如再經三星期仍無回音者，則嘗試以電話與之聯繫，以瞭解其狀況，或請求提供填答之協助。

至於個別訪談的實施，係先由研究者以電話與預定受訪對象聯繫，向其說明本研究的性質、目的，與訪談方式，以爭取彼等的合作。其次再與之約定往訪的日期、時間，與可能地點（學校内之場所如諮商室、會議室等）。此外，並以公函請求受訪者所服務的學校惠予配合及協助。在實際訪談時，研究者除隨時將受訪者所報告的内容作摘要性筆記外，並運用錄音機作全程錄音，以蒐集全部訪談口語資料。

在研究資料的處理方面，由「啓智教育教師問卷」調查所蒐集的個人基本資料多屬名義變數（nominal variable）。這些資料將以次數與百分比加以表示。這些個人基本資料除在顯示資深啓智教育教師的個人背景外，有些也有助於回答部分的研究問題。

至於由個別訪談所蒐集的錄音記錄，則將之轉載成書面資料。同時為便於資料的檢索與查證，更將每一受訪者按「學校－性別－受訪序」之方式加以編碼。其表示方式分別是：

1. 學校

H＝國中，P＝國小。

2. 性別

M＝男性，F＝女性。

3. 受訪序

從01起以兩位數字表示。

本研究所蒐集的訪談資料之分析方法有二,一爲「校正分析歸納法」(modified analysis),另爲「持續比較法」(constant comparative method)。所謂校正分析歸納法,係指在每訪問過一位受訪者,即從事整理與分析的工作。而持續比較法則俟所有的受訪者皆已接受訪問後,才做最後統整分析的工作。Glaser(1965)認爲持續比較法概可分成下列四個階段:(1)比較可分屬於各個類別(category)的事件(incidents),(2)各種類別及其特質的整合,(3)設定理論的範圍,及(4)理論的撰述。本研究在運用持續比較法時,係按研究問題將所有受訪者所提出的觀念(ideas)或事件以卡片分別予以登錄,其次再將這些觀念或事件加以比較與彙整,以判定其主題的範疇(topical categories)。最後再佐以可能的文獻及問卷調查資料,以歸納提出訪談的發現。

叁 · 結果與討論

本研究之進行,從以「啓智教育教師問卷」寄給列爲調查對象的七十名資深啓智教育教師開其端。由回收問卷之審閱及與少部分接受調查教師電話聯繫結果,最後確定符合本研究所稱的資深啓智教育教師者(即仍在職,且授課時數有二分之一以上在啓智班)共計五十八名,其性別與現職如表18-1所示。受調查對象與最後符合條件者人數之差距,其原因係出自退休、調職、長期病假等原因,其中以退休居多。

至於實際接受研究者個別訪談的資深啓智教育教師共計二十七名,比原訂的二十九人少二名。其原因是有一位國小教師已退休,該校又無其他可資抽樣的人選;另一位在金門的國小教師因地點的特殊性,前往訪談困難,只好放棄。這二十七位受訪教師的性別及現職如表18-2所示。

本研究之結果,將就資深啓智教育教師之生涯發展特性、長期從事啓

表 18-1　符合資深啓智教育教師條件者之性別與現職

現　　職	國中教師		國小教師		合　　計	
	n	%	n	%	n	%
男	9	15.52	5	8.62	14	24.14
女	28	48.28	16	27.59	44	75.86
合　　計	37	63.80	21	36.21	58	100

表 18-2　接受訪談教師之性別與現職

現　　職	國中教師		國小教師		合　　計	
	n	%	n	%	n	%
男	3	11.11	1	3.70	4	14.81
女	13	48.15	10	37.04	23	85.19
合　　計	16	59.26	11	40.74	27	100

智教育之因素，及對啓智教育的觀感，分別提出討論。

一、生涯發展特性

本研究對資深啓智教育教師生涯發展歷程之特性的探討，主要著眼於其啓智教育生涯中有關問題變化性及教師類型存在可能性的瞭解。這些研究結果，將依序呈現討論於後。

㈠啓智教育生涯有關向度的變異性

1.專業知能

本研究對五十八名資深啓智教育教師所做的問卷調查，發現在任教啓智班前已受特殊教育專業訓練者有二十二人（37.9%），有三十六人（62.1%）未受特教專業訓練；而已受特教專業訓練者則以特教專業學分為最多（十九人，佔 32.8%）。至於目前這五十八名教師仍有三人（5.2%）未受特教專業訓練，已受特教專業訓練者，修習特教專業學分仍

是佔大多數（五十一人，佔 87.9%）。可見特教專業學分的研習，似為目前多數資深啓智教育教師專業知能的重要來源。根據研究者對二十七名資深啓智教育教師的訪談，大多數教師皆對修習特教學分持肯定的評價，例如一位教師說：

去修過學分後，就比較知道這邊學生的特性及需要。
（HF27）

另一位教師也說：

去受訓以後，也比較知道一些特殊學生的不一樣，收集的資料也比較豐富，教起來也比較得心應手。（HF20）

不過也有少數一、二位教師認為特教學分的研習幫助不大，例如有一位教師說：

那兩個暑假的幫助，我現在印象很模糊了，感覺上好像沒有什麼幫助！（HF16）

還有一位教師也說：

我覺得他們講的喔……都很理論，實際上哦，我覺得……幫助很少。（HF01）

特教學分的研修固然受到多數教師的肯定，但彼等專業知能的獲得，並非只有修習學分一途。其他諸如同事間的切磋、專業書刊的研讀、特教的研習與參觀考察活動、工作經驗的體會，甚至自行拜師學藝等，皆有助

於資深啓智教育教師專業知能的充實。就工作經驗的體會而言，多數教師固然是在任教啓智班後，深感教學相長之益；也有少數教師在任教啓智班之前，即曾有殘障服務的工作經驗。至於教師的自行拜師學藝，也多感於實際教學的需求，一位教師就說：

> 剛開始只教國文，對其他方面沒有專精。爲讓他們從做中學，我曾去學過紙黏土、編織，等於現買現賣，學多少教多少。（HF04）

絕大部分資深啓智教育教師在專業知能的成長皆是漸進的。任教第一年大多處於嘗試、摸索階段，對啓智教育的認識也不夠深刻。對啓智教育稍具概念，受訪的資深啓智教育教師所需要的時間，似從二年到八年不等，彼此之間的歧異極大，這可能與教師的進修機會與本身追求自我成長的意願有關。不過從事啓智教育的時間越長，這些教師的專業知能也更趨圓熟，似爲通例。此外，有許多教師起初教的是輕度智能不足的學生，但近年來中、重度智能不足學生大量進入啓智班後，他們即覺得原有的專業知能難以應付。有一位教師即說：

> 起初我們去臺北師專受訓，當初是針對輕度智能不足兒童的啦！那因爲受過訓練嘛！嗯！覺得得心應手，教學生蠻好玩。那現在學生喔！輕度智能不足反而很少，像我們幾乎都收不到，現在我們就兩班轉成中、重度班嘛！那現在中、重度班的學生一來喔！哎！真的不曉得怎麼教了。（PF11）

另一位教師也說：

> 我覺得我愈教我愈對這個專業知識我愈懷疑……學生也一年一

　　年不太一樣，覺得很奇怪，我好像是愈來愈覺得說自己欠缺很多專
　　業知識。（HF01）

　　由此可知，任教對象身心特性的明顯改變，確實對教師是一大挑戰。
面對這種教學的挑戰，啓智教育教師再進修的需求也格外殷切，值得主管
教育行政與師資培訓機關的注意。

　　從以上資深啓智教育教師專業知能的發展特性來看，特殊教育專業訓
練雖不是提供啓智教育教師專業知能的唯一途徑，然而卻是一個重要的途
徑。儘管如此，只是修習特教學分也並非代表專業知能已達圓熟。啓智教
育專業知能的成長，似仍有賴教師在實際教學中去歷練與追尋。因此，受
訪的資深啓智教育教師在專業知能的發展，基本上還是漸進，且是具有階
段性的。即任教初期較爲生澀，教學一段時間後，即對啓智教育有較完整
的概念，最後並可能因自我的追求成長而趨於成熟。這種專業知能的發展
特性，實與 Unruh 及 Turner（1970）、Gregorc（1973）、Watts（1980）、
Burden（1981, 1982a, 1982b）、McDonald（1982）等人的主張頗爲相符。

　　2.教學風格

　　本研究對二十七名資深啓智教育教師所作的個別訪談，發現其中有二
十位教師（約佔 74.07%）在其啓智教育生涯中，教學風格似出現了明顯
的變化。這種變化或可定名爲「傳統教學」與「個別化教學」兩種取向。
其中傳統教學又多出現於個別化教學取向之前。傳統教學取向較常見的特
色是教師教學與普通班相近，多採演講式、集體教學、以課業爲中心、教
師要求嚴格，甚至訴諸體罰。例如有一位國小女教師就說：

　　　那剛剛由普通班到啓智班來，當然那種心情都不一樣啊！也對
　　他們比較苛求啦！總覺得說我就不相信一加一等於二不會。我就是
　　用打的，也要把你打到會，這樣子，可是還是不會啊！（PF10）

　　至於個別化教學取向則較注意學生的個別差異與學習需求。其表現的教學特質包括教材內容生活化與實用化、個別或分組因材施教、注意提供學習的輔助、採活動式教學，甚至對學生學習的體諒與寬容等。有一個國中女教師說：

　　　　現在慢慢磨練得說喔，會儘量去欣賞他的小進步……會知道他的問題在那邊？譬如說有的是羊癲瘋的啊，有的是情緒障礙，有的是自閉症啊！你生氣也都沒有用，你要先瞭解他的問題。（HF16）

另一位國中女教師也敘述其教學風格的轉變：

　　　　剛開始就覺得要教他知識。剛開始，像數學，會覺得應該教他加減乘除，但是一直在乘除上花工夫，也是沒用的。所以最後會用跳著來教，從每一段落最簡單的教。現在就從生活中最簡單的教起。（HF03）

從傳統教學改為較具個別化教學取向所需要的時間，就受訪的教師而言，從一年到八年不等。造成教學風格改變的原因，多出於學生障礙程度的轉變、教學經驗的體會、特教學分的研修等。有一位國中女教師說道：

　　　　剛開始……我是恨鐵不成鋼，所以在教學風格上有的過嚴點……在第七、八年接受中重度學生之後，發覺他們不能接受時，就改變態度……課程方面也著重生活方面。（HF04）

另一位國中女教師也說：

　　　　剛開始比較是傳統式的，我所受過的教育就是老師權威式的，
　　好像一個命令一個動作，好像趕鴨子一樣……我瞭解他們以後，就
　　不這樣了……就是比較清楚這個方向及學生的需要。（HF27）

　　有一位國小女教師在說到修完特教學分後對學生要求的轉變則指出：

　　　　我第一年剛教啓智班的時候，我對學生要求很嚴格，因爲我不
　　懂特教，我根本不懂特教。我進去以後，對他們打罵有加，因爲我
　　把他們當成普通班的孩子……經過兩年受訓以後……我慢慢想到他
　　是智能不足，在教學成果上不會要求到100%。（PF21）

　　因此，受訪的資深啓智教育教師大部分在任教啓智班之初，多少會顯
現出具有普通班的教學色彩。其後由於親身教學的感受、學生身心特性的
殊異，以及本身專業的成長，彼等所表現的教學風格有益發特殊化與個別
化的趨向。

　　3.教育態度

　　在本研究所訪談的二十七名資深啓智教育教師至少有二十二位教師
（約佔81.48%）其任教啓智教育的態度是一貫積極或日漸傾向積極的。有
一位國小女教師就說：

　　　　剛開始我們教會要辦特殊班時，有徵求我們的同意，我是第一
　　個舉手的。雖然他們智障，但也蠻可愛的……我是從教會基督徒的
　　眼光，看這些小孩，我覺得他們都像耶穌一樣可愛。（PF02）

　　一位國中男教師也說：

　　　　本來和一般人一樣不重視啓智教育。教了以後，我覺得實在需

要社會大衆去關心，尤其是學校老師。啓智老師可以説是除了家長以外跟他們最親近的，也應該是比家長更懂得教育他們的。教了以後，我變得對他們非常關心。（HM06）

至於受訪的資深啓智教育教師中，也不乏少數的教育態度有從積極轉向消極或教育態度變異不定者。例如，一位國小女教師即指出：

啓智教育説起來有的時候也很難講啦！有一些地方你説好啊！也不是很好。現在等於各管各的，就是這樣，變成這樣子。像我們有時候説什麼也没有力量啊！那就算了，不要説，就這樣子。（PF11）

有一位國中女教師也説：

那個老校長蠻注重特殊班的……那他也蠻喜歡我們益智班的學生的。所以那時候喔！覺得教特殊班教得很……嗯！趣味，是跟後來，跟後來比較起來，才覺得那時候那一段不錯。……在第二任校長的時候喔！那時候都有點心理不平衡……那時候就覺得很不喜歡待在益智班……。（HF16）

事實上，教育態度的改變，在受訪的資深啓智教育教師中，並不難發現。其中特殊教育學分的研修、教學經驗的累積，以及自我觀念的調整等這些與自我成長有關的因素，皆可能促使教師的啓智教育態度朝向積極性的改變。就教學經驗對教師態度的影響，一位國小女教師就説：

剛開始有愛心，但耐心不夠。我想可能是年齡的關係，剛開始我很氣，會體罰他們，打手心，很輕的。現在我不打他們了，可是

把他們盯得很緊。（PF08）

此外，學生障礙狀況的變化、行政人員對啓智教育關注的程度、家長的支持與否、他人對啓智教育教師的看法等，也都可能是導致教師教育態度異動的根源。其中尤以學生障礙狀況改變的影響最爲明顯，有一位國小女教師即說道：

> 我剛教時是輕度智能不足……我用嚴格的態度來教他們。後來到現在改爲中重度，有時候也嚴格不起來……發現太嚴格了，他們不敢接近你，我開始漸漸地把他們當成朋友，我是他的媽媽也可以。（PF07）

教育行政人員與家長對啓智教育關心的程度對教師教育態度的影響也同樣不可忽視。教育行政人員的影響，前面已經說過（PF11與HF16），言及家長的影響力，有一位國小女教師坦然指出：

> 當時……不是很願意教啓智班……，投入了以後，看家長對你的信任，期盼孩子讓我們教得更好的眼光，使我不得不去做。因爲我不是師範畢業，所以我一直很努力各方面充實自己，經驗不足，不能讓我後天失調。（PF17）

另一位國小女教師也說：

> 今天家長的配合度高，我會多教一點。如果今天家長沒有要求，或者是配合度太低，回來的東西一定少。他的回饋，變成我的回饋慢，這是區別。（PF21）

若說到別人對啓智教育教師看法的影響，一位國中女教師就說：

> 我比較在意別人對我的看法，……因爲開始的時候，會覺得當
> 益智班的老師很沒有面子。人家如果不問我教那一班，我不會告訴
> 他。現在我會主動講，告訴他啓智班是怎麼樣，順便推銷一下。
> （HF27）

從受訪的資深啓智教育教師所表達的意見來看，有絕大部分教師的啓
智教育態度是一向積極或日益積極的。事實上這些教師任教啓智班的年資
皆在十年以上，不具備積極的教育態度而能「存活」下來，又談何容易。
至於就可能影響教師教育態度的因素加以分析，則教育學分的修習、教學
經驗的累積、自我觀念的改變、學生障礙狀況的變異、行政人員與家長的
支持程度、他人對啓智教育教師的看法等，皆是值得注意的變因。而在本
研究中受訪教師所提及的年紀較輕時對學生的要求較嚴格，年齡越大與教
學經驗多了以後，也越能對啓智班學生通融的情形，和Newman（1979）
的研究結果是相當一致的。

4. 教學調適

對於大多數受訪的資深啓智教育教師而言，在啓智班任教初期多感不
安、茫然、充滿挫折、具排斥感，且會呈現低潮。這種情形，一位國中女
教師描述得相當透徹：

> 那個時候我很害怕，教了以後，教了幾節以後，愈教愈害怕。
> 真的很想說，哎呀，不教了，每天要來這邊是度時如年，不是度日
> 如年啦！（HF01）

當然也有少數資深啓智教育教師一開始任教即沒有調適的問題，例如
一位國中女教師說：

> 第一年沒有什麼挫折感，……因爲學生都很乖，沒給我們什麼
> 壓力，……所以沒有什麼不如意的事情，學生都蠻聽話的啦！
> （HF14）

大多數受訪的資深啓智教育教師，其在啓智班任敎，皆需要一段調適期，才能逐漸覺得自在與適應。這種調適的時間，從兩年到十年不等。其中尤以二到三年居多（約佔受訪教師的 25.93%）。在任教啓智班後，有些教師也曾有想到不教啓智班的時候。例如一位國小女教師說：

> 剛開始覺得不想教了，很洩氣。尤其是碰到家長不理解的時
> 候，但是現在我是不計較了。（PF08）

另外一位國中女教師被問到在任教期間有沒有想到要回到普通班這一問題時，即坦然以告：

> 說沒有是騙人的，不過都不是我個人的因素。我也不知道是第
> 幾年，感到很洩氣，好像英雄沒發揮的餘地。很多活動計劃被擱下
> 來，釘子碰了很多，可是也不能怎樣。（HF18）

當然啓智班教久了，如果有機會去教普通班，仍然有人覺得不適應。例如有一位國中女教師就說：

> 教那麼多年，現在反而要出去教就覺得不大習慣了。
> （HF12）

至於可能影響資深啓智教育教師教學調適的因素爲何？根據受訪教師的意見，可能影響教學調適的變項包括教學經驗、學生特性、教師心態、

自我成長的狀況、家長與學校支持的程度、教學科目等，其中教學經驗的累積與磨練，常是許多受訪啓智教育教師突破挫折以走上教學坦途所必經的歷程。例如有一位國中女教師說：

> 開始的時候……會有挫折感，因爲那時對智能不足的學生還不是很認識，所以，有時候會管理上很難管理，……然後就一直在摸索啊！……差不多摸索了將近八、九年喔！……現在我覺得我蠻喜歡。（HF16）

學生身心特質的變動對教師也會造成適應上的問題，一位國中男教師說道：

> 大概在教了五、六年以後，覺得對自己有時候還算滿意。過了這段時間以後，因爲我們會遇到各類型的學生……，在遇到不同學生類型時，又會有很大的挫折感。……現在對不同的學生有不同的挫折感，甚至要再重頭學習，會有這種感覺。（HM06）

教師的心態如對學生的期待、對自我角色的認知、宗教信仰、教育態度等，同樣的有影響其教學調適狀況的情形，如一位國中女教師說：

> 剛開始接觸這種班，會對他有很多期待。後來知道不會有這麼多期待時，就會調整自己的想法，……我很快就可以調適。（HF19）

藉著修習特教學分以及各種研習的機會所獲致的自我成長對啓智教育教師的教學適應，皆有積極的作用。一位國中女教師自覺教啓智班教久了以後好像會有挫折感，就去報名參加「魔鬼訓練營」，回來後感覺到：

　　　　我這回來以後，我好像又重新開始，面對學生又覺得比較快

樂。（HF15）

　　來自家長與學校的支持系統，如行政人員、教師同儕、教學資源等，
對教師的教學調適也屬重要的變因。有一位國小女教師就樂觀地指出：

　　　　因爲局裡對我們的肯定，家長觀念改觀，這都是我們所有啓智

班老師的心血，促使推動校長、行政人員，教務處、總務處也好，

對我們的支持，……有那麼多的資源、經費讓我們去採購，……啓

智班是蠻得天獨厚的。（PF17）

　　此外，根據研究者從訪談工作中所獲致的感受，發現受訪教師的任教
科目如以體育、美術、職業陶冶、音樂等操作性或活動性爲主的課程時，
則一般會有較好的教學適應，也比較不會有挫折感。

　　從受訪教師對教學調適問題的反應看來，多數資深啓智教育教師的啓
智教育生涯發展初期的不安、茫然、充滿挫折，以至經由教學經驗的歷
練、自我心態的調整、自我的追求成長等，然後方逐漸建立信心，並最後
可能達到教學的適應與圓熟，這樣的發展過程與許多教師生涯發展研究學
者（如 Unruh & Turner, 1970; Katz, 1972; Gregorc, 1973; Watts, 1980; Burden,
1981 等）的看法，可謂不謀而合。

5. 對智能不足兒童關心的事項

　　就受訪資深啓智教育教師對智能不足兒童關心事項的看法，約有
96.30%（共二十六名）的受訪者認爲生活教育或與生活教育相關的行爲、
心理、社會適應、交友輔導、性教育等，應是啓智教育的重點所在；而學
生的學業發展、未來的就業與出路，也有不少教師認應加以關心。其他如
學生的成長問題、家庭狀況、回歸主流等方面也有教師提及。不過這些資
深教師所關心的重點也並非是一成不變的。固然有些教師一開始即關心學

生的生活教育，但卻有些教師一開始關心的是學生的學業發展，但後來由於親身教學的體會或學生狀況的改變，才改弦易轍。例如，有一位國小女教師說道：

> 我剛開始很關心他們的學業，剛開始什麼都不懂……第五年……我開始重視學生的生活教育、異性的交友，或是生活自理這方面開始注意，我現在一直把這看成很重要……我現在很擔心學生的回歸問題。（PF21）

另一位國小女教師也說：

> 我剛開始的時候對他們就是學業方面啊！……慢慢地愈收的學生，智商愈低……慢慢地就從他的那個，生活哦，生活方面。（PF10）

就大部分受訪教師對學生關心重點的變異來看，大致表現出對學生特殊學習需要的益加關注。一般而言，教師在任教啓智班之初，或許較重視其本身的角色與職責，但隨著教學生涯的成長，即有對學生的需要日漸關注的傾向。有一位國小女教師就說：

> 以前是想我把自己的工作做好就好。比較不會想到他們的需要。現在比較會想到他們需要什麼，應該給他們什麼。（PF02）

有一位國中女教師也說到對學生關心重點的改變：

> 剛開始是在學校不要出問題就好了……慢慢覺得不是學校不出問題就好了，他出來遇到問題，還是喜歡找我，才知道要關心的不

只是學校，包括他交朋友，甚至結婚。（HF03）

　　因此，受訪的資深啓智教育教師儘管在其啓智教育生涯中對學生的關心重點，可能因學生狀況的改變、教學經驗的累積等而出現不同的教育態度，不過普遍關心學生的生活教育應是事實。同時，彼等的關注類型多有從其角色職責，逐漸傾向重視學生學習需要的趨勢。這與 Fuller（1969, 1970）及 Fuller 與 Bown（1975）的見解可謂相當符合。

　　6. 生活型態

　　資深啓智教育教師在接受訪問，被問到任教啓智班這段時間的生活型態是否有所變化時，大多數教師認爲他們的生活型態沒有變化或沒太大變化。一位國小女教師就說道：

　　　我自己的生活喔！就是白天這一大早到學校，這一整天不説了哦！四點半放學到家，整理整理我的這個，洗洗衣服啊！喔！就是家務事啦！然後，我是晚上寫毛筆字，我畫畫國畫……沒有什麼變化啦！我一生都沒有什麼變化。（PF13）

　　另有一位國中女教師也說：

　　　我是把握一個原則，我在學校全心全力，我回家後，我人就在家裡，公私分明。（HF19）

　　像上述這兩位女教師規律的生活與工作型態，可以說明多數受訪資深啓智教育教師生活的寫照。換句話說，多數受訪教師的生活方式或內涵，儘管會出現必然的個別差異，但他們生活型態的規律化，可能係一共同的現象。至於可能影響或改變受訪教師生活型態的因素，根據訪談資料，計可歸納出結婚、生子、工作投入、自我成長、健康狀況、神職身分等變

因。其中教師的結婚、生子對其生活型態的改變，往往是立即而明顯。不過孩子上學後，則又是另一種情況。有一位國中女教師說：

> 我畢業以後一年半結婚……，沒有結婚時是單身貴族……就是頭腦裡面只想著朋友，想著學生、同事；結婚以後，就是婚姻生活了，夫妻的相處調適。結婚之後，朋友都沒有了……，結婚以前就很會玩，結婚以後，好像就局限在家庭。（HF27）

有一位國小女教師則說：

> 因爲我們是屬於公教家庭……以前在臺北，我較忙，小孩小要帶進帶出的，等小孩上小學，我就輕鬆多了。（PF21）

若就工作投入對生活型態的影響言，一位國中女教師的描述頗爲具體：

> 第一年是沒夜沒日的。現在會帶回家做。並不是遇到、碰到困難，而是事情做完，還會找事做。沒有人要求我，我自己做。一件事做完了，又發現了另一件事做。（HF18）

因爲自我的成長，教師的生活與工作型態也有不同，同時其個人的感受也出現了差異，一位國中女教師就說：

> 剛開始的時候比較不適應……上班是苦差事。現在好像是來散心，跟學生在一起教導他們，好像母子相見一樣。（HF23）

教師同時具有神職人員身分（如修女）時，其生活型態比較規律是很

容易理解的。此外，健康狀況的改變對教師的生活型態也可能是一項重要的變因，一位國小女教師就直言道：

> 生病之後，就打算保養身體，健康重要。以前生活比較充實、
> 忙碌、積極。住院住了三個月，反省了自己，就想開了。現在學校
> 叫我辦什麼活動，我都不要，……比較沒有鬥志。（PF26）

由此可見，儘管大多數受訪教師的生活型態是傾向規律化的，但形成此一規律化的背後因素可能因人而異。同時，若干個人因素的出現，也有可能使原有的生活型態發生變化。

7. 對自己的看法

接受訪問的資深啓智教育教師對自己的看法或評價，可謂相當紛歧。不過就啓智教育生涯中曾經有所變化者言，被提及者包括自我接納、自信、自覺能力不夠、滿意、消極、專業退化、個性改變、媽媽角色（即教師角色像個媽媽）等。其中被談到次數最多的要屬自我接納。有一位國中女教師就說道：

> 剛開始時由普通班進入益智班，我父親叫我有機會想辦法轉出
> 來，……剛開始也不太敢講教啓智班……後來覺得同樣是教學生。
> 約五年以後，小孩問時，也會告訴他……目的在使孩子知道不可歧
> 視他們。我會把感受告訴他們。第五年到第十三年就是強化自己，
> 認同學生，而非他是他，我是我。（HF04）

至於受訪教師中自認對本身的看法有所改變者，其可能的影響因素絕大部分似與彼等的教學經驗及體會有關。而教學經驗與體會可說是漸進與累積的。因此其對自我看法的改變，也誠非是一朝一夕的事。有一位國中女教師就說：

> 我十四年前，因爲那個時候年紀還不是很大，我的脾氣很壞，
> 我要求學生實在是很標準……但是我教了啓智班以後，我的脾氣也
> 改了好多。（HF14）

此外，學生特性與本身健康狀況的改變，也可能導致教師對自己有某些特殊的看法。例如，教學對象的障礙程度如果加重可能令教師自感能力不夠，而健康狀況的變化更可能使有些教師的人生觀爲之改觀。例如，有一位國小女教師就指出：

> 其實教普通班、啓智班還不都一樣，生病之後是比較不一樣
> 了。之前是比較積極，不管對任何事。現在比較消極，就差很多
> 了。（PF26）

由受訪教師對自我看法的意見觀之，其發生改變較多的似在自我接納方面。當然教師間個別差異的存在，使得各人對自己有不同的看法，似爲司空見慣之事。至於造成教師對自我看法的改變，則彼等的教學經驗與體會，常成爲重要的影響因素。另外教師如對自己有特別的看法，則某些特殊的變因也似乎是存在的。

(二)資深啓智教育教師的類型

本研究對資深啓智教育教師類型的探討，原先的構想是欲從受訪教師在上、下班時間的安排、對啓智教育的態度，以及個人最想實現的事項等資料去整理與歸納，以獲悉這些教師可能的類型歸趨。不過要將教師作明確的分類並非易事，因爲許多與教師有關的資料，彼此之間往往僅是程度的不同，而非截然種類的差別。如果就搜集到的資料去做試探性的分類，則較具區分功能的要屬教師下班時間的安排與個人最想實現的事項這兩部分的資料。以這兩部分資料爲基礎，吾人約略可以看出受訪的教師大致可以分成「傳統型」與「特異型」兩類。其中傳統型約佔70%，而特異型則

約佔30%。這兩種類型的教師在下班時間的安排與個人最想實現的事項方面，也可能表現不同的特性。

就下班時間的安排而言，傳統型的教師多半從事諸如做家事、看電視、看書報、照顧孩子、個人嗜好、休閒、運動等方面的活動。特異型的教師雖也會出現如傳統型教師的活動，不過更可能常常出現將學校工作帶回家做或與家長聯絡溝通這方面的事情。如就個人最想實現的事項而論，傳統型的教師往往會出現平安、健康、家庭美滿、生活愉快充實、子女教育、出國旅遊等與自我較相關的目標。而特異型的教師則比較會出現追求研究進修機會、想去當義工等這類的理想。至於「把啓智班的學生教好」則又是許多傳統型與特異型教師的共同心願。

從上述受訪資深啓智教育教師的類型分析，吾人約略可以感受到傳統型與特異型教師似有不同的特質傾向。那就是傳統型教師較偏於自我、生活取向，而特異型教師則可能趨於工作、理想取向。

前面從啓智教育生涯有關向度的變異性與教師的類型，去探討資深啓智教育教師的生涯發展特性。發現受訪的資深啓智教育教師在專業知能、教學風格、教育態度、教學調適、對智能不足兒童關心的事項、生活型態，與對自己的看法方面，皆存在變異的可能性。且這些變異往往是漸進的。其中專業知能與教學調適，尤其呈現較明顯的階段性發展。至於影響這些教師生涯發展的可能因素，最常被提及的有教師的教學經驗、進修與成長、學生身心特性、行政與家長支持的程度、教師的健康狀況與自我觀念等。此外，受訪的資深啓智教育教師有大部分係屬於自我、生活取向的傳統型，有少部分則屬於表現工作、理想取向的特異型教師。

二、長期從事啓智教育之因素

在資深啓智教育教師長期從事啓智教育之因素的探討方面，本研究主要欲瞭解受訪教師長期從事啓智教育的個人與環境因素。茲將訪談結果分別歸納討論於後。

㈠長期任教的個人因素

　　本研究對五十八名資深啓智教育教師所做的問卷調查，在五十七份有效資料中發現當初任教啓智班之理由，最多者為興趣理想（二十四人，佔42.1%），其次是學校指派（二十一人，佔 36.8%）；其他依次是遷調方便（八人，佔 14%）、所學相符（三人，佔 5.3%），及政府分發（一人，佔1.8%）。另外，根據二十七名接受訪談的教師對長期從事啓智教育的個人因素所表示的意見，經彙整後發現仍以個人的興趣、理想與意願居多（十人，佔 37%），其次為宗教信仰（六人，佔 22.2%）。其他尚有適合自己個性（三人，佔 11.1%）、不喜調動（三人，佔 11.1%）、健康理由（二人，佔 7.4%）、任教成就感（二人，佔 7.4%）、任教有意義（二人，佔7.4%）、早期接觸殘障的經驗（一人，佔 3.7%）、已修學分（一人，佔3.7%），及個人學習研究的意念（一人，佔 3.7%）。受訪者長期任教的個人因素，並不見得是單一的。同樣是個人因素，就常見受訪者有多方面的任教理由。由問卷調查與訪談結果，可以說明與個人抉擇相關的個人理想、興趣、意願、信仰等，似乎是啓智教育教師能夠久於其職的重要影響因素。這在啓智教育教師的選拔與培訓方面，應該具有深遠的意義。受訪教師所列舉的其他個人因素雖較特殊，但亦值得注意。其中有人提到「任教成就感」使其能持續任教，這與一般人的看法似有出入，的確發人深省。例如一位國中男教師就說：

　　　　我現在在特教，我沒有壓力。我輕鬆的盡我的能力把他們教好、帶好。等他們離開這學校，會常回來看你，寄給你賀卡，我想這是達到了效果……這就是一種成就感。（HM22）

　　由此可見，啓智教育教師的生涯輔導，應該是需要相當個別化的。吾人只有確實瞭解這些教師對自我與啓智教育的知覺、觀念，與態度，才有可能提供適切的生涯發展上的幫助。

㈡長期任教的環境因素

受訪的二十七名資深啓智教育教師對於其能長期於啓智班任教，所舉出的環境影響因素，經彙整歸納後，發現「獲得足夠的支持」被提出的次數最多，其次分別是「啓智教育環境的條件」、「學生的特性」，及「調動不易」等因素。如就「獲得足夠的支持」這一因素再加細分，則又包括家人的支持（十一人，佔 40.7%）、同事相處愉快（九人，佔 33.3%）、學校的支持（六人，佔 22.2%）、家長的支持與肯定（三人，佔 11.1%）、學生的回饋（三人，佔 11.1%）、特教受肯定（一人，佔 3.7%）、與教會的影響（一人，佔 3.7%）。「啓智教育環境的條件」可涵蓋啓智班人數少且沒有升學壓力（四人，佔 14.8%）、課程有彈性（一人，佔 3.7%）、有更多時間（一人，佔 3.7%）、上課不用太費力（一人，佔 3.7%）、不用改那麼多作業（一人，佔 3.7%）、和普通班脫節了（一人，佔 3.7%），及環境比較單純（一人，佔 3.7%）。而「學生的特性」則指學生較單純、聽話、可愛（合計七人，佔 25.9%）。至於「調動不易」（五人，佔 18.5%）則是比較消極性的因素，如今成了教師長期任教的可能原因之一，確實值得注意。有一位國小女教師就說到這種情形：

> 主要教久了，我覺得教啓智班也不錯。而且你回普通班的機會也比較渺小了。所以，我就……也死心了，也不想回去了。（PF11）

教師的遷調機會一般與教育行政措施有關，如今居然成了啓智教育教師持續任教的促因。這對於因啓智教育教師流動率過高而感困擾的主管教育行政機關，在制訂教師遷調政策方面，的確具有重要的參考意義。

綜合前述二十七名受訪資深啓智教育教師對於導致其長期從事啓智教育之因素的看法，吾人發現出自個人理想、與趣、意願、信仰的因素與獲得足夠支持的環境因素，似乎是彼等能持久任教的重要影響力。換句話

說，與自我有關的心理因素及來自環境的支持，對這些教師的啓智教育生涯發展十分重要。這些研究結果與林幸台（民 78 ）、Burden（ 1981 ）、Super（ 1984 ）等學者的見解，可謂相當接近。

三、對啓智教育的觀感

　　本研究在資深啓智教育教師對啓智教育觀感的探討，主要想瞭解受訪的二十七位資深啓智教育教師對「啓智教育教師應具備的特質」，與對「目前啓智教育存在問題」的看法。茲將這兩方面的訪談結果陳述討論於後。

㈠啓智教育教師應具備的特質

　　為瞭解受訪教師對啓智教育教師應具備特質的看法，本研究係以「啓智教育教師應具備怎樣的特質」、「啓智班教師的選拔應注意什麼」，及「能夠長期任教啓智班的教師在任教之前可能具有何種特質」這三個問題作為訪談的題材。這三個主題與「啓智教育教師應具備的特質」皆有關，亦可謂在反映啓智教育教師不同層面應具備的特質。以下將就受訪教師對這三個問題的看法先作說明，最後再予整理歸納。

　　就「啓智教育教師應具備怎樣的特質」言，二十七位受訪的資深啓智教育教師所反應的意見不少，其中被舉列次數較多的是愛心（十九次）、專業知能（十七次）、耐心（十五次）、接納學生（十次），與負責敬業（十次），其次是多才多藝（六次）、自願任教（四次）、包容（四次）、熱心（四次）、健康（四次）、奉獻心（三次）、淡泊名利（三次）、應變能力（三次）、溫和（三次），與上進心（三次）。其他被提出的次數在兩次以下者尚包括任勞任怨、自我肯定、樂觀、合羣、年紀輕、活潑開朗、人際關係良好、同理心、信心、恆心、以身作則、年紀稍大、已婚、有子女、幽默、勇於擔當、慷慨、外向、女性、同情心等。

　　對於「啓智班教師的選拔應注意什麼」這樣的問題，受訪教師的反應中也有甚多與教師應具特質有關的內容。其中被提到次數較多的是專業知

能（十一次）、自願任教（十一次）、愛心（十次）、負責敬業（八次）、接納學生（七次），與耐心（七次）。其次是穩定性（六次）、多才多藝（四次）、健康（四次）、溫和（四次）、人格健全（四次）、上進心（四次）、教學經驗（三次）、認同啓智教育（三次）、年紀輕（三次），與應變能力（三次）。其他被舉出的次數在兩次以下者還有家庭美滿、淡泊名利、熱心、誠懇、已婚、有子女、活潑開朗、細心、能接受批評、溝通能力等。

至於對「能夠長期任教啓智班的教師在任教之前可能具有何種特質」的看法，受訪教師的反應也深具意義。被舉列的特質次數較多的是自願任教（八次）、愛心（七次）、淡泊名利（七次）、耐心（六次），與專業知能（六次）。其次有年紀稍大（五次）、穩定性（五次）、負責敬業（四次）、人際關係良好（三次）、家庭美滿（三次）、已婚（三次）、活潑開朗（三次）、合羣（三次）、熱心（三次）、樂觀（三次）、接納學生（三次），與教過普通班（三次）。其他被提出次數在兩次以下者尚包括有子女、宗教信仰、女性、上進心、溫和、認同啓智教育、自我肯定、年紀輕、講話速度平和、公正、慈悲、包容、本地人、血型 A 或 B、安靜內向、自我調適、孩子大點等。

如果將二十七位受訪教師對前述三個問題的看法再作綜合歸納，吾人發現有十四個項目是在三個問題的反應中皆曾出現過的；其中尤以愛心、專業知能、耐心、自願任教、負責敬業、接納學生這六個項目特受矚目；而重要性稍次的尚有熱心、淡泊名利、溫和、上進心、年紀輕、活潑開朗、已婚、有子女這八個項目。其他的特質項目雖出現的頻率略低，但亦似乎是針對不同問題性質的特殊反應。換句話說，它們可能代表啓智教育教師所應具備的不同層面的特質，因此仍有其參考價值。在所有的特質項目中最引人注意的，要算是「年紀輕」與「年紀稍大」這兩種特質的明顯不調和現象。這兩種特質特別是同時出現在對「能夠長期任教啓智班的教師在任教之前可能具有何種特質」的看法上。受訪教師間類此不一致的觀

點，可能係出於不同任教經歷的反映。啓智教育教師到底該年紀輕或年紀稍大，或許並無定論。因爲要成爲一位適任的啓智教育教師，年齡與其他單一特質一樣應非唯一的決定因素，其他特質的兼顧考慮實有其必要性。

㈡目前啓智教育存在的問題

　　目前國內啓智教育所存在的問題，根據二十七名受訪的資深啓智教育教師所提供的意見，可謂十分龐雜。若就所提問題的性質加以分類整理，大致可區分爲鑑定與安置、教學與輔導、教師選拔與培訓、教師士氣、行政支持、家長溝通，與社會支持七個門類。受訪教師的反應若以負面字眼提出，確具有問題的性質，若以正面字眼說明，則往往代表某種需求。因此，問題與需求可謂事物一體之兩面。以下將按前述的分類方式，列舉受訪教師所提目前國內啓智教育存在的問題。文字描述有正面，亦有負面，不過其表達之問題性質，應該不闇自明。

　　1.鑑定與安置方面

　　⑴教師對學生鑑定工作欠缺瞭解。

　　⑵招生有困難。

　　⑶招生名額有限。

　　⑷招生人數不明確。

　　⑸學生出路與後續教育欠缺安排。

　　⑹集中式啓智學校有問題，社區本位安置較好。

　　⑺中小學啓智班不連貫。

　　⑻中重度班到十二月才入學太晚。

　　⑼輕度與中重度學生合班造成招生困難。

　　⑽標記對輕度學生有傷害。

　　2.教學與輔導方面

　　⑴學生問題處理的困難。

　　⑵輕度與中重度學生合班不妥。

　　⑶不知如何教中重度班。

⑷普通與啓智班應交流。

⑸高師大編的國語教材太深了。

⑹現有教材編印差、沒彩色，且效果不好。

⑺沒有統一的課本。

⑻缺乏普通班教科書。

⑼啓智教育教材不足。

⑽希望由上級配撥教具使用。

⑾特教專款所購設備應讓特教班優先使用。

⑿硬體設備無法配合教學需要。

⒀職業陶冶、工藝、體能活動設備有待充實。

⒁教室不夠使用。

⒂所購買的特教用品不一定合用。

⒃應撥專款設立生活起居室。

⒄每年所辦的活動應讓全體學生皆有機會參加。

⒅教師授課時間太多。

⒆各省、縣、市啓智班教師上課時數不一致。

3.教師選拔與培訓方面

⑴教師之任用應用人唯才。

⑵任用男教師可協助處理學生的行為問題。

⑶欠缺專業人才。

⑷欠缺體育與職業教育師資。

⑸藝能科教師不知該教什麼。

⑹只修二十個特教學分不夠。

⑺教師進修機會不足。

⑻教師訓練不足（如音樂）。

⑼每年應辦一次巡迴觀摩以增廣特教知能。

4.教師士氣方面

(1)對啓智教育敷衍了事。

(2)有人在啓智班混。

(3)有人將啓智班當跳板。

(4)對啓智教育的若干紙上作業要求反感。

(5)專業津貼的調整無下文。

(6)導師費應讓兩位導師都有。

(7)特教人員出國考察的資格應明定。

(8)無法對教學有所突破因而心灰意冷。

5.行政支持方面

(1)研究機構與中小學聯繫不佳。

(2)學校行政配合不好。

(3)校長對啓智教育認識不夠。

(4)特教主管應有特教資格與經驗。

(5)負擔的行政工作太多。

(6)人手不夠。

(7)學校特教經費教師無法做主。

(8)學校經費無法配合。

(9)經費不足。

(10)學用品應由政府發給。

(11)公立學校各方面協調差。

(12)應督導特殊教育的成效。

6.家長溝通方面

(1)難與家長溝通。

(2)需要家長的協助。

(3)家長對教材有不同的主張。

(4)家長有不當的要求。

(5)家長的托兒心理。

(6)家長需要再教育。

7. 社會支持方面

(1)一般人不瞭解啓智班教師的教學。

(2)其他教師對啓智班異樣的眼光。

(3)社會不能接納啓智班的學生。

(4)實施職業陶冶時廠商的配合意願不高。

(5)應在電視上適當宣導啓智教育。

以上係就受訪教師所表達的意見，經整理分類後所作的直接陳述。這些問題的確當性如何，當然仍存在著討論的空間。例如「沒有統一的課本」是否能成為「問題」，相信許多有個別化教育概念的教育人員，一定會提出質疑。另外如「專業津貼的調整無下文」這一項目，目前已不成為問題，因為專業津貼在本研究撰稿時已調整過了。而教師本身對目前啓智教育認知的狀況，以及所處教育環境的不同，對所謂問題的觀點不僅會有差異，亦可能會提出個別特殊的啓智教育問題。不過不管如何，受訪教師所提供的目前啓智教育存在的問題，的確值得各級教育主管機關、學校、師資培訓單位、家長，及社會大眾的注意。因為吾人只有在承認與接受問題的存在，方有可能圖謀解決問題之道。如此，我國啓智教育的明天才有可能更好。

從二十七位受訪的資深啓智教育教師對啓智教育的觀感所表達的看法，吾人發現受訪教師認為啓智教育教師應具備的特質，比較重要的有愛心、專業知能、耐心、自願任教、負責敬業、接納學生、熱心、淡泊名利、溫和、上進心、年紀輕、活潑開朗、已婚、有子女等特質。而受訪教師也認為目前啓智教育存在的問題，實遍及鑑定與安置、教學與輔導、教師選拔與培訓、教師士氣、行政支持、家長溝通，與社會支持七個方面。受訪教師對啓智教育所提供的這些意見，應有助於我國啓智教育師資培育及啓智教育本身的發展與改進。

肆·結論與建議

一、結　論

　　本研究運用「啓智教育教師問卷」對五十八名資深啓智教育教師所作的調查，以及「訪談題綱」對二十七名資深啓智教育教師所實施的個別訪談，其結果大致可歸納成下列的結論：

　　1.資深啓智教育教師的啓智教育生涯中，在專業知能、教學風格、教育態度、教學調適、對智能不足兒童關心的事項、生活型態，及對自己的看法方面，皆存在變異的可能性，且這些變異多是漸進的。其中專業知能與教學調適，尤其呈現較明顯的階段性發展。

　　2.影響資深啓智教育教師生涯發展的可能因素，多涉及教師的教學經驗、進修與成長、學生的身心特性、行政與家長支持的程度、教師的健康狀況、自我觀念等。

　　3.資深啓智教育教師大部分係屬於自我、生活取向的傳統型，而少部分則為工作、理想取向的特異型教師。

　　4.導致資深啓智教育教師長期從事啓智教育的可能個人因素，最重要的是個人的興趣、理想，與意願，其他尚包括宗教信仰、適合自己個性、不喜調動、健康理由、任教成就感、任教有意義、早期接觸殘障的經驗、已修學分、個人學習研究的意念等因素。

　　5.導致資深啓智教育教師長期從事啓智教育的可能環境因素，最重要的是獲得足夠的支持，其他尚包括啓智教育環境的條件、學生的特性、調動不易等因素。

　　6.啓智教育教師應具備的特質，比較重要的是愛心、專業知能、耐心、自願任教、負責敬業、接納學生、熱心、淡泊名利、溫和、上進心、

年紀輕、活潑開朗、已婚、有子女等特質。

　　7.目前啓智教育存在的問題多和鑑定與安置、教學與輔導、教師選拔與培訓、教師士氣、行政支持、家長溝通，與社會支持七個方面有關。

二、建　議

　　根據本研究所獲致的結論，研究者擬提出下列的建議：

　　1.由於資深啓智教育教師的生涯發展歷程存在著漸進與變異性，因此吾人提供給啓智教育教師的成長與進修方案，也應該是持續性的。而從資深啓智教育教師可能具有不同的類型，以及其在專業知能與教學調適方面呈現階段性的發展來看，這似乎提醒我們區分性在職進修方案（a differenti-ated inservice training program ）對啓智教育教師的重要性。換言之，任何教師進修或輔導方案如能考慮到啓智教育教師在進修與輔導需求的個別差異，應比任何進修或輔導大家一起來的方式，更能發揮實效。此外，從多數啓智教育教師任教後，皆需要一段調適期，才能漸感自在與適應看來，吾人實應重視新任啓智教育教師在任教初期前二、三年的教學輔導，以協助彼等渡過教學適應上可能的困頓階段，而逐漸步上啓智教育生涯的坦途。

　　2.學生身心特質的變動在本研究中也發現可能是影響啓智教育教師生涯發展的因素之一，因此任教對象特性的改變，實應輔以相關的教師在職進修方案，以充實啓智教育教師的專業知能，並提高其教學適應的能力。例如，目前許多教師過去所受的專業訓練，多半是偏向輕度智障學生而設計的，一旦接手中重度班的教學，即常有力不從心之感，而企盼能有接受相關專業進修的機會。

　　3.與自我有關的心理因素及來自環境的支持，對啓智教育教師生涯發展的重要性，在本研究中再度受到肯定。這對於啓智教育教師的選拔與培訓，以及有關教育行政措施的制定，確具有深遠的啓示作用。例如，啓智教育教師的選拔與培訓如能注意個人的任教興趣與意願，教育行政當局如能給予啓智教育教師足夠的教學與輔導上的支持，皆有助於教師持續而長

期的從事啓智教育。

　　4.國內部分學校的啓智教育教師能長期從事啓智教育，與「調動不易」有關。這是否顯示也有些地區或學校啓智教育教師的異動率過高，係因「調動容易」引起的，而值得對有關的調遷辦法作合理的檢討與改進，並輔以必要的行政支持方案，以盡力留用現職的啓智教育人力，並進而培養其持續任教的意願。

　　5.本研究所發現的啓智教育教師應具備的重要特質，除專業知能及其他某些個人身分因素如年齡、婚姻狀況等之外，多屬個人的情意特質。這些啓智教育教師應具備的特質之瞭解，對師資的選拔與培訓具有重要的參考價值似無疑義。不過屬於情意的特質之甄別與培養並非易事。因此啓智教育教師應具備特質之甄別，固然值得進一步加以研究，以發展出適當的評量方式與工具。另外在這些特質的培養方面，除正規的師資教育課程外，如何透過適當的潛在課程（hidden curriculum），以收潛移默化之功，也是值得探究與努力的方向。

　　6.目前啓智教育所存在的問題，就啓智教育教師的立場言，多屬於教育環境的問題。這些問題的提出，也代表資深啓智教育教師從事啓智教育的心聲與建言。每一問題的確當性如何，雖因教師的認知狀況與所處教育環境的差異，可能尚有探討的空間。不過啓智教育所存在的問題之解決，無形中對教師服務啓智教育也是重要的環境支持力量，而有助於啓智教育教師的久於其職與啓智教育的健全發展。因此，教育主管機關實宜對目前存在的啓智教育問題，進一步再加深入探討，並研擬可能的解決途徑，以創造更為完美的啓智教育環境。

參考 文獻

王文科（民 79）：質的教育研究法。臺北市：師大書苑。

王家通（民 77）：序。載於屏東師範學院：質的探討在教育研究上的應用學術研討會論文集。

何東墀（民 78）：國民中學益智班教師工作滿意、工作壓力與工作倦怠之調查研究。特殊教育學報，4 期，1～67 頁。

何華國（民 78）：啓智教育教師所需特質與專業能力之研究。臺南師院學報，22 期，151～173 頁。

何華國（民 80）：啓智教育教師在職進修需求之研究（英文）。特殊教育與復健學報，1 期，229～260 頁。

林幸台（民 78）：我國國小教師生涯發展之研究。輔導學報，12 期，265～297 頁。

蔡崇建（民 74）：特殊教育教師異動狀況及其相關因素之探討。特殊教育研究學刊，1 期，1～44 頁。

歐用生（民 78）：質的研究。臺北市：師大書苑。

Burden, P. R. (1981). Teachers' perceptions of their personal and professional development. Paper presented at the Annual Meeting of the Midwestern Educational Research Association. (ERIC Document Reproduction Service No. ED 210 258)

Burden, P. R. (1982a). Developmental supervision; Reducing teacher stress at different career stages. Paper presented at the Annual Meeting of the Association of Teacher Educators. (ERIC Document Reproduction Service No. ED 218 267)

Burden, P. R. (1982b). Implications of teacher career development: New roles for teachers, administrators, and professors. Paper presented at the National Summer

Workshop of the Association of Teacher Educators. (ERIC Document Reproduction Service No. ED 223 609)

Cohen, M. W. (1982). **Teacher career development: A comparison of college–aged and older–adult preservice teachers.** Paper presented at the Annual Meeting of the American Educational Research Association. (ERIC Document Reproduction Service No. ED 255 519)

DeMoulin, D. F., & Guyton, J. W. (1988). **A measure of Common variables associated with career stages as perceived by principals and teachers: Validation of a model for career development.** Paper presented at the Annual Meeting of the Mid–South Education Research Association. (ERIC Document Reproduction Service No. ED 303 422)

Fuller, F. F. (1969). Concerns of teachers: A developmental conceptualization. **American Educational Research Journal, 6,** 207–26.

Fuller, F. F. (1970). **Personalized education for teachers: An introduction for teacher educators.** (ERIC Document Reproduction Service No. ED 048 105)

Fuller, F. F., & Bown, O. H. (1975). Becoming a teacher. In **Teacher Education, the Seventy–fourth Yearbook of the National Society for the Study of Education**, pt. 2. Chicago: University of Chicago Press.

Glaser, B. G. (1965). The constant comparative method of qualitative analysis. **Social Problems, 12,** 436–445.

Gregorc, A. F. (1973). Developing plans for professional growth. **The National Association for Secondary School Principals Bulletin, 57,** 1–8.

Katz, L. G. (1972). Developmental stages of preschool teachers. **Elementary School Journal, 73,** 50–54.

McDonald, F. J. (1982). **A theory of the professional development of teachers.** Paper presented at the Annual Meeting of the American Educational Research Association.

McKenna, C. (1982). Getting a grip on your own career. **Vocational Education, 57**(2),

30–31.

Newman, K. K. (1979). **Middle–aged experienced teachers' perceptions of their career development.** Paper presented at the Annual Meeting of the American Educational Research Association. (ERIC Document Reproduction Service No. ED 171 697)

Pelsma, D. M., Richard, G. V., Harrington, R. G., & Burry, J. A. (1987). **The quality of teacher work life survey: A preliminary report on a measure of teacher stress and job satisfaction and the implications for school counselors.** Paper presented at the Annual Convention of the American Association for Counseling and Development. (ERIC Document Reproduction Service No. ED 286 094)

Peterson, A. R. (1978). Career patterns of secondary school teachers: An exploratory interview of retired teachers. **Dissertation Abstracts International, 39,** 4888A.

Pucel, D. J., Jensrud, Q., & Persico, J. (1987). **A career follow–up of non–education degreed postsecondary and adult vocational teachers.** St. Paul, Minnesota: University of Minnesota. (ERIC Document Reproduction Service No. ED 287 024)

Ryans, D. G. (1960). **Characteristics of teachers: Their description, comparison, and appraisal.** Washington, D. C.: American Council on Education.

Super, D. E. (1984). Career and life development. In D. Brown, L. Brooks, & Associates (Eds.), **Career choice and development.** San Francisco: Jossey–Bass.

Tolbert, E. L. (1974). **Counseling for career development.** Boston: Houghton Mifflin.

Unruh, A., & Turner, H. E. (1970). **Supervision for change and innovation.** Boston: Houghton Mifflin.

Watts, H. (1980). **Starting out, moving on , running ahead or how the teachers' center can attend to stages in teachers' development.** San Francisco, CA: Far West Laboratory for Educational Research and Development. (ERIC Document Reproduction Service No. ED 200 604)

Wittkamper, J. R., & Harris, R. C. (1987). **Factors influencing vocational teachers'**

mid－life career decisions. Paper presented at the Annual Meeting of the American Educational Research Association. (ERIC Document Reproduction Service No. ED 286 035)

國家圖書館出版品預行編目資料

啟智教育研究／何華國著.
--二版.--臺北市：五南, 2000〔民89〕
面；　公分.
ISBN 978-957-11-2272-4（平裝）
1.智能不足教育
529.62　　　　　　　　　　　89016852

1I09

啟智教育研究

作　　者 — 何華國(52)

發 行 人 — 楊榮川

總 經 理 — 楊士清

副總編輯 — 陳念祖

責任編輯 — 李敏華

出 版 者 — 五南圖書出版股份有限公司

地　　址：106台北市大安區和平東路二段339號4樓

電　　話：(02)2705-5066　傳　　真：(02)2706-6100

網　　址：http://www.wunan.com.tw

電子郵件：wunan@wunan.com.tw

劃撥帳號：01068953

戶　　名：五南圖書出版股份有限公司

法律顧問　林勝安律師事務所　林勝安律師

出版日期　1996年 5 月初版一刷
　　　　　2001年10月二版一刷
　　　　　2018年10月二版十刷

定　　價　新臺幣495元

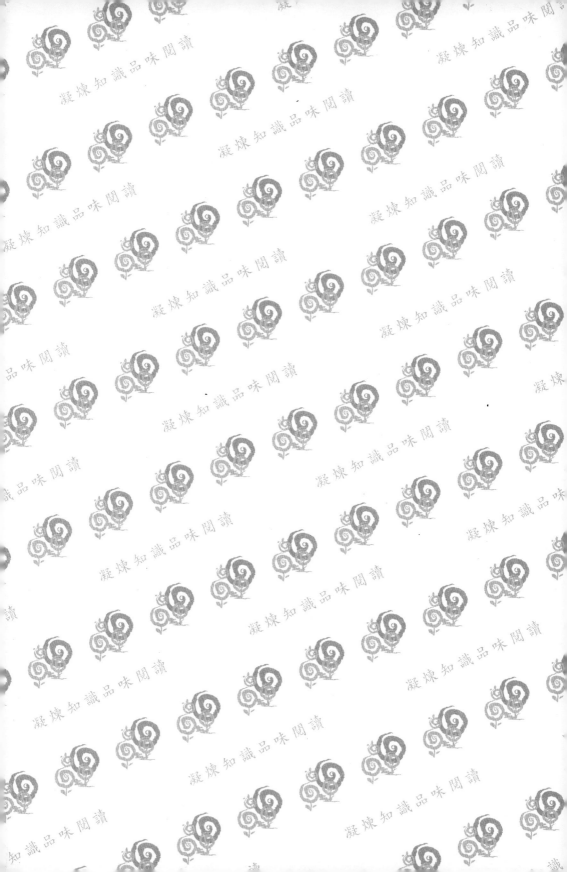